「アラブの春」以後の
イスラーム主義運動

髙岡 豊／溝渕正季 編著
Takaoka Yutaka　Mizobuchi Masaki

ミネルヴァ書房

「アラブの春」以後のイスラーム主義運動　目　次

序　章　いま，なぜ，イスラーム主義運動なのか…髙岡　豊・溝渕正季…1

第Ⅰ部　イスラーム主義運動とは何か

第1章　「アラブの春」以後のイスラーム主義運動……末近浩太…9
　　　　──権威主義・過激主義・宗派主義──

　1　イスラーム主義運動と中東政治……………………………………9
　2　権威主義の持続──イスラーム主義運動による民主化の限界…………11
　3　過激主義の蔓延──国際安全保障上の脅威としてのイスラーム主義運動………15
　4　宗派主義の陥穽──イスラーム主義運動同士の衝突……………………19
　5　中東政治の主体的構成要素としてのイスラーム主義運動……………24

第2章　イスラーム主義政党支持者の「穏健化」………浜中新吾…29
　　　　──包摂‐穏健化仮説の検証──

　1　イスラーム主義運動が「穏健化」するとき………………………29
　2　穏健化理論に基づく研究──イスラーム主義運動・政党……………30
　3　政党行動モデル──どのような時にイスラーム主義政党は穏健化するのか……34
　4　分析の方法………………………………………………………35
　5　操作仮説と計量分析……………………………………………37
　6　分析結果の解釈…………………………………………………40
　7　参加と中庸の交換………………………………………………42

第3章　体制と癒着するイスラーム主義運動…………白谷　望…47
　　　　──モロッコとヨルダンから見るその戦略的・宗教的ジレンマ──

　1　体制とのイスラームをめぐる相克………………………………47
　2　王制の正統性としてのイスラーム………………………………49

3　政治領域におけるイスラーム主義運動の位置づけ…………… 52
4　イスラームをめぐる相克——慈善活動と政党活動 …………… 59
5　体制との共存という選択 ………………………………………… 63

第Ⅱ部　世界に広がるイスラーム主義運動

第4章　国際政治のなかのイスラーム主義運動 ……… 溝渕正季…73
——アメリカのオリエンタリズムと「非リベラルな覇権秩序」の行方——

1　「リベラルな国際秩序」から取り残された世界 ………………… 73
2　アメリカの対外政策におけるリベラリズム的伝統 …………… 74
3　アメリカのオリエンタリズムと中東・イスラーム世界 ……… 79
4　理想と現実のはざまで——冷戦終結以降のアメリカの対中東政策 …… 84
5　アメリカと「非リベラルな覇権秩序」の行方 ………………… 95

第5章　ヨーロッパにおけるイスラーム主義の興隆 …清水　謙…103
——ムスリム同胞団の浸透とスウェーデンの政党政治の変動——

1　スウェーデンとイスラーム …………………………………… 103
2　イスラームとの再会と関心の高まり ………………………… 105
3　移民／難民とイスラーム・コミュニティーの形成 ………… 107
4　ヨーロッパのムスリム同胞団ネットワーク ………………… 114
5　スウェーデンにおけるムスリム同胞団と政党政治 ………… 117
6　キリスト教民主主義の衰退とイスラーム主義政党の登場 … 122

第6章　世俗主義体制における新たな対立軸の表出…岩坂将充…127
——トルコ・公正発展党と「国民」の世俗主義——

1　トルコ政治におけるイスラーム ……………………………… 127

2　トルコにおける世俗主義……………………………………………… 129
  3　AKPと世俗主義・イスラーム主義…………………………………… 135
  4　世俗主義体制と新たな対立軸………………………………………… 140
  5　「国民」の世俗主義へ………………………………………………… 145

第7章　サウディアラビアにおけるイスラーム主義の競合
　　　　──「公式」イスラーム主義による「非公式」イスラーム主義の封じ込め──
　　　　………………………………………………………………高尾賢一郎… 153

  1　サウディアラビアとイスラーム主義………………………………… 153
  2　「非公式」イスラーム主義勢力の台頭……………………………… 157
  3　過激主義の伸長と対応………………………………………………… 161
  4　サウディアラビアと「アラブの春」………………………………… 166
  5　イスラーム主義対策の展望…………………………………………… 171

第8章　エジプトのイスラーム主義は失敗したのか…横田貴之… 181
　　　　──ムスリム同胞団の栄枯盛衰──

  1　危機に直面するエジプトのイスラーム主義………………………… 181
  2　「アラブの春」以前のムスリム同胞団──雌伏………………… 182
  3　「1月25日革命」がムスリム同胞団にもたらした僥倖──好機……… 188
  4　「6月30日革命」が同胞団にもたらした危機──転落……………… 193
  5　失敗したのはイスラーム主義なのかムスリム同胞団なのか──挫折… 198

第9章　革命後のチュニジアが見せた2つの顔………白谷　望… 205
　　　　──民主化とテロリズム──

  1　「アラブの春」のきっかけとなったチュニジア…………………… 205
  2　革命以前のイスラーム主義運動──政教分離政策と弾圧………… 207
  3　政権党としての返り咲きと選挙での敗退…………………………… 211

4　チュニジアが見せた新たな2つの顔……………………………………… 217
　　5　イスラーム主義運動から見るチュニジアの課題………………………… 222

第10章　シリアにおけるイスラーム主義の栄枯盛衰
　　　　　──「今世紀最大の人道危機」を遡る──
　　　　　………………………………………………………… 高尾賢一郎… 229

　　1　現代シリア黎明期の担い手………………………………………………… 229
　　2　ムスリム同胞団とバアス党………………………………………………… 235
　　3　アフマド・クフターロー──「公式」イスラームを担った新しい名望家…… 240
　　4　ラマダーン・ブーティー──反イスラーム主義の思想的旗手……………… 243
　　5　長く厳しい「アラブの春」………………………………………………… 247

第11章　立ち上がったイスラーム主義 ……………… 山尾　大… 261
　　　　　──戦後イラクにみる多様な展開──

　　1　進むイラクの分断と政治不信……………………………………………… 261
　　2　革命運動から政権党への軌跡──統治するイスラーム主義とその蹉跌……… 263
　　3　異議申し立てを行うイスラーム主義……………………………………… 273
　　4　闘うイスラーム主義………………………………………………………… 277
　　5　イラク・イスラーム主義の多様性が担保する新たな活路……………… 281

第12章　イスラーム過激派の系譜 ………………………… 髙岡　豊… 287
　　　　　──アフガニスタンから「イスラーム国」まで──

　　1　イスラーム過激派とイスラーム主義の盛衰……………………………… 287
　　2　どこまでさかのぼれば「イスラーム過激派のことがわかる」のか… 288
　　3　イスラーム過激派伸長の原因……………………………………………… 293
　　4　アフガニスタンから「イスラーム国」へ………………………………… 297
　　5　イスラーム過激派の到達点………………………………………………… 307

あとがき……313
人名・事項索引……317

序 章
いま,なぜ,イスラーム主義運動なのか

髙岡　豊・溝渕正季

　2010年末から2011年にかけて,中東諸国で連鎖的に発生した反体制デモの波,いわゆる「アラブの春」以降,イスラーム主義運動が改めて大きな注目を集めるようになった。

　「アラブの春」の発端となったチュニジアでは,2011年1月,24年にわたって権力を維持し続けてきたザイヌルアービディーン・ベン・アリー体制が崩壊し,その後にイスラーム主義運動・政党であるナフダ党中心の新連立政権が誕生した。エジプトにおいてもチュニジアと同様,およそ30年におよぶ長期政権を維持し続けてきたホスニー・ムバーラク大統領が辞任した後,イスラーム主義運動・政党であるムスリム同胞団が政権を獲得した。もっとも,エジプトにおける同胞団の挑戦は道半ばで敢え無く頓挫し,短期間でクーデタに沈むこととなった。

　東アラブの権威主義国家シリアにおいても2011年3月以降,バッシャール・アサド体制の打倒を目指す反体制デモが国内各地で勃発した。しかしシリアではチュニジアやエジプトの場合とは異なり,アサド体制側がデモ発生直後から丸腰の民衆に対して苛烈な暴力でもって応じ,さらに近隣諸国やアメリカ,ロシアなどの大国もあからさまな介入を行った。これにより,非暴力の反体制抗議運動は半年と経たずに凄惨な内戦,あるいは国際的な代理戦争へとその姿を変えた。そしてそのなかで,「イスラーム国」をはじめとする過激なイスラーム主義を掲げる何百もの組織・運動が跳梁跋扈するようになった。

　これらの国々で共通して言えることは,抑圧的な権威主義体制という重石が取り払われたり,あるいはそのタガが緩んだりしたことを契機として,イスラーム主義運動がこれまで喉から手が出るほどに欲していた「権力」と「自

由」を手に入れた，という点である．「アラブの春」以前の段階においてもイスラーム主義運動は各国社会において一定の存在感を有してはいたが，それでも彼らは「頑健な中東諸国の権威主義体制」（Bellin 2004）を前にして，国家権力を掌握したり，全面的な政治的自由を手にしたりすることはなかった．それゆえに，「アラブの春」以降の激動する中東情勢のなかでイスラーム主義運動の動向が世間の大きな関心を集めるようになったのである．

しかし，本書の各章において詳細に論じられるように，彼らの新しい挑戦が成功を収めることはほとんどなかった．むしろ多くの場合において，その結果は惨憺たるものとなった．これはなぜなのだろうか．イスラーム主義という政治イデオロギーが何らかの欠陥を抱えていたのか．それとも，それを掲げた各組織・集団の政治的・戦略的な失敗だったのか．あるいは中東・イスラーム世界を取り巻く国際政治の状況に何らかの原因があったのか．今日，イスラーム主義とイスラーム主義運動はどのような状況にあり，それらはどのように理解されるべきなのか．「アラブの春」を契機として，我々はこうした古くて新しい重大な問題に改めて直面することとなった．

他方で，「アラブの春」以降のイスラーム主義運動の動向を包括的に検討した学術書は，「イスラーム国」に焦点を当てた数冊（たとえばアトワーン［2015］やムバイヤド［2016］など）を除けば邦語ではこれまでに皆無である．本編著はそうした学術的な空白を埋めるためのささやかな試みである．また，本編著は大学初年時生，あるいは一般の社会人が通読し，理解できるようなレベルのものを念頭に置いており，各章いずれも基本的・背景的な部分にも言及しつつ，「アラブの春」以降の展開についても詳細な分析を行っている．

本論に入る前に，本書で扱う「イスラーム主義」「イスラーム主義運動」という用語について，ここで簡単に定義しておきたい．

イスラーム主義に関する最も広義の定義は，おそらく，「個々人の私的生活と同様に，社会や政治もまたイスラームの教えに従わなければならないとする信念」（Berman 2003：257）というものであろう．この簡潔な定義には誰しも異論はないであろうし，適応範囲もきわめて広いものではあるが，とはいえ，政治イデオロギーとしてイスラームを掲げる様々な運動を分析・説明するにあ

たってはやや広義に過ぎる定義である点も事実である。ムスリム（イスラーム教徒）である以上，「社会や政治」（とりわけ前者）がある程度は「イスラームの教え」に従ったものである方が望ましいと考える人々は多いであろうが，そうした人々すべてを「イスラーム主義者」と呼ぶことは明らかに適切ではない。

イスラーム主義運動研究の大家であるピーター・マンダヴィールは，より対象を絞った狭義の定義として，イスラーム主義／イスラーム主義運動を「イスラーム的政治秩序の樹立を目指す政治理論／実践の一形態」と捉え，そうした「イスラーム的政治秩序」とは「シャリーア（イスラーム法）を直接的な源泉とする統治理論・制度・法システムを有する国家を意味する」と論じている（Mandaville 2014：74）。また，「ポスト・イスラーム主義」という概念を提唱し，大きな注目を集めたアーセフ・バヤートは，イスラーム主義を「ムスリム社会／共同体において，ある種の『イスラーム的秩序』，つまり宗教的な国家，シャリーアの施行，そしてイスラーム的行動規範の樹立を目指すイデオロギー／運動である」と定義している（Bayat 2013：4-5）。

これら2つの定義に共通して言えることは，「国家との結びつきはイスラーム主義の鍵となる特徴である」（Bayat 2013：4-5）としている点である。というのも，彼らによると，現代世界においては国家こそが依然として最も強大な力を持ち，他者に対してその意思を強要できる組織であるからであり（ウェーバー 2009），それゆえにあらゆるイスラーム主義運動は最終的な目標として国家権力の奪取——その手段として合法・非合法いずれを是とするかは見解が分かれるが——ならびにイスラーム国家の樹立を掲げていると論じられる。

他方で，末近浩太が指摘するように，「イスラームを政治的なイデオロギーとして掲げる全ての組織が国家権力を目指しているわけではないし，また，国家権力を目指している組織も政治活動だけを行っているわけではない」（末近 2013：9）。たとえばトルコの公正発展党（AKP）などは，世俗国家の存在を事実上肯定し，そこでの権力最大化を目指す政治組織であるが，それでも同党は明らかにイスラーム主義組織に含まれるべきである（この点は本書第6章でも詳細に論じられる）。広すぎる定義は分析概念として有用ではないが，逆に狭すぎる定義では分析対象の重要な側面を見落とすことになりかねない。「イスラー

ム国家樹立」をキーワードとしてしまうと，世界各地のイスラーム主義運動が見せてきた多様な戦略や思想的柔軟性を分析する上での足かせともなりかねない。

こうした議論を踏まえ，末近はイスラーム主義について，「宗教としてのイスラームへの信仰を思想的基盤とし，公的領域におけるイスラーム的価値の実現を求める政治的なイデオロギー」であり，「国家のイスラーム化は，その目標に含まれる場合もあれば含まれない場合もある」（末近 2013：9）とする緩やかな定義を提唱している。

本書は様々なイスラーム主義運動が見せる多様性や柔軟性を最大限分析の俎上に載せることを意図していることから，本書各章では差し当たり，末近の提唱するこの定義を基本的な出発点とすることとしたい（さらなる議論については本書第1章を参照）。

本書は2部構成となっている。第Ⅰ部の各章では，個別の事例研究ではなく，いくつかの事例にまたがって観察されるような一般化可能な（そして，いくぶん抽象的な）議論を扱う。その上で，第Ⅱ部の各章では各国事例に関する詳細な事例研究が行われている。各章はそれぞれ独立した論文であり，興味のある章から読み進めていただいても問題はない。本書が，多様な側面を持つイスラーム主義運動の実態と，それをめぐって展開される複雑に入り組んだ政治社会情勢を理解するための一助となれば幸いである。

参考文献

アトワーン，アブドルバーリ（2015）中田考監訳・春日雄宇訳『イスラーム国』集英社インターナショナル．

ウェーバー，マックス（2009）中山元訳『職業としての政治／職業としての学問』日経BP社．

末近浩太（2013）『イスラーム主義と中東政治――レバノン・ヒズブッラーの抵抗と革命』名古屋大学出版会．

ムバイヤド，サーミー（2016）高尾賢一郎・福永浩一訳『イスラーム国の黒旗のもとに――新たなるジハード主義の展開と深層』青土社．

Bayat, Asef（2013）"Post-Islamism at Large," in Asef Bayat ed., *Post-Islamism: The Changing Faces of Political Islam*. Oxford: Oxford University Press.

Bellin, Eva (2004) "The Robustness of Authoritarianism in the Middle East: Exceptionalism in Comparative Perspective," *Comparative Politics*, 36 (2): 139-157.
Berman, Sheri (2003) "Islamism, Revolution, and Civil Society," *Perspectives on Politics*, 1(2): 257-272.
Mandaville, Peter (2014) *Islam and Politics*, 2nd ed. London: Routledge.

第Ⅰ部

イスラーム主義運動とは何か

第1章
「アラブの春」以後のイスラーム主義運動
――権威主義・過激主義・宗派主義――

末近浩太

1 イスラーム主義運動と中東政治

イスラーム主義運動とは何か

　イスラーム主義運動は，何を目指しているのか。どのように誕生，発展，変容してきたのか。そして，今日，どのような課題に直面しているのか。本章では，イスラーム主義運動の定義，歴史，現状について，特に中東政治のあり方を大きく変えた2011年の「アラブの春」以後の動向を中心に概観する。

　イスラーム主義とは，序章で述べられたように，「宗教としてのイスラームへの信仰を思想的基盤とし，公的領域におけるイスラーム的価値の実現を求める政治的なイデオロギー」と定義できる（末近 2013a：9, 2018：2）。平たく言えば，イスラームに依拠した社会改革や国家建設を目指す政治的なイデオロギーのことを指す。これを信奉する人々をイスラーム主義者，その実現を目指す社会運動をイスラーム主義運動と呼ぶ。

　一般に，イスラーム主義は中東政治の混乱の原因と見られることが多い。確かに，一部の人々によるテロリズムや強硬な政治姿勢が政治を不安定化させてきたことは事実である。しかし，イスラーム主義がなぜ誕生したのか，という問いを歴史的に紐解いていくと，それが中東政治の混乱の原因よりも結果であったことが浮き彫りになる。

　現在の中東諸国は，イスラーム法による統治がなされていたオスマン帝国（1299〜1922年）が崩壊することで誕生した。しかし，その「イスラーム的伝統」（イスラーム国家）から「西洋的近代」（国民国家）への移行は，必ずしも成

功したとは言えない。クーデタ，独裁，低開発，内戦，戦争だけではなく，そこで暮らす人々のアイデンティティの動揺を引き起こし続けている（部族や宗派が今でも政治的な問題となるのは，そのためである）。イスラーム主義は，この長年の混乱の克服を目指し，「西洋的近代」に代わる「もう1つの近代」を指し示す政治的イデオロギーとして誕生・発展してきた（大塚 2004；末近 2016c：42-45, 2018：19-33）。

「草の根の穏健派」「根無し草の過激派」「浮き草の過激派」

　イスラーム主義は，「西洋的近代」の行き詰まり，とりわけナショナリズムによる国づくりに伴う諸問題が顕在化した1970年代に隆盛したが，その1つの到達点が，1979年のイラン・イスラーム革命であった。西洋を範とする近代化の進展が自明視されていた当時において，イスラームの教えに基づく国家の（再）登場は世界に大きな衝撃を与えた。以後，中東の各地でこれに触発された様々なイスラーム主義運動が活動を広げた。彼らは，地道な活動を通して，それぞれが拠点とする社会に深く根を張っていった。これを，本章では「草の根の穏健派」と呼ぶことにする。

　その一方で，現行の国家を維持しようとする体制との厳しい弾圧の結果，武装闘争を行う過激なイスラーム主義運動も結成されていった。ただし，過激派は，その過激さゆえに多くの人々の支持を得ることができなかった。それは，言うなれば「根無し草の過激派」であった。

　その後，1990年代には，こうした「根無し草の過激派」のなかから，体制からの弾圧を避けるかたちで，国内ではなく国外での活動，とりわけ，国際的なテロリズムに手を染める人々が現れた。それを象徴したのが，2001年9月11日の米国同時多発テロ事件（以下9.11事件）を引き起こしたアル＝カーイダであった。アル＝カーイダは，特定の国家内での権力闘争から距離を置き，いわば「浮き草の過激派」としてグローバルなテロリズムを展開していった。しかし，創造よりも破壊に徹したそのイデオロギーを支持・共鳴する人々は増えず，2010年代には存在感を失っていった。

　こうして，「根無し草の過激派」（ローカルな過激派）と「浮き草の過激派」

（グローバルな過激派）が活動を低迷させていくなかで，イスラーム主義運動一般の存在感も低下していった。イスラームに依拠した社会変革や国家建設の現実味が薄れていった。だが，2011年，主流派である中東各国の「草の根の穏健派」に再び脚光が当たることになった。一般市民による非暴力の民主化運動，いわゆる「アラブの春」が起こったのである。

2　権威主義の持続——イスラーム主義運動による民主化の限界

「アラブの春」とイスラーム政党の挑戦

2010年末にチュニジアで発生した抗議デモは，わずか1カ月あまりで24年間続いてきた権威主義体制を崩壊させた。この民主化の熱狂は瞬く間に他の中東諸国にも広がり，エジプト（2011年2月），リビア（10月），イエメン（11月）でも政変が起こり，シリアやバハレーンでは体制と反体制派の間の武力衝突が発生した。この一連の事件を，一般に「アラブの春」と呼ぶ。[1]

「アラブの春」の特徴は，一般市民が主役であったこと，そして，彼らが非暴力に徹したことにあった。人々は，自らの党派性やイデオロギー性から距離を置き，権威主義体制に対して一丸となって自由を求める声を上げることに徹した。そのため，抗議デモの発生当初はイスラーム主義運動の役割はきわめて限定的であり，むしろ，体制に対する批判者，すなわち反体制派としての長年の地位を一般市民に奪われたとも評された。しかし，チュニジアとエジプトの体制転換後の選挙では，ムスリム同胞団をはじめとするイスラーム主義運動が結成した政党が大きく票を伸ばし，「草の根の穏健派」はその支持基盤の大きさを国内外に示すこととなった。

このように，民主政治のなかでイスラーム主義運動が政治参加を認められている場合には，独自の政党を結成することが多い。このような政党を，イスラーム政党と呼ぶ。イスラーム政党とは，「『イスラームに思想的基盤を置く政治イデオロギー』に立脚する政党」であり，①政党と自己規定する政治組織であること，②何らかの形で公然と「政治へのイスラームの適用」を実現すべき目標として掲げていることを特徴とする（小杉 2001：238-239）。

チュニジアでは，ナフダ党が，ベン・アリー大統領の独裁政権の崩壊後に正式に認可され，2011年1月，党首のラーシド・ガンヌーシーが亡命先のイギリスから帰国した。そして，10月の制憲議会選挙で全217議席中89議席を獲得し，第一党となった（ただし，単独過半数には届かず，左派・世俗主義者の2つの政党との「トロイカ」連立政権となった）。

エジプトでは，ムスリム同胞団が，ムバーラク政権崩壊後にイスラーム政党の自由公正党を結成し，2011年末から翌年2月にかけて実施された人民議会（下院）選挙と諮問評議会（上院）に出馬し，それぞれ，公選498議席中235議席と180議席中105議席を獲得し，第一党となった。さらに，自由公正党は，2012年6月に実施された大統領選挙において，出馬した党首のムハンマド・ムルスィーが当選し，エジプト憲政史上初のイスラーム主義運動出身の大統領となった。

「アラブの春」の結果，民主主義が制度として整備されたことで，権威主義体制下では反体制派として活動してきたイスラーム主義運動が選挙を経て政治参加を果たすという現象が起こったのである。

イスラームと民主主義

「アラブの春」が示した1つの現実は，イスラーム主義運動が民主化や民主主義と対立しないことであった。むしろ，イスラーム主義運動がイスラーム政党を結成し，積極的に民主主義に参加していったという意味では，民主化の促進要因とみなすこともできよう。

しかし，アカデミアでもマスメディアでも，長年にわたってイスラームと民主主義は相容れないものと捉えられてきた。その根拠として，イスラームの教えや歴史などの文化的要因，たとえば，何世紀にもわたって専制王朝が存在してきたことや，政教分離がなされてこなかったことなどが指摘されてきた（Lipset 1994；Lewis 1996）。アメリカの政治学者サミュエル・ハンチントンは，これを巨視的な視点から，西洋文明とイスラーム文明の相克，いわゆる「文明の衝突」として論じた（ハンチントン 1998）。

こうした「中東起源のイスラーム」と「西洋起源の民主主義」は本質的に相

容れないという主張は，かつてエドワード・サイードが厳しく批判したオリエンタリズム――「『東洋』と……『西洋』とされるもののあいだに設けられた存在論的・認識論的区別にもとづく思考様式」「西欧近代が創り出した『オリエント』を支配し再構成し威圧するための西洋の様式」（サイード 1993上：20-21）――の流れを汲んでいると言える（Hashemi 2013：74-75）。

　確かに，「アラブの春」前夜の2010年の段階で，中東諸国のほとんどが独裁や権威主義に分類されている。たとえば，米国の NGO フリーダムハウスの指標では，「中東・北アフリカ」19カ国のうち18カ国が「不自由」または「部分的自由」とされた。しかし，この中東諸国における権威主義の蔓延という事実は，イスラーム教徒たちが民主主義を欲していない，さらにはイスラームと民主主義は相容れない，といった主張を裏づけることにはならない（Diamond, Plattner and Brumberg eds. 2003）。

　むしろ，長年の権威主義体制下において，イスラーム主義運動の多くは民主化勢力として活動を続け，その後，「アラブの春」を経て，政治参加の仕組みとしての民主主義への親和性を証明したと言える。主流派である「草の根の穏健派」のイスラーム主義運動は，選挙を通して国民の信託を得るという民主的な手続きを経て，自らの政治理念の実践を追求していくという方法を採用してきたのである。

イスラーム主義運動による民主化
　しかし，イスラーム主義運動による民主化はまもなく暗礁に乗り上げた。
　チュニジアでは，ナフダ党による政権運営は国内の様々な勢力から多くの批判を浴びた。2013年に 2 人の左派系の議員がジハード主義者によって暗殺された事件が，人々のイスラーム主義への不安をかき立てると同時に，新政権の治安維持能力への懐疑を生み出した。そして，2014年の選挙での敗北を機に，イスラーム主義運動が主導する民主化の営みは終わりを告げた。
　エジプトでは，ムルスィー大統領と自由公正党主導の新政権が，選挙での勝利による「数の論理」を背景に社会や国家の拙速なイスラーム化，たとえば，イスラームの教えを強く反映させた新憲法の制定や外交政策を推し進め，旧体

制派の影響力が根強く残っていた司法や軍からの反発だけでなく，選挙で彼らを支持した一般市民の間の不安をも生んだ。その結果，新政権への失望が広がり，エジプトの各地で抗議デモが発生するようになった。そして，これを好機と見た軍を中心とした旧政権の残党によるクーデタが起こり，2013年6月末，わずか1年でイスラーム主義運動が主導した新政権は崩壊した（鈴木 2013：229-249）。

自由主義と世俗主義の問題

　このようなイスラーム主義運動の盛衰の背景では，彼らが抱える民主主義との関係をめぐる1つの問題を浮き彫りにした。それは，政治参加の仕組みではなく，政治運営のあり方としての民主主義とイスラーム主義が齟齬を生む可能性であった。

　一般論として，現代世界における民主主義は，宗教の違いによって個人の自由や権利が制限されたりしてはならない，という自由主義（リベラリズム）に立脚しており，また，その根底には政教分離を是とする世俗主義（セキュラリズム）を置いていることである。これに対して，イスラームという宗教には独自の政治に関する理念がある。つまり，イスラームを奉じる者たちは，自らの私的な生き方だけではなく，公的な政治や社会のあり方についてもイスラーム的な理想を持っている，ということになる（Hashemi 2009）。

　このようなイスラームと自由主義・世俗主義との齟齬は，イスラーム主義運動が掲げるイスラーム的価値の実現のための営為が，政治参加の段階から立法や行政の分野にまで及んできたとき，つまり，選挙での勝利の後に政権の座に着いたときに生じることになる。言い換えれば，イスラーム主義運動による政治運営が始まることによって，自由主義や世俗主義を奉じる人々からの激しい反発が起こるようになったのである（Hamid 2014）。

　その反発の主体とは，具体的に次の2つの勢力であった。

　第一は，国内の旧体制派とその支持者たちである。エジプトについて言えば，「アラブの春」で崩壊した権威主義体制は，その性格を歴史的に遡れば，1952年の軍によるクーデタによって成立した軍事政権であり，また，イスラーム主

義運動と対立してきた世俗主義政権でもあった。その意味において，2011年の政変は，エジプト政治を世俗主義からイスラーム主義へと180度方向転換させたものであった。この急激な政治の変化は，選挙を介してもたらされたものとはいえ，エジプトの政治と社会を大きく動揺させた。

　第二は，欧米諸国である。「アラブの春」では，権威主義体制の崩壊後には欧米諸国を範とする民主主義が中東諸国に根付くものと期待されていた。そのため，イスラーム主義運動の選挙での勝利は想定外であり，歓迎されざるものであった。欧米諸国は，ムルスィー大統領の新政権に対しては政治的な支持も経済的な支援も低い水準にとどめ，さらには，2013年のクーデタ後に成立した事実上の軍事政権を容認し，大統領自身を含むムスリム同胞団のメンバーに対する人権侵害に対して沈黙を続けた。ムスリム同胞団は，「テロ組織」に指定され，「アラブの春」以前よりも激しい弾圧下に置かれた。こうして，エジプトには「アップグレード」された権威主義体制が復活することとなった（横田2014）。

　以上のように，「草の根の穏健派」は，「アラブの春」による民主化にイスラーム政党を樹立することで親和性を見せながらも，政権の座に就いた後には自由主義や世俗主義を掲げる勢力，とりわけ旧体制派と軍との関係の調整に難航し，イスラーム主義者による政治主導の困難を露呈することとなった。その困難とは，彼らの政権運営能力が未熟であったことだけでなく，現代の民主主義が「西洋的近代」の強い規範を帯びていること，そして，それゆえに彼らが実践しようとしたイスラームに依拠した社会変革や国家建設が国内外からの多くの反発を受けたことであった。

3　過激主義の蔓延——国際安全保障上の脅威としてのイスラーム主義運動

「草の根の穏健派」の行き詰まり

　「アラブの春」による「草の根の穏健派」の行き詰まりは，中東諸国におけるイスラーム主義運動の動向に好ましからざる，それでいて，予測された副作用をもたらした。過激化（ラディカリゼーション），すなわち，「根無し草の過激

派」(ローカルな過激派) と「浮き草の過激派」(グローバルな過激派) の「復活」であった。

　その背景には，「アラブの春」後に人々の間に蔓延した二重の失望があった。中東諸国で権威主義体制下での厳しい暮らしを強いられてきた人々の希望を引き受けてきたのは，他ならぬ民主主義であった。権威主義体制の後に期待されていたのは，民主主義に基づく自由で公正な社会であり，その民主化を担いうる存在として，イスラーム主義運動に期待が寄せられてきた。だからこそ，「アラブの春」の際のチュニジアやエジプトにおいて，体制転換後に実施された選挙でイスラーム政党が躍進したのである。

　しかし，新政権の拙い執政，国際社会の冷淡な態度，旧体制派の勢力回復などによる政治の混乱が深刻化した結果，民主主義とイスラーム主義，そして，その両者の担い手になるはずであった「草の根の穏健派」への失望が広がっていった。人々にしてみれば，権威主義体制は克服しなくてはならない課題であるが，今やその希望を誰に託し，克服後にどのような体制を確立するのか，将来のヴィジョンを描くことが一層困難になった（末近 2016b）。

　こうした閉塞状況のなかで，現状を力で打破する勢力としての過激派が，支持者や共鳴者を増やしていった。ここで言う「過激」とは，民主的な手続きではなく暴力を用いるという「手段」の側面と，他者の意見を拒絶し独善的なイスラーム法に基づく不寛容な政治を目指す「目的」の2つの側面がある（末近 2016c：45-47，2018：108）。つまり，過激派は「アラブの春」で「草の根の穏健派」が体現しようとした民主主義と穏健なイスラーム主義を二重に否定することで存在感を増していったのである。特にムスリム同胞団の権威が失墜したエジプトでは，首都カイロから離れた周縁地域（シナイ半島やリビアとの国境付近）を中心に「根無し草の過激派」が活動を再活性化させ，軍主導の権威主義体制との武装闘争を展開していった。

「イスラーム国」(IS) の出現

　民主主義と穏健なイスラーム主義への二重の失望が広がった結果，「根無し草の過激派」が急速に勢力を拡大する――。こうした現象がエジプトより顕著

第 **1** 章 「アラブの春」以後のイスラーム主義運動

に見られたのが，紛争下のシリアであった。

　シリアでは，2011年春にバッシャール・アサド大統領の権威主義体制に対する抗議デモが始まったが，数カ月のうちに体制と反体制派との間の武力衝突が全土で起こるようになった。反体制派は，イスラーム主義運動だけでなく世俗主義者も多く含むいわば寄り合い所帯であったが，やがて，数で優るイスラーム主義者が主導権を握るようになった（Lister 2016）。

　シリアでは，エジプトとは異なり，1960年代から半世紀にわたってイスラーム主義運動――その代表格がシリア・ムスリム同胞団――の活動を認めてこなかったため，「草の根の穏健派」は壊滅的状態にあった（末近 2005：222-303）。そのため，紛争開始後に台頭した新興のイスラーム主義運動は，そのほとんどが暴力を用いる「根無し草の過激派」の様相を呈した。紛争下の極限状態では，民主主義も穏健なイスラーム主義も人々の期待に応えることはできず，過激派だけがその勢力を拡大したのは道理であった。

　だが，想定外であったのは，紛争の拡大・長期化に伴い，シリア人を中心に構成されていた「根無し草の過激派」ではなく，国際的なテロリズムを展開してきた「浮き草の過激派」がシリアの地に根を下ろし始めたことであった。その最大勢力の１つが，アル＝カーイダ系の「シャームの民のヌスラ戦線（以下ヌスラ戦線，2016年７月には「シャーム・ファトフ戦線」に，2017年１月にシャーム解放委員会に改称）」であり，シリア人だけでなく，イラク人をはじめとする様々な国の出身者から構成されていた。ヌスラ戦線は，シリア国外から流入する武器，資金，戦闘員（義勇兵）を享受することで，権威主義体制に対峙する反体制派を「ハイジャック」していった（青山 2012：127-129, 2017：82-94）。

　さらに，2013年に入ると，ヌスラ戦線に加えて――実際には，袂を分かつかたちで――「イスラーム国」（IS）が急速に勢力を拡大した。当初，「イラクとシリアのイスラーム国」（ISIS）を自称していた彼らは，2014年６月にイラク第二の都市モースルの占拠に成功すると，イラクとシリアの両国にまたがる実効支配地域を確立し，やがて「イスラーム国」（IS）を名乗るようになった。ISの勢力拡大の背景には，世界中の「浮き草の過激派」を「国民」として積極的に招き入れたことがあった。ISに参加した外国人戦闘員の数は，モースルを

17

陥落させた2014年6月の時点で81カ国，約1万2,000人に上り，また，その後の18カ月間でさらに2倍に増加した（The Soufan Group 2015）。

ISは，自らの実効支配地域で独善的なイスラーム法解釈に基づく統治を行い，残虐な処刑方法や奴隷制を施行する一方，人権や表現の自由などの現代世界における普遍的な価値を徹底的に否定した。また，第一次世界大戦後の英仏によって画定された今日の国境線とそれに依拠した国民国家群を「サイクス＝ピコ体制」として論難し，その端緒としてシリアとイラクの国境線の一部を物理的に破壊する行為に及んだ。

ISの言動は，過激な政治パフォーマンスとしての色が強いものの，中東諸国がその成立以来抱えてきた紛争，独裁，テロ，低開発，超大国による外部介入といった諸問題へのグロテスクな処方箋，そして，「アラブの春」を経て失われた民主主義と穏健なイスラーム主義へのアンチテーゼ，さらには，閉塞を打破するものとして提示されたものであった（末近 2017a，2018：169-171）。

独り歩きする／利用される過激主義

ISの出現は，イスラーム主義運動，特に「草の根の穏健派」にとって，認識と構造の両面において大きな打撃となった（Al-Anani 2015；Mecham 2016）。

まず，認識面において深刻だったのは，イスラーム主義運動一般のイメージがISによって上書きされてしまったことであった。すなわち，イスラーム主義運動とISを同一視するような見方が広がったのである。ただし，だからといって，ISの思想や活動が従来のイスラーム主義運動に比べて新しかったり，優れていたわけではない。現実は，むしろ逆であり，ISの思想には実際には凡庸さや軽薄さが目立った。ISの過激主義の中身は空虚であり，預言者ムハンマドの時代を絶対的な理想とみなし，その後の時代の長年にわたって築かれたイスラームにおける知の伝統や権威に対する強い反発や嫌悪を見せるという単純なものであった。異教徒に対する戦い（ジハード，聖戦・義戦）も，「不信仰者」や「背教者」の断罪（タクフィール，不信仰者宣告，後述）も，以前のイスラーム過激派の主張と大差はなかった（池内 2015：142-151）。

だとすれば，ISはなぜイスラーム主義運動一般のイメージを乗っ取るよう

な影響力を持ったのか。その原因は，その過激主義が空虚であるからこそ，ムスリム／非ムスリムの別にかかわらず，多くの人々に伝わりやすい，という逆説に求められる。おそらく IS はそのことを熟知しており，それゆえに，体系化・理論化された思想ではなく，画像や映像を駆使したイメージの発信に徹した。そのコンテンツは，残虐な処刑や奴隷制復活の様子など，現代世界の普遍的価値観や常識を執拗なまでに踏みにじるようなものがほとんどであった。単純さと過剰さを追求することで，インターネットやマスメディア，世論での「炎上」を引き起こし，自らの思想に触れる人々の数を極大化していったのである(5)（末近 2017a）。

こうした IS の発信する強烈なイメージが世界的に拡散するという認識面の問題は，イスラーム主義運動をめぐる構造面での問題をも引き起こした。中東諸国の権威主義体制だけでなく，欧米諸国の政府までもが，意識的／無意識的にイスラーム主義運動を IS と同一視，安全保障上の脅威として封じ込め，弾圧や武力攻撃の対象としたのである。エジプトにおける「アップグレード」された権威主義体制がムスリム同胞団を「テロ組織」として認定し，「アラブの春」以前の時代よりも苛烈な弾圧を展開したことが，これを象徴している（その意味では，IS の台頭は，権威主義体制の持続に間接的に寄与することになったと言える）。

IS の台頭後のイスラーム主義運動を総じて見れば，グローバルに拡散した過激主義のイメージによる風評——様々な運動を十把一絡げに IS と同じ「テロリスト」とみなす——という認識面と，それに基づく，あるいは，場合によってはそれに便乗した物理的な取り締まりや弾圧という構造面の苦難に直面することになったのである。

4　宗派主義の陥穽——イスラーム主義運動同士の衝突

「遠い敵」から「近い敵」へ

IS の台頭は，イスラーム主義運動を取り巻く政治的な対立図式を書き換えた。イスラーム主義運動がこれまで対峙してきたのは，主に世俗主義を掲げる

権威主義体制であったが、「アラブの春」とその後の政治的混乱を経て、運動同士の衝突が顕在化した。その対立軸は、イスラームにおけるスンナ派とシーア派という宗派の違いとされ、アカデミアやマスメディアでは「宗派対立」や「宗派紛争」と呼ばれた。

　ISが掲げたスンナ派の過激主義の特徴として、その独善的なイスラーム法解釈による統治を確立する、言い換えれば、「イスラーム国家」を樹立するためには、まず、「近い敵」を殲滅しなければならないとする主張がある。「近い敵」とは、自らが生を営む中東諸国における「不信仰者」や「背教者」のことを指し、彼らが一方的にムスリムとして不適格とみなした人々のことである。このような行為をタクフィール（不信仰者宣告）と呼ぶ。これに対して、「浮き草の過激派」（グローバルな過激派）であるアル＝カーイダは、異教徒による侵略の危機に瀕したイスラーム世界を防衛するためには、「遠い敵」、すなわち非ムスリム社会である欧米諸国への攻撃を敢行すべきだと説いた（Gerges 2009）。

　注目すべきは、ISにとっての「近い敵」には、世俗主義を掲げる権威主義体制だけでなく、シーア派などのスンナ派以外の宗派が含まれていたことであった。ISは、自らが奉じるスンナ派以外の宗派のムスリムを「不信仰者」や「背教者」として差別や排除の対象とした。(6) シリアでの紛争では、アサド政権側で戦うシーア派の戦闘員や同派の聖地・聖廟が破壊の対象とされ、宗派の違いを根拠にした暴力が蔓延していった。同様に、2015年からの紛争下にあるイエメンにおいても、シーア派のアブドゥルマリク・フースィー率いる反体制派（フースィー派、後述）とスンナ派を中心とする体制との衝突が続いた（ICG 2014；Hassan 2016）。

　こうした自らが帰属する宗派を至上のものと認識し、他宗派を暴力や不寛容の対象としながら、その形成や発展を目指す言動を宗派主義（ターイフィーヤ）という。イスラーム思想史において、伝統的に宗派主義はタブーであり、それは今日の中東諸国においてもそれは変わらない。その背景には、どの宗派に属していても単一のイスラーム共同体（ウンマ）への帰属意識を持つことがムスリムの義務である、という教えがある。そのため、スンナ派とシーア派の教義

や歴史観の違いを争点として暴力的な紛争が起こることは、歴史的に見ても稀であり、宗派主義を掲げる人々や運動が大きな力を持つことはほとんどなかった。

しかし、ISをはじめとする過激派は、宗派主義をめぐるこの論理に新たな解釈を与えることで、タブーを義務へと変える価値の転倒を試みた。すなわち、スンナ派以外の宗派はもはや「不信仰者」や「背教者」であり、もはや非ムスリムとみなされる。そのため、単一のイスラーム共同体の維持のためにこれを排除することがムスリムにとっての義務である。より強固な一体性を確立するためには、「純粋」な「真」のムスリムだけがイスラーム共同体を構成すべきである――。過激派は、このように解釈したのである。

権力闘争から世界観闘争へ

歴史的にタブーとされてきた宗派主義が今日の中東諸国に蔓延し始めた背景には、富や地位をめぐる権力闘争が宗派の違いを争点とする世界観闘争の様相を帯びていったことがあった。つまり、権力争いの対立軸が宗派の違いに重なってしまったのである。その契機となったのは、2003年のイラク戦争とその後の内政の混乱であった（山尾 2013：134-175）。

第一に、2003年のイラク戦争によりサッダーム・フサイン大統領による権威主義体制が崩壊した後に生じた権力の真空を埋める上で、米国による占領統治下でスンナ派、シーア派、クルド人の宗派（および言語）を単位に利権配分がなされたことがあった。その結果、国内の権力闘争は、人々の信仰や宗派意識の強弱にかかわらず、宗派の違いに沿って展開されることになった。つまり、信仰レベルで宗派へのこだわりがなくとも、誰もが宗派別の利権配分に関心を寄せざるを得なくなったのである。

第二に、宗派を単位とした権力闘争の拡大によって混乱した内政を安定化させるために、戦後の新政権が伝統的な部族に基づく治安部門を創設したことがあった。具体的には、国内の治安が悪化していた2006年に自警団として創設された「覚醒評議会」や、2014年にISに対抗する義勇兵や民兵組織を統合した「人民動員隊」が挙げられる。これらは、実際には特定の宗派によって構成さ

れる民兵組織の様相を呈し，とりわけ，後者については，シーア派の集団としての色合いが濃かった。つまり，結果的に，シーア派の「人民動員隊」とスンナ派のISという戦いの構図が生まれたのである。

重要なのは，これが本来的にはイラク国内の権力闘争に過ぎず，また，あくまでも富や地位をめぐる争いであったにもかかわらず，アカデミアやマスメディアで——過激派の主張をなぞるように——繰り返し「宗派対立」として語られたことで，あたかも宗派の違い，教義や歴史観の違い，アイデンティティの違いを争点とした世界観闘争の様相を呈するようになってしまったことである。世界観が一度争点となってしまうと，容易にはこれを解消したり無効化できなくなる。さらには，その人々の世界観を利用することで敵と味方を区別し，権力闘争を効率的に推し進めようとする政治指導者や宗教指導者が現れるようになる。悪循環であった（酒井 2015）。

しかも，さらに悪いことに，こうした「宗派対立」は，主観的な世界観闘争のかたちでイラク国内だけでなく中東諸国，さらには，欧州や北米諸国にも拡散していった。世界観闘争としての「宗派対立」は，奇しくも，ISが標榜する宗派主義と符合し，また，それを助長することで，スンナ派とシーア派が本質的・宿命的に対立するかのような言説を世界の各地に生み出していった（Abdo 2017）。

イスラーム主義運動同士の衝突

その結果，いくつかの中東諸国でイラクと同様の現象——権力闘争から世界観闘争への変容——が見られるようになった。それは，とりわけ，「アラブの春」を契機に紛争が巻き起こることになった諸国で顕著に見られた。具体的には，バハレーン，イエメン，そして，シリアであり，それぞれ，スンナ派とシーア派のイスラーム主義運動が宗派の違いを軸とした対立構図に絡め取られていった。それは，イスラーム主義運動が宗派を異にする別のイスラーム主義運動と対立する構図であり，結果的にイスラーム主義運動のなかでの「内部抗争」の様相を呈することになった。これは，イスラーム主義運動が誕生した——その嚆矢は1928年に結成されたエジプトのムスリム同胞団——20世紀初頭

以来，ほとんど初めての現象であった。

　バハレーンでは，「アラブの春」の際，権威主義体制に対する一般市民による抗議デモが起こった。この抗議デモの中心的な役割を担っていたのは，シーア派のイスラーム主義運動およびイスラーム政党であるウィファークであった。そのため，スンナ派の首長が率いる体制は，自派のイスラーム主義運動を糾合した「国民統一会合」を結成し，これに対峙させる戦略を採った（Abdo 2017：129-131）。また，「アラブの春」によって権威主義体制が崩壊したイエメンでも，スンナ派出身の大統領率いる新政権にシーア派のフーシィー派が対峙する構図が立ち現れた。フーシィー派は，1979年にイスラーム革命を成就させたイランを範とし，イエメンにイスラームに立脚した社会と国家を建設することを目標とする運動として活動していた（ICG 2014；Hassan 2016）。

　なかでも，「アラブの春」による政治的不安定のなかでスンナ派とシーア派のイスラーム主義運動が最も激しく衝突したのが，シリアであった。前節で論じたように，シリアでは，2011年の紛争の勃発以降，反体制派のなかでスンナ派のイスラーム主義運動の勢力拡大，とりわけヌスラ戦線のような「根無し草の過激派」の台頭，さらにはISに代表される「浮き草の過激派」の台頭が顕著となった。過激派の攻勢に対して，アサド政権側は同盟国であるイランの準軍事組織「革命防衛隊」とレバノンを拠点とするイスラーム主義運動・政党ヒズブッラーの軍事的支援を得ながら反撃した（末近 2013b, 2016a）。シリアの地で，スンナ派とシーア派のイスラーム主義運動による激しい戦闘が繰り広げられたのである。

　バハレーン，イエメン，シリアのいずれのケースについても，本質的には権力闘争であり，富や地位をめぐる争いにイスラーム主義運動が主体的に参加するかたちを見せた。事実，スンナ派の過激派を除けば，これらの対立において宗派の違いを争点として喧伝する——宗派主義を掲げる——イスラーム主義運動は皆無であった。しかし，実態として，スンナ派とシーア派に明確に陣営が分かれたこと，そして，中東域内で覇権争いを繰り広げてきた2つの地域大国であるサウジアラビアとイランがそれぞれの陣営を支援する姿勢を見せたことから，結果的に，両宗派による「宗派対立」が拡大しているという認識が中東

地域の内外に広がった（Gause 2014）。

　その認識は，一面的なものに過ぎない。両国の対立やライバル関係は，スンナ派とシーア派の宗派の教義上の違いを争点とするものではなく，実際には——国際政治における他の国家間関係と同様に——軍事力を基調とする安全保障上の相互不信や脅威認識によるものであった。しかし，実際に多くの被害や死者が出続けたことで，スンナ派とシーア派の世界観闘争があたかも現実のものとなったように受け取られ，「宗派対立」の認識が強化されていったのである（末近 2016b：60-63）。

5　中東政治の主体的構成要素としてのイスラーム主義運動

　以上論じてきたことをまとめよう。「アラブの春」を経て，中東諸国のイスラーム主義運動は，権威主義，過激主義，宗派主義の3つの「主義」に直面するという大きな苦境に立たされるようになった。この3つの「主義」は，それぞれ独立して存在しているのではなく，2011年の「アラブの春」の発生から1つの円環を描くように顕在化してきた。権威主義の復活が過激主義の台頭をもたらし，過激主義の台頭は宗派主義の拡大を引き起こす。そして，過激主義と宗派主義によって混乱した国家では，その鎮圧を口実に権威主義が猛威を振るう——。イスラーム主義運動は，この円環に包囲されるようになった。

　では，イスラーム主義運動は，このような「アラブの春」以後の中東政治の趨勢に対して無力であり続けるのだろうか。あるいは，このまま力を失っていき，やがて消えてしまうのであろうか。その答えは否である。なぜなら，2010年代の中東諸国の病理であるこの3つの「主義」が生まれる過程に，イスラーム主義運動自体が大きく関わってきたからである。

　エジプトやチュニジアでは，主流派である「草の根の穏健派」による民主政治への参加と執政の失敗の結果，権威主義の再来ないしは政治の混乱をもたらし，さらには「根無し草の過激派」（ローカルな過激派）の台頭を許すこととなった。紛争となったシリア，リビア，イエメンでは，「根無し草の過激派」が戦火を拡大させたことで，2000年代末には力を失いかけていたアル＝カーイ

第1章 「アラブの春」以後のイスラーム主義運動

ダのような「浮き草の過激派」（グローバルな過激派）を呼び込むきっかけをつくった。

　ここで見えてきたのは，中東政治の趨勢がイスラーム主義運動に大きな影響を与えてきたと同時に，イスラーム主義運動が中東政治のあり方を変えてきた事実である。イスラーム主義運動は，紛れもなく，今日の中東政治にとって不可分の主体的構成要素となっている。

　イスラーム主義運動は，今や単なる体制への挑戦者や反体制派としてだけでなく，国民の支持を得て執政を司ることもあれば，国境を越えるグローバルな武装闘争を敢行することもある。また，その武装闘争においても，かつての権威主義体制や世俗主義者に加えて，他のイスラーム主義運動を標的とすることもある。さらには，本書の各章で論じられているように，政権を担うようになったことでイスラーム主義的な要素を放棄していったトルコの公正発展党や，イスラームに立脚した統治の正統性を主張する王政に「癒着」することで活動の機会を保証しようとするモロッコやヨルダンのイスラーム主義運動もある。

　今日のイスラーム主義運動の実態は，かつてないほどに複雑かつ多様になっている。その実態を掴むことは，中東政治の現在，そして，今後を展望する上で不可欠な作業である。

注

(1) 本章では，「アラブの春」（The Arab Spring, al-Rabī' al-'Arabī）を2010年末にチュニジアから始まった，アラブ諸国における一般市民による大規模な抗議デモとそれに伴う政治的騒乱（民主化，武力弾圧，内戦を含む）の総称と定義する。日本では，「アラブ革命」「アラブ動乱」「アラブ政変」「アラブ蜂起」などの表現も用いられている。

(2) このようなイスラームとデモクラシーをめぐる「対立論」に対して，「調和論」を唱える論者も現れた。エスポズィートとヴォルは，イスラームにはデモクラシーに通底する考え方（たとえば，シューラー（合議）の教え）があるため，両者には矛盾はないと論じ，「イスラーム民主主義」の可能性を主張した（エスポズィト，ボル 2000）。自らがイスラームを信奉するムスリムの論者の間でもこうした「調和論」が主流となった。詳しくは，末近（2017a）を参照。

(3) Freedom House（https: //freedomhouse. org/report/freedom-world/freedom-

world-2010).

(4) ヌスラ戦線は，イラクで活動していた「イラク・イスラーム国」(ISI) のシリア国内での前線組織として結成された歴史を持つ。2013年に ISI の指導者アブー・バクル・バグダーディーが2つの組織を統合し，「イラクとシャームのイスラーム国」(ISIS) の結成を宣言した。あくまでもシリア国内を主戦場としていたヌスラ戦線は，これに反発し，ISIS からの離脱を表明した。その結果，両組織は対立の色を深め，2014年2月には「親組織」であるアル＝カーイダが，両組織の統合にこだわり続ける ISIS を「破門」する事態となった（青山 2017：82-86）。

(5) 2015年初頭から頻発した欧州諸国におけるムスリムによるテロ事件も，イスラーム主義運動を十把一絡げに脅威とする認識を助長した。しかし，これらの事件の容疑者たちについては，組織としての IS のメンバーであることは稀であり，いわゆるホームグロウン（地元育ち）やローンウルフ（一匹狼）の自発的な，あるいは実際には組織との関係がない「自称 IS」であった。したがって，彼らが IS の発信するイメージに共感・共鳴したことでテロ事件を起こしたとしても，それは，中東諸国におけるイスラーム主義運動の活動とは本質的には無関係と見る必要がある。

(6) 一般論として，スンナ派のサラフィー主義者に他宗派排斥の言動が見られることが多い。サラフィー主義とは，中世以来の学説や権威に盲従することなく，預言者ムハンマドをはじめとするサラフ（父祖）の時代の原典であるクルアーン（コーラン）とハディース（預言者の言行録）に立ち返って，今一度イスラーム法解釈に取り組まなければならないとする考え方である。彼らは，サラフの時代の後に生まれた分派の正統性を認めない傾向が強く，そのため，シーア派をはじめとするスンナ派以外の宗派に対して厳しい姿勢をとることがある。ただし，サラフィー主義者と過激派は同義ではなく，他宗派に対する暴力や不寛容を批判する人々も少なくない。

(7) 1980年代初頭のレバノンに結成されたヒズブッラーは，全世界の「抑圧者たち」への抵抗を目指しており，実質的には隣国のイスラエルとそれを支援する米国を敵視していた。しかし，2011年からのシリア紛争においては，イスラエルと対峙するアサド政権を支援する名目で軍事部門をシリア領内へと展開し，反体制派だけでなく，イスラーム過激派と戦火を交えた。これは，非ムスリムのイスラエルや米国に対する抵抗運動としての運動のアイデンティティを大きく揺さぶった。

参考文献
青山弘之（2012）『混迷するシリア――歴史と政治構造から読み解く』岩波書店。
――――（2017）『シリア情勢――終わらない人道危機』岩波新書。
池内恵（2015）『イスラーム国の衝撃』文春新書。
エスポズィト，ジョン／ジョン・ボル（2000）宮原辰夫・大和隆介訳『イスラームと民主主義』成文堂。

大塚和夫（2004）『イスラーム主義とは何か』岩波新書。
小杉泰（2001）「イスラーム政党をめぐる研究視座と方法論的課題——比較政治学と地域研究の交差する地点で」『アジア・アフリカ地域研究』（京都大学アジア・アフリカ地域研究研究科）第1号。
サイード，エドワード（1993）今沢紀子訳，板垣雄三・杉田英明監修『オリエンタリズム　上巻／下巻』平凡社。
酒井啓子（2015）「イラクの宗派問題——その国内要因と国外要因」大串和雄編『21世紀の政治と暴力——グローバル化，民主主義，アイデンティティ』晃洋書房。
末近浩太（2005）『現代シリアの国家変容とイスラーム』ナカニシヤ出版。
——— （2013a）『イスラーム主義と中東政治——レバノン・ヒズブッラーの抵抗と革命』名古屋大学出版会。
——— （2013b）「クサイルへの道——シリア『内戦』とヒズブッラー（焦点　中東の政治変動とイスラーム主義）」『中東研究』第518号。
——— （2016a）「クサイルからの道——ヒズブッラーによるシリア「内戦」への軍事介入の拡大」『中東研究』第522号。
——— （2016b）「中東の地域秩序の変動——「アラブの春」，シリア「内戦」，そして「イスラーム国」へ」村上勇介・帯谷知可編『融解と再創造の世界秩序』（相関地域研究 第2巻）青弓社。
——— （2016c）「イスラーム主義運動の歴史的展開——中東地域研究におけるその意義を捉え直す」松尾昌樹・岡野内正・吉川卓郎編『中東の新たな秩序』（グローバル・サウスは今 第3巻）ミネルヴァ書房。
——— （2017a）「イスラームとデモクラシーをめぐる議論」私市正年・浜中新吾・横田貴之編『中東・イスラーム研究概説——政治学・経済学・社会学・地域研究のテーマ』明石書店。
——— （2017b）「『現象』としての『イスラーム国（IS）』——反国家・脱国家・超国家」村上勇介・帯谷知可編『秩序の砂塵化を超えて——環太平洋パラダイムの可能性』京都大学学術出版会。
——— （2018）『イスラーム主義——もう一つの近代を構想する』岩波新書。
鈴木恵美（2013）『エジプト革命——軍とムスリム同胞団，そして若者たち』中公新書。
ハンチントン，サミュエル（1998）鈴木主税訳『文明の衝突』集英社。
山尾大（2013）『紛争と国家建設——戦後イラクの再建をめぐるポリティクス』明石書店。
横田貴之（2014）「エジプト——二つの革命がもたらした「虚像」の再考」青山弘之編『「アラブの心臓」に何が起きているのか——現代中東の実像』岩波書店。
Abdo, Geneive （2017） *The New Sectarianism: The Arab Uprisings and the Rebirth*

of the Shi'a-Sunni Divide. Oxford: Oxford University Press.

Al-Anani, Khalil（2015）"The ISIS-ification of Islamist Politics," *Islamism in The IS Age*（Islam in a Changing Middle East）（POMPES Studies 12）（March 17）. Washington D.C.: The Project on Middle East Political Science.

Diamond, Larry, Marc Plattner, and Daniel Brumberg eds.（2003）*Islam and Democracy in the Middle East.* Baltimore: The Johns Hopkins University Press.

Gause III, F. Gregory（2014）*Beyond Sectarianism: The New Middle East Cold War.* Brookings Doha Center Analysis Paper, No. 11（July）. Doha: Brooking Doha Center.

Gerges, Fawaz A.（2009）*The Far Enemy: Why Jihad Went Global.* Cambridge: Cambridge University Press.

Hamid, Shadi（2014）*Temptations of Power: Islamists and Illiberal Democracy in a New Middle East.* Oxford: Oxford University Press.

Hashemi, Nader（2009）*Islam, Secularism, and Liberal Democracy: Toward a Democratic Theory for Muslim Societies.* Oxford: Oxford University Press.

――――（2013）"Islam and Democracy," in John L. Esposito and Emad El-Din Shahin eds., *The Oxford Handbook of Islam and Politics.* Oxford: Oxford University Press.

Hassan, Hassan（2016）*The Sectarianism of the Islamic State: Ideological Roots and Political Context.* Washington D.C.: Carnegie Endowment for International Peace.

International Crisis Group（ICG）（2014）*The Huthis: From Saada to Sanaa.* Middle East Report 154（June 10）. Brussels: International Crisis Group.

Lewis, Bernard（1996）"A Historical Overview," *Journal of Democracy* 7（2）（April）, 52-63.

Lipset, Seymour Martin（1994）"The Social Requisites of Democracy Revisited: 1993 Presidential Address," *American Sociological Review* 59(1), 1-22.

Lister, Charles R.（2016）*The Syrian Jihad: Al-Qaeda, the Islamic State and the Evolution of an Insurgency.* London: Hurst.

Mecham, Quinn（2016）"The Islamist Identity Crisis," *Evolving Methodologies in the Study of Islamism*（Islam in a Changing Middle East）（POMPES Studies 17）（March 7）. Wasington D.C.: The Project on Middle East Political Science.

The Soufan Group（2015）*Foreign Fighters: An Updated Assessment of the Flow of Foreign Fighters into Syria and Iraq*（*December 2015*）. New York: The Soufan Group.

第2章
イスラーム主義政党支持者の「穏健化」
──包摂・穏健化仮説の検証──

浜中新吾

1 イスラーム主義運動が「穏健化」するとき

　穏健化理論 (Moderation Theory) ないし包摂・穏健化仮説 (Inclusion-Moderation Hypothesis) とは「ある政治アクターが多元的な政治過程に包摂 (Inclusion) されたことで穏健化 (Moderate) する」という命題である。この是非についてイスラーム主義運動を対象に論じてみたとき，彼らが多元的な政治過程のなかでその主張や行動を穏健化できるかどうか，が問われることになる (Schwedler 2011：349)。本書の序章において定義されたように，イスラーム主義運動はイスラーム的価値の導きに沿った社会・政治・経済の変革に向けた目標を掲げ，目標の実現に向けた活動をしている。その個別具体的な目標や実現の手段は様々であり，なかには現実社会の抜本的変革ないし革命的転換を求め，その実現のために暴力を用い，凶悪犯罪に手を染める組織も存在する。あまりに急進的な変革目標やその達成手段が現地社会において，広く支持を受けることは当然ながら期待できない。そこで既存の政治過程に参入するイスラーム主義運動は，これまでの主張や目的，その実現手段を穏健で漸進的なものに変化させるかもしれない。すなわち「公的領域におけるイスラーム的価値の漸進的な実現」という程度に穏健化できれば，大衆の支持を得られることもあるだろう。これが穏健化理論に整合的なイスラーム主義運動の行動である。

　本章では穏健化理論から検証可能な操作仮説を導出し，操作仮説を観察可能なデータで検証する実証的計量分析を行う。計量分析は中東地域研究の分野でさほど普及しているとは言いがたい。しかし一般性・法則性を志向する社会科

学の分野において，仮説をデータで検証する計量分析はきわめて強力な手法であり，議論の妥当性を統計的に評価できる唯一の方法である。

さて，自由かつ民主主義的な選挙プロセスの存在を前提としたとき，イスラーム主義運動が政党として穏健化しより多くの支持を集めようとすることは，立法府に代表を送り込むための必要条件だと言える。立法府に議席を占めるだけでなく，連立政権の一角を担うのであれば，パートナーとなる政権政党との政策的な妥協を迫られることだろう。すなわちイスラーム主義政党は組閣プロセスに直面すればさらなる穏健化を強いられる。本章の第 2 節ではこのロジックに基づいたイスラーム主義運動やイスラーム政党の動向を扱った先行研究を概観する。その上で第 3 節では「穏健化」のロジックを多党間競争モデルで明示的に表す。

もし包摂 - 穏健化仮説に従うのであれば，イスラーム政党が獲得した支持者集団にはイスラーム的価値観に共鳴する者だけでなく，多元主義的で民主主義的な価値観の保有者が含まれているかもしれない。あるいは同じ有権者が 2 つの価値観を併せ持っていることもありうる。従って穏健化理論が妥当であれば，イスラーム政党の支持者集団はイスラーム的価値と多元主義・民主主義的価値観の双方に共鳴しているという操作仮説を立てることができる。

本章の第 4 節と第 5 節では，上記の操作仮説を検証する。具体的には「アラブの春」によって民主的な選挙プロセスが開始されたチュニジアとエジプトを事例に，議会選挙の前後でイスラーム政党支持者の政治的価値観を測定し，その差を計量分析によって評価する。もし穏健化仮説が正しければ，選挙前に比べて選挙後のイスラーム主義政党の支持者のなかに，多元的で民主主義的な価値観の保有者がより多く見られるはずである。

2 穏健化理論に基づく研究——イスラーム主義運動・政党

穏健化理論の源流はドイツの社会民主党を対象に「寡頭制の鉄則」を論じたミヘルス（1973）にある。有名な「凍結仮説」を生み出したリプセット／ロッカン（2013）も，ヨーロッパ政治史において政治システムが社会的対立・紛争

第**2**章　イスラーム主義政党支持者の「穏健化」

を制度化し，紛争の主体を代表する政党が穏健化していったことに言及している。穏健化現象の理論化を目指した研究としては，Kalyvas（1996）を挙げることができる。この研究は19世紀から20世紀にかけて教条的だったカトリック政党が，政党政治システムに包摂される過程でその主張を穏健化させていったことを論じた。このように穏健化理論は，イスラーム主義運動および政党を対象とした研究から生まれたものではなく，幅広いパースペクティブを持つ命題である。

　中東地域におけるイスラーム主義運動の政党化と，それに続く政治システムへの参入（すなわち包摂）については，権威主義体制下の政治的自由化過程，あるいは民主化移行状態を前提とした議論になる。権威主義体制を前提とした研究の1つにSchwedler（2007）を挙げることができる。この研究はヨルダンのイスラーム行動戦線党とイエメンのイスラーフを比較分析し，穏健化理論の妥当性を論じたものである。Schwedler（2007）は両国の事例を分析した結果，特定団体の振る舞いや国際的テロリスト・ネットワークの拡大ではなく，民衆のイスラーム的あるいは非イスラーム的実践や語りに着目すべきであると結論づけた（p.214.）。しかしこの結論は焦点を当てる視座の変更を提起するものであり，穏健化理論を検討するための事例研究として成功しているとは言えない。

　別の例としてはムバーラク政権期のエジプト，クウェート，パレスチナのイスラーム主義運動を対象としたBrown（2012）がある。こちらも穏健化理論を分析枠組みの導入部で引用しているものの，分析対象事例を適切に扱うために包摂や穏健化ではなく，イスラーム主義運動の「政治化」に焦点を変更している（p.5.）。元来，穏健化理論は，その成り立ちから民主政における選挙を前提としている。よって権威主義体制下のイスラーム主義政党に命題を拡張するには，より適切な操作化が必要になるだろう[1]。

　イスラーム主義運動の研究対象国のうち中東で民主化が定着したと言って良い事例はトルコに限られてしまう。トルコのイスラーム政党を扱った穏健化理論の代表的研究はTezcur（2010a, 2010b）である。Tezcurは中東のなかで相対的に民主化が進んだトルコとイスラーム共和制を敷くイランを比較し，置かれた状況が異なるにもかかわらず，なぜ両国でイスラーム主義運動の穏健化が

進み,権力を掌握したのかという課題に取り組んだ。リサーチ・クエスチョンの1つが「イスラーム主義運動の包摂-穏健化が,民主化に貢献するのか」というものである。Tezcur（2010a：210-214）によれば,トルコの公正発展党とイランの改革派による権力掌握までのプロセスは穏健化理論に合致していたが,イランの政治システムを変動させるものではなく,公正発展党もトルコの政治的分極化,とりわけリベラル派からの支持を取り付けられるような民主化を進める法律や制度に関する議題を展開させられなかった。すなわち,イスラーム主義運動の穏健化は民主化に貢献するわけではない,というのが Tezcur の結論である。

　有権者に着目して穏健化仮説を検証した先行研究として Gurses（2014）を挙げることができる。Gurses（2014）は2000年と2007年の世界価値観調査データを用いてトルコのイスラーム政党支持者の政治的価値観を分析した。分析の結果,2000年のイスラーム政党支持者は民主主義的価値を否定していたが,2007年では民主主義的価値に対してどちらともとれない態度に変わっていた。この結果は穏健化仮説の想定と整合的であり,トルコのイスラーム政党は議会に代表を送り込むようになって穏健化したと考えることができる。

　民主化移行状態においての議論でしばしば言及されるものはハンチントン（1995：160-168）である。「参加の範囲が拡大されると,より政治的な人物や集団は,その戦術や政策の点では穏健になるであろう」（1995：163）というものだ。しかし民主化プロセスにおいて新規参入する勢力が自律的に穏健化できるとは限らない。この点をコミットメント問題として理論化したのが Kalyvas（2000）である。この研究によれば,民主化の成功は,これを主導した現職政治家たちが選挙後の新政権によって処罰されないことを新規参入勢力が約束し,これが守られるか否かというコミットメントに依存する。選挙に出馬した宗教政党が約束を守るように穏健化させることのできる宗教的制度の存在に Kalyvas は注目した。19世紀のベルギーにおいてカトリック政党が政治過程に参入してその主張を穏健化できた背景には,同国の階層的な教会組織による制約があったという。これに対し20世紀末のアルジェリアには,同国の宗教界にイスラーム救国戦線（FIS）のコミットメントを守らせる階層的な制度がなかった

第2章 イスラーム主義政党支持者の「穏健化」

ため,危機感を募らせた軍が介入して民主化が挫折したのだと説明できる。

Hamid (2014) は民主化革命後のエジプト,チュニジア,およびヨルダンを事例に,穏健化理論の含意を見出そうとする研究である。この研究ではイスラーム主義運動の政治行動を外部環境に対する適応だと捉えている。チュニジアは,アラブ世界の中で例外的に社会の世俗化が進んでいるとともにイスラーム主義・世俗派・左派で分極化している。そのためナフダ党はそのイスラーム主義的目的を果たすためには段階的なアプローチをとらなければならず,社会の統合を優先して妥協を受け容れたことに「例外的成功」の原因が求められた。一方,エジプトが民主化移行に失敗したのは,一義的には分極化した社会のなかで保守層の支持をヌール党と争ったためである。多数派の保守層を繋ぎ止めるためにはサラフィストの批判を受けるイデオロギー的妥協は回避しなければならなかった。穏健化理論から見れば,チュニジアが整合的,エジプトが非整合的になったのは外部環境の違いによる,というのが Hamid (2014) の結論である[(2)]。

以上のように先行研究を概観すると,まずアラブ諸国の例では政治参加規制が緩和され自由化した際のイスラーム主義運動が研究対象であり,そのなかで穏健化理論の枠組みそのものや,射程の妥当性について議論されていることが分かる。次に民主的な選挙が前提となっている事例はトルコの場合に限られており,イスラーム主義政党の蹉跌と成功,およびイスラーム主義政党支持者の政治的態度まで研究が進んでいることが明らかになった。Hamid (2014) に代表される「アラブの春」以降の民主化移行期におけるエジプトとチュニジアの研究は,これから進展するものと期待できる。本章では,イスラーム政党支持者の政治的価値観が穏健化理論の仮説に整合的であったという Gurses (2014) の結果が,エジプトとチュニジアにおいても確認できるのかどうかを扱う。ただし Hamid (2014) の議論にあるように,ムスリム同胞団とナフダ党では置かれている社会的状況が異なっている。この違いは仮説の導出にあたって検討されなければならない。

3　政党行動モデル——どのような時にイスラーム主義政党は穏健化するのか

　イスラーム主義運動が政党を組織し，議会選挙に出馬するケースを考える。選挙の多党間競争を描写するモデルとして，標準的な中位投票者理論を想定しよう（Brocker and Kunkler 2013：174；Hamid 2014：41；Tezcur 2010a：11）。政策の対立軸をイスラームに基づく社会変革の是非だと考えたとき，モデルは図2－1のようなものだと考えることができる。右端を社会のイスラーム化，左端を政教分離（世俗化）と見なしたとき，イスラーム主義政党の政策位置を I_1，世俗政党の政策位置を S_1 とする。中位投票者の政策位置が M_1 にあるとき，得票最大化を目指すイスラーム主義政党の政策位置は I_1 から M_1 により近づくはずである。これがイスラーム主義政党の穏健化である[3]。

　もし図2－2のように，中位投票者の政策位置 M_1 が世俗政党の政策位置 S_1 よりもイスラーム主義政党の政策位置 I_1 に近い場合はどうなるであろうか。イスラーム主義政党は得票最大化のために穏健化する必要はなく，自らの政策位置 I_1 を動かす必要はない。このとき，イスラーム主義政党は穏健化しないので，穏健化理論は適合しないことになる。さらに I_1 の右側にサラフィスト政党 I_2 が陣取っており，ある程度の支持を見込める場合に I_1 が M_1 に近づけば，イスラーム主義政党の支持者の一部がサラフィスト政党に鞍替えするかもしれない。そうであれば，なおさらイスラーム主義政党は自らの政策位置を変えられないであろう。

　イスラーム主義政党の穏健化は選挙後においても課題となる。選挙の勝利者が政権を担うとき，その勝利者連合にイスラーム主義政党が含まれるか否か，という課題である。イスラーム主義政党が勝利し，議会第一党となった場合，単独で政権を担うか，さもなければ他の政党と連立政権を組むかという選択肢が考えられる。図2－1および図2－2の政策対立軸を所与としたとき，世俗政党と連立を組むのであれば，いくばくかの穏健化を自己拘束的に課すことになる。勝者の総取り（winner takes all）ではなく，政権維持に不必要な政党を連立に含めた過大規模政権を樹立することは，政権の維持と民主主義の安定に資す

ることが知られている（川中 2009：65）。古典的な議論はレイプハルト（1979）の多極共存型民主主義論のなかに見られる。過大規模政権は拒否権を持つ主体を増やすことであり，政権内部では選好の異なる主体間の調整を行わねばならない。民主化を主導した前政権の党派を連立に加えることは Kalyvas（2000）の指摘したコミットメント問題を解決する手段になるだろう。(4)

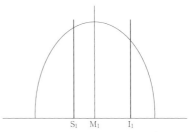

図 2-1　中位投票者理論におけるイスラーム主義政党(1)
出典：筆者作成。

中位投票者理論を用いた政党の政策位置に関する2つのモデルはエジプトとチュニジアの社会的状況の差異を加味している。連立形成に関するモデルについても同様である。モデル分析から得られる含意は，図 2-1 のケース，つまりチュニジアの場合だとイスラーム主義政

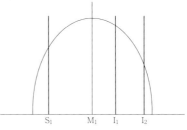

図 2-2　中位投票者理論におけるイスラーム主義政党(2)
出典：筆者作成。

党 I_1 はより多くの支持者を集めるために政策的位置を「穏健化」することが合理的である。図 2-2 のケース，つまりエジプトの場合だと，イスラーム主義政党 I_1 はサラフィスト政党 I_2 と競合するので，「穏健化」することは合理的でないかもしれない。連立形成においても政策的位置を「穏健化」することができたナフダ党は世俗政党との協力が容易であるのに対し，「穏健化」できなかったムスリム同胞団（自由公正党）(5) は他の政党との協力が難しくなるであろう。

4　分析の方法

イスラーム主義政党支持者の政治的態度を測定するにあたり，Arab Barometer(6) の第二波および第三波調査のうち，エジプトとチュニジアのデータを用い

第Ⅰ部　イスラーム主義運動とは何か

る。2つのデータセットに含まれる質問項目のうち、イスラームと政治の関係について共通しているアイテムを使う。このアイテムに因子分析を行って共通する因子を抽出し、イスラームと政治の関係に関する尺度を構成する。各アイテムの質問文は以下の通りである。

Q606-1「宗教指導者（礼拝導師、説教師、聖職者）は選挙の際に有権者の意思決定へ介入するべきではない。」

Q606-2「敬虔な人間が国家の要職を務めれば、あなたの国はより良くなる。」

Q606-3「宗教指導者（礼拝導師、説教師、聖職者）は政府の決定に介入するべきである。」

Q606-4「宗教実践は個人的なことがらであり、社会および政治生活とは分けるべきである。」

Q606-5「宗教団体や宗教的制度（政党を除く）は選挙の際に有権者の意思決定へ介入するべきではない。」

Q606-6「モスクや教会は選挙運動に利用されるべきではない。」

各質問には「1：強く同意する」「2：同意する」「3：反対する」「4：強く反対する」の4件法で答える形になっている。6つのアイテムから数値が大きくなるほど、宗教的制約から個人の政治的自由が大きくなるような測定尺度を作成したい。よってQ606-2とQ606-3はそのままとし、他の質問の回答は逆順に変更する。次に6つのアイテムが尺度を構成する上で内的整合性を持つかどうかを検証するため、クロンバックのα係数を求めた。α係数はエジプトのデータで0.697、チュニジアのデータで0.704であり、十分な内的整合性を持つことが確認できた。

因子分析では因子抽出に最尤法を用い、プロマックス法で軸の斜交回転を行った。斜交回転後はQ606-1、Q606-4、Q606-5、Q606-6が第一因子において強い正の因子負荷量を持ち、Q606-2とQ606-3が第二因子において強い正の因子負荷量を持つことが明らかになった。質問項目の文言から、第一因子を

「宗教からの個人の政治的自由」,第二因子を「政教分離原則」の尺度であると解釈した。これらを仮説検証の従属変数とする。

続いて仮説検証を行うサンプルを限定する。エジプトの調査データには「回答者を代表する政党」としてムスリム同胞団が設立した自由公正党が選択肢に含まれている。しかしながら自由公正党を選んだ回答数はわずかであるため,統計的検証に耐えるだけのサンプルサイズを得られなかった。そこでムスリム同胞団に対する信頼の程度を尋ねるアイテムを用いることにする。4件法の選択肢で「非常に信頼する」と答えたサンプルを「ムスリム同胞団支持者」であると操作化する。同胞団支持者のサンプルサイズは2011年調査でn = 243,2013年調査でn = 76である。チュニジアのデータにおいてはナフダ党を「自らを代表する政党」として回答した人数が統計的検証に耐えうるのでこれを「ナフダ党支持者」として操作化する。サンプルサイズは2011年調査でn = 144,2013年調査でn = 268である。

5　操作仮説と計量分析

第3節のモデル分析の含意から導かれる穏健化理論の操作仮説は以下のようになる。

仮説1：イスラーム主義政党が支持を広げるために「穏健化」できるのであれば,議会入りする前と比べて議席の獲得後,党の支持者は宗教からの個人の政治的自由を認めるようになる。

仮説2：イスラーム主義政党が支持を広げるために「穏健化」できるのであれば,議会入りする前と比べて議席の獲得後,党の支持者は政教分離原則を認めるようになる。

この2つの仮説を検証するため,ここでは「宗教からの個人の政治的自由」尺度と「政教分離原則」尺度を従属変数,イスラーム主義政党が議会入りする

前の2011年と議会入りした後の2013年という時期区分が独立変数になる。分析のサンプルを「ムスリム同胞団支持者」(エジプト)および「ナフダ党支持者」(チュニジア)に限定することで、彼らの政治的価値観が世俗派に対して穏健化したか否かを統計的に分析することができる。

エジプトのムスリム同胞団支持者のケースを分析すると「宗教からの個人の政治的自由」尺度の平均は2011年で-0.087、2013年では-0.233であった。また「政教分離原則」尺度の平均は2011年で-0.120、2013年では-0.462であった。独立サンプルのt検定(平均値の差の検定)を行うと「宗教からの個人の政治的自由」については5％水準で統計的に有意な差があるとは言えなかった($t = 1.116, DF = 289, p = 0.265$)が、「政教分離原則」には5％水準で統計的に有意な差が認められた($t = 2.561, DF = 289, p = 0.011$)。[7] 図2-3は2011年と2013年調査における「政教分離原則」尺度に対する同胞団支持者の反応の分布を表している。太線はそれぞれの中央値(第2四分位数)を表し、箱の下辺が第1四分位数、上辺が第3四分位数を表す。箱から上下に伸びたひげは上が最大値、下が最小値を表している。2011年調査データと比べて2013年調査データでは第3四分位数(箱の上辺)の位置が低く、「政教分離原則」の分布が下向きに隔たっていることが分かる。

続いてチュニジアのナフダ党支持者のケースを分析する。「宗教からの個人の政治的自由」尺度の平均は2011年で-0.402、2013年では-0.173であった。また「政教分離原則」尺度の平均は2011年で-0.469、2013年では-0.649であった。独立サンプルのt検定(平均値の差の検定)を行うと「宗教からの個人の政治的自由」については5％水準で統計的に有意な差が認められた($t = -2.262, DF = 300.5, p = 0.024$)[8]が、「政教分離原則」には5％水準で統計的に有意な差が認められなかった($t = 1.671, DF = 366, p = 0.096$)。次の図2-4は2011年と2013年調査における「宗教からの個人の政治的自由」尺度に対するナフダ党支持者の反応の分布を表している。2011年調査データと比べて2013年調査データでは、中央値と箱の位置が目視で認識できるほど上向きに隔たっている。[9]

第2章　イスラーム主義政党支持者の「穏健化」

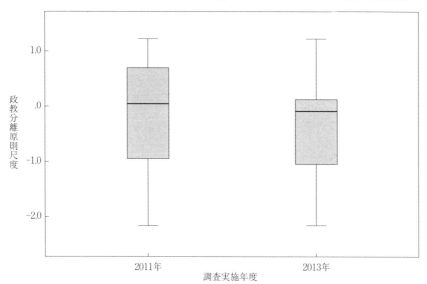

図2-3　エジプト・ムスリム同胞団支持者の政教分離原則への態度分布
出典：筆者作成。

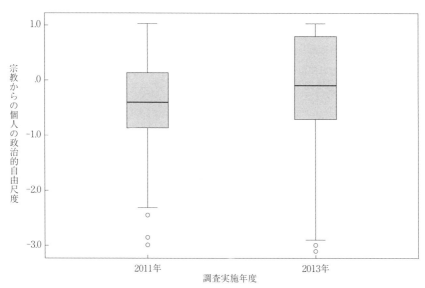

図2-4　チュニジア・ナフダ党支持者の宗教からの政治的自由への態度分布
出典：筆者作成。

6 分析結果の解釈

　エジプトのケースでは、ムスリム同胞団の支持者は議席獲得後の方が、政教分離原則について反対する姿勢を強めていることがわかった。この分析結果は、モデル分析の示すとおり同胞団が「穏健化」に失敗したことを示唆する。一方、チュニジアのケースだと、ナフダ党支持者は議会の議席を得た後の方が、宗教からの個人の政治的自由を容認する姿勢を明らかにしている。この結果は包摂‐穏健化仮説と整合的である。本節では計量分析の結果を解釈するために、当時の政治過程を概観する。

　エジプトで Arab Barometer の2011年調査が行われた6月は、年末の人民議会選挙を控えていたタイミングだった。既にムバーラク時代からムスリム同胞団の現実主義路線・穏健化は明らかになっており、それは選挙綱領におけるシャリーア（イスラーム法）施行に関する自己抑制に表れていた[10]。さらに政変後の全権を掌握した軍最高協議会と協調関係を維持し、軍主導の政治過程に協力した（横田 2012：152）。ムスリム同胞団が設立した自由公正党は最高裁判所内に設置された政党委員会によって同年6月6日に認可されたばかりであり（横田 2012：154）、軍部と政治過程について交渉できるアクターとして国民の期待を集めつつあった。

　2013年調査が実施された4月、人民議会の過半数と大統領ポストをムスリム同胞団が押さえていた。しかし前年の2012年10月、ムルスィー大統領が新憲法草案をめぐって司法当局と軋轢を起こしていた。司法に対する大統領権限の優越を認める憲法宣言を公布した2012年11月以降、ムルスィーとムスリム同胞団は独善的であるとして急激に国民の支持を失っていった（鈴木 2013：211-222）。2013年に入るとムルスィー大統領は支持母体の同胞団および少数の友好的な政党に依存し、イスラーム主義勢力だけで政権運営を行う姿勢がより顕著となった（福永 2013：78；横田 2016：232）。このようにムスリム同胞団は革命後の2011年6月から政権掌握時の2013年4月にかけてその政治姿勢が独裁的になっている。

第2章　イスラーム主義政党支持者の「穏健化」

　このことは2011調査におけるムスリム同胞団支持者のサンプルサイズがn＝243であるのに対し，2013年のサンプルサイズがn＝76に減っていることからもわかる。なお回答分布で表すと同胞団を「非常に信頼する」と回答したのは2011年調査で20％であり，2013年調査だと6.4％にまで落ち込んだ。一方，同胞団を「決して信用しない」とした割合は2011年で31.5％，2013年になると68％にものぼっている。すなわち立法府と行政府の両方を掌握し，憲法宣言によって司法当局までも支配しようとしたムスリム同胞団に対し，団員やそのシンパだけがコアな支持者として残存している状況だったのであろう。残存した支持者は同胞団のイデオロギーにより忠実であることに加え，憲法草案をめぐる政治過程が（軍部を除く）他の政治勢力に対して非妥協的だったことも計量分析の結果に反映されているものと思われる。

　チュニジアの2011年調査は憲法制定議会選挙の直前に行われた。鷹木（2016：197）によると選挙でナフダ党が支持を伸ばした背景には，①独裁体制下で最も大きな犠牲を強いられたために次期政権を担う正当性を持つとみられたこと，②宗教を守るか否定するかという争点を前に国民の多くが自らの信仰を守りたかったため，という2点が挙げられている[11]。チュニジアの2011年調査データ（N＝1070）を見ても，あらゆる政治勢力のなかでナフダ党の支持者は13.5％（n＝144）と最も高い[12]。憲制議会選挙後，ナフダ党は得票数上位の中道左派系政党および社会民主系政党と連立を組んでトロイカ体制を発足させた。トロイカ体制を組むことにより，ナフダ党は政府の要職を自党で独占することなく，他の政党と権力分有を図ることで政治的安定の確保を試みたのである（鷹木 2016：199）。

　チュニジアの民主化プロセスは必ずしもスムーズに進んだわけではなく，イスラーム過激派による暴力事件や2013年2月の野党党首ショークリ・ベルイード暗殺事件，同年7月のムハンマド・ブラーフミー議員暗殺事件といった，深刻な治安の悪化を経験した[13]。2013年調査データ（N＝1199）からはナフダ党支持者が全体の22％（n＝268）を超えており，支持の広がりが見られる。その一方，世俗リベラル派の新勢力であるニダア・トゥーニス党の支持が12％（n＝143）に達している。2014年の国民代表者議会選挙では，ナフダ党はニダア・

トゥーニス党に敗北して議会第二党にとどまった。また同年の大統領選挙では独自の候補を立てず、国家の統合維持とイデオロギー的分断の回避を優先した[14]。このようにナフダ党の取った行動は包摂—穏健化仮説と一致しており、そのことは支持者の政治意識にも反映されている。

　Hamid（2014：200）によれば、ナフダ党が穏健で和解を求める現実主義的な姿勢に終始したのは、自らをとりまく様々な制約に気づいていたからだと言われる。国内においてはイスラーム主義者、リベラル派、左派とイデオロギー的に分極化していたため、政策決定過程から排除された党派が「スポイラー」と化す可能性があった。トロイカ体制は「スポイラー」の出現を阻止する企てであったと言えよう。またナフダ党党首ラーシド・ガンヌーシーは演説の際、トルコの公正発展党を成功したイスラーム主義政治のモデルとして取り上げている（パーキンズ 2015：303）。これはイスラーム政治運動がこれまで掲げてきた「社会のイスラーム化」「イスラーム国家の建設」という究極の目標に着手するのではなく、世俗的民主政治の枠組み内で活動することに同意する、という「ポスト・イスラーム主義」路線の表明であった（Hamid 2014：27-28, 207-208）。

7　参加と中庸の交換

　「権威主義体制の崩壊には、ほとんど常にゾクゾク興奮させるものがあるが、民主主義体制の樹立にはしばしば幻滅させられる」（ハンチントン 1995：163）。この言説はエジプトとチュニジアの「アラブの春」においても、そのまま当てはまる。民主主義体制の樹立には政治勢力間の妥協が必要であり、ハンチントンはそれを「参加と中庸の交換」と呼んだ。世界各国で民主主義を樹立しようとする最初の努力は、歴史的に見ればしばしば失敗しているという。ハンチントンが具体例として挙げたのは1945年から1948年のベネズエラである。当時の「行動する民主主義」政権は多数の政治勢力を排除し、急進的な政策を追求して社会の極端な分極化を招いた（ハンチントン 1995：166）。ベネズエラの「行動する民主主義」の行動は、エジプト・ムスリム同胞団の振る舞いと瓜二つである。1948年、ベネズエラ最初の民主政権はクーデタによって倒された。

第**2**章　イスラーム主義政党支持者の「穏健化」

　チュニジアの民主化プロセスは道半ばであり，国民からの不満と鬱屈した感情にまみれつつも生きながらえている。ハンチントンはポーランド，スペイン，ハンガリーの例を挙げて，「民主主義体制を樹立するために妥協を重ねる政治指導者たちは，その有権者たちの利益を『売った』という非難から免れられなかった。この不満の程度が，ある意味で，彼らの成功の尺度であった」と論じた（ハンチントン 1995：163）。この議論もチュニジア政治の状況を上手く説明しているようだ。ナフダ党は自ら身を引いてでも国家の統合維持を優先し，少なくとも支持者の一部を憤慨させている。

　民主化という条件の下で，穏健化理論の妥当性は高いものと思われる。本章の計量分析は理論から導出した操作仮説の妥当性を統計的に評価し，十分妥当であるとの証拠を示している。穏健化を拒絶した政治勢力はクーデタで排除され，民主政治プロセスを優先する政治勢力は支持者に不満と鬱屈を与えてでも穏健化し，他の勢力と妥協する。民主化移行期に選挙で多数派となる政治勢力には「参加と中庸の交換」が不可欠であると考えられる。この命題は「アラブの春」において再確認された。もし1958年のベネズエラのように民主化の第二の努力が生じれば，同じように過去の失敗は教訓となりうる。もっとも，エジプトの「アラブの春」の帰結は国民の多数派に大きな失望をもたらした。10年後のエジプト政治が，同胞団の失敗を教訓とできるか否かは，スィースィー大統領および再構築された権威主義体制のパフォーマンスに掛かっているのであろう。

注
(1) 本章における Schwedler（2007）の評価はあくまでも穏健化理論の事例分析の面に限っており，イスラーム政治運動を分析した中東地域研究としてはその過程追跡の詳細さゆえに優れていると言えよう。また，ムバーラク政権下のエジプトを対象とした研究ではワサト党の研究が穏健化理論に整合的な事例分析である（Wickham 2004）。
(2) 本章では民主化移行状態における穏健化理論とその含意を中心に据えているため，Hamid（2014）の議論を単純化した上で紹介している。実際には米国や国際社会の環境的制約など，複数の要因に言及されている。

(3) 標準的な中位投票者理論を想定し，キリスト教民主主義政党支持者のイデオロギー的穏健化を実証した研究として Mainwaring and Scully（2003）を挙げることができる。
(4) この推論を支えるロジックはツェベリス（2009）の拒否権プレイヤー説によって与えられている。
(5) 2011年6月6日に最高裁判所内の政党委員会に認可されたムスリム同胞団の政治部門。
(6) http://www.arabbarometer.org/　研究代表は Mark Tessler と Amaney Jamal が務めている。代表者達を含む研究成果として Tessler（2015）や Beissinger, Jamal, and Mazur（2015）などがある。なお追試の便宜のため，変数番号を明記している。
(7) Leven 検定により等分散性の帰無仮説が棄却されたので，等分散を仮定する t 検定を行った。
(8) Leven 検定により等分散性の帰無仮説が採択されたので，等分散を仮定しない t 検定を行った。
(9) 図の下部に示された○は外れ値を意味する。
(10) これをムバーラク政権によるムスリム同胞団へのコオプテーション（取り込み）であると解釈する研究もある（浜中 2009：横田 2014）。
(11) Hamid（2014：29）にも類似の議論がある。
(12) 調査対象者の多数派は「支持政党なし」(65.5%)であるが，他政党の支持率は 4% 未満であり，ナフダ党の支持は群を抜いている。
(13) ナフダ党の指導者はベルイード暗殺事件に関与したとして厳しい非難を受けた（Hamid 2014：196）。同年のブラーフミー議員暗殺事件は民主化プロセスを震撼させ，チュニジア労働総同盟が「国民対話」を提唱したことで市民連合組織「国民対話カルテット」が成立した。カルテットの勧告を受けてナフダ党は政権を手放し，官僚主導の内閣が成立した。
(14) チュニジア政治過程の詳細は鷹木（2016）による。憲法草案をめぐってはシャリーアの文言を盛り込まなかったり，ジェンダー論争でリベラル派の要求を受け容れたりするなど，ナフダ党は妥協を強いられた（鷹木 2016：234-239）。一連の妥協によってナフダ党は一部支持者の不信を買ったとも言われる（Hamid 2014：200）。

参考文献

川中豪（2009）「新興民主主義の安定をめぐる理論の展開」『アジア経済』50 (2)：55-75。
鈴木恵美（2013）『エジプト革命――軍とムスリム同胞団，そして若者たち』中公新書。
鷹木恵子（2016）『チュニジア革命と民主化――人類学的プロセス・ドキュメンテー

ションの試み』明石書店。
ツェベリス,ジョージ(2009)眞柄秀子・井戸正伸訳『拒否権プレイヤー——政治制度はいかに作動するか』早稲田大学出版部。
パーキンズ,ケネス(2015)鹿島正裕訳『チュニジア近現代史——民主的アラブ国家への道程』風行社。
浜中新吾(2009)「ムスリム同胞団とコオプテーションの政治」『日本中東学会年報』25(1): 31-54頁。
ハンチントン,サミュエル(1995)坪郷實・中道寿一・藪野雄三訳『第三の波——20世紀後半の民主化』三嶺書房。
福永浩一(2013)「エジプトにおけるムスリム同胞団の危機」『中東研究』518: 75-84。
ミヘルス,ロベルト(1973)森博・樋口晟子訳『現代民主主義における政党の社会学』木鐸社。
横田貴之(2012)「『1月25日革命』後のエジプト政治とムスリム同胞団」『地域研究』12(1): 148-158頁。
———(2014)「ムバーラク政権によるムスリム同胞団のコオプテーションの再考」『アジア経済』55(1): 9-27頁。
———(2016)「エジプトにおける2つの『革命』と社会運動」酒井啓子編著『途上国における軍・政治権力・市民社会——21世紀の『新しい』政軍関係』晃洋書房,222-241頁。
リプセット,セイモア/シュタイン・ロッカン(2013)白鳥浩・加藤秀治郎訳「クリヴィジ構造,政党制,有権者の連携関係」加藤秀治郎・岩渕美克編『政治社会学』一藝社,189-280頁。
レイプハルト,アーレント(1979)内山秀夫訳『多元社会のデモクラシー』三一書房。
Beissinger, Mark R., Amaney A. Jamal and Kevin Mazur (2015) "Explaining Divergent Revolutionary Coalitions: Regime Strategies and the Structuring of Participation in the Tunisian and Egyptian Revolution," *Comparative Politics* 48(1): 1-24.
Brocker, Manfred and Mirjam Kunkler (2013) "Religious Parties: Revisiting the Inclusion-moderation Hypothesis — Introduction," *Party Politics* 19(2): 171-186.
Brown, Nathan J. (2012) *When Victory is not an Option: Islamist Movements in Arab Politics*. Ithaca: Cornell University Press.
Gurses, Mehmet (2014) "Islamists, Democracy and Turkey: A Test of the Inclusion-moderation Hypothesis," *Party Politics* 20(4): 646-653.
Hamid, Shadi (2014) *Temptations of Power: Islamists and Illiberal Democracy in a New Middle East*. New York: Oxford University Press.
Kalyvas, Stathis N. (1996) *The Rise of Christian Democracy in Europe*. Ithaca: Cornell

第Ⅰ部　イスラーム主義運動とは何か

　　University Press.
　　―――― (2000) "Commitment Problems in Emerging Democracies: The Case of Religious Parties," *Comparative Politics* 32: 379-398.
Mainwaring, Scott and Timothy R. Scully (2003) "The Diversity of Christian Democracy in Latin America," in Scott Mainwaring and Timothy R. Scully eds., *Christian Democracy in Latin America*. California: Stanford University Press, 30-63.
Schwedler, Jillian (2007) *Faith in Moderation: Islamist Parties in Jordan and Yemen*. New York: Cambridge University Press.
　　―――― (2011) "Can Islamists become Moderates?: Rethinking the Inclusion-Moderation Hypothesis," *World Politics* 63(2): 347-376.
Tessler, Mark (2015) *Islam and Politics in the Middle East: Explaining the Views of Ordinary Citizens*. Bloomington: Indiana University Press.
Tezcur, Gunes Murat (2010a) *Muslim Reformers in Iran and Turkey: The Paradox of Moderation*. Austin: University of Texas Press.
　　―――― (2010b) "The Moderation Theory Revisited: The Case of Islamic Political Actors," *Party Politics* 16(1): 69-88.
Wickham, Carrie Rosefsky (2004) "The path to moderation: strategy and learning in the formation of Egypt's Wasat party," *Comparative Politics* 36: 205-228.

第3章
体制と癒着するイスラーム主義運動
——モロッコとヨルダンから見るその戦略的・宗教的ジレンマ——

白谷　望

1　体制とのイスラームをめぐる相克

　イスラームにおいては理念的に，主権は神のみが有し，人間はその主権を行使する権利を有するのみである（小杉 2006：523-524）。つまり，国民主権を前提とした西欧型民主主義とは，理念的には相容れない。しかし，西洋の衝撃がイスラーム世界に与えた影響は非常に大きく，独立運動とその後の国家建設過程において，ナショナリズムの高揚と連動する形で，民主主義に関する様々な思想潮流が生まれた。しかしその後，とりわけ1970年代以降，各国の指導者の正当性が失われ始めると同時に，国家の機能不全が浮き彫りになると，新たにイスラーム主義運動が台頭し，イスラーム的価値観の実現を求める形で体制を批判し始めた。

　本章で扱うモロッコとヨルダンは，世襲の君主が国家を統治する王制の国であり，またその君主が預言者ムハンマドの末裔（シャリーフ：sharīf）だと主張するなど，その支配の正統性をイスラームに求めるという点で共通する。また，国王に政治的権限を集中させながらも，政治的多元性を許容してきた歴史を持つ。両国で競合的な選挙が容認されるようになった背景には，「政党間で競合が行われることで，政治家が団結して国王に挑むことを阻止し，ある種の代表性も兼ね備えることができる」（オーウェン 2015：256-257）という考えがあったと言われている。政治体制がイスラームにその正統性を求めるという環境は，イスラーム主義運動の活動にどのような影響を与えるのだろうか。

　モロッコでは，90年代末までイスラーム主義運動の公的な政治領域での活動

第Ⅰ部　イスラーム主義運動とは何か

は認められていなかった。しかし，政治的自由化の流れを受け，98年には同国で初となるイスラーム主義政党「公正開発党」（Hizb al-'Adāla wa al-Tanmīya/Parti de la justice et du développement: PJD）が合法化された。公正開発党はその後，着実に国民議会での議席数を増やし，「アラブの春」以降は政権党として政治運営を主導している。他方のヨルダンでは，1945年の結成時から体制と良好な関係を築いていた「ムスリム同胞団」が，組織拡大を続け，国内最大の動員力をもつ社会運動組織としての立場を長い間維持している。

こうした両国の状況を見ると，国家の指導者がイスラームにその正統性を依拠している政治体制は，イスラーム主義運動にとって活動しやすい環境を提供しているように思われる。

かつて，アラブ地域の権威主義体制研究では，反体制勢力を公的な政治領域に取り込み（co-opt），一定程度の行動の自由を認める代わりに，体制支持を求める取引が行われており，これが政治体制を持続させる戦略的手段となっていると言われてきた[1]。こうした議論で特に注目されてきたのが，本書が焦点を当てるイスラーム主義運動である。しかしながら，ここで1つの疑問が生じる。モロッコやヨルダンのように，支配勢力がイスラームに支配の正統性を依拠しているような政治体制下において，在野のイスラーム主義勢力を公的領域へ「取り込む」戦略を，他の政治アクターの取り込みと一括りにできるのか。他の反体制勢力とは異なり，イスラーム主義組織の取り込みは，体制の根幹であるイスラーム的正統性を切り崩す可能性がある。では，国王の支配や国家の正統性を脅かす可能性を孕むイスラーム主義勢力を，体制はなぜわざわざ抱え込むのか。

こうした問題意識の下，本章ではモロッコとヨルダンにおける体制とイスラーム主義運動の関係に関して，「イスラームをめぐる相克」という点から議論する。まず次節では，モロッコとヨルダンにおける国王による統治の正統性の根拠としてのイスラームのありようを概観する。続いて第3節で，両国でのイスラーム主義運動の誕生と体制との関係を考察する。第4節では，政治組織としての活動経験を積んだ両方の組織が，徐々に発言力を強めていく過程において，体制との関係に変化が現れたことを明らかにする。その際，モロッコと

第3章 体制と癒着するイスラーム主義運動

ヨルダンの両方の事例において，組織の中心的活動であった慈善活動から政治活動に特化した組織が分離された点に注目する。これらの作業を通じて，イスラームに基づく正統性を標榜するモロッコとヨルダンにおけるイスラーム主義運動組織のあり方を考察する。

2　王制の正統性としてのイスラーム

モロッコ

西欧諸国による植民地支配以前，国家権力の弱体化に伴う聖者崇敬やスーフィズムなどの民間信仰の発展は，マグリブ地域の隣国にも見られたことであるが，モロッコにおいては，マラブー崇敬とシャリーフ崇敬の結合という特徴的な潮流が生まれた（Munson 1993：11-23）。

モロッコでは歴史的に，聖者崇敬やスーフィズムが人々の日常生活と深い関わりを持っており，また政治的・社会的な混乱状況などが起きる度に，人々は不安解消と救済を求めて聖者やスーフィーに期待するようになった。この流れは，国内におびただしい数の聖者の存在を生んだ。これらの聖者が自らの権威の差異化を図ろうとしたとき，いくら努力しても超えられない「血統による聖性」が用いられた（私市 2004：55）。それが「シャリーフ」という聖なる血統であった。この一族を「清浄なる者」「尊い者」として聖別視する考えは，既にクルアーン（33章33，44章13など）のなかにも見られる。モロッコに特異な性格，すなわち預言者ムハンマドの血統の者が聖者崇敬と結びついて特別視されるようになったのは，こうした多元的な宗教勢力の存在が背景となっている。

このようなシャリーフという概念が政治的に利用されるようになったのは，13世紀後半に誕生したマリーン朝以降のことである。この王朝はそれまでの王朝と違い宗教運動を母体としておらず，説得的な支配の正統性を欠くという欠点があった。また，当時国内にはスーフィー教団を軸にした反対勢力があり，この脅威を抑える必要もあった（Waterbury 1970：71）。これら2つの理由から，支配の正統性獲得のための政策として，シャリーフの保護が推進された。マリーン朝の君主自身はシャリーフではなかったが，それ以降の諸王朝も巧みに

シャリーフの血統を政治に利用するようになり，サアド朝から現在のアラウィー朝（1659年～）まで君主が預言者の末裔である「シャリーフ王朝」が続いている[(3)]。

では，このシャリーフという血統がどのような正統性をもたらすのか。ここで重要となるのが「バラカ」（恩寵，baraka）の概念である。シャリーフは，バラカを血統によって相続する。国王の行幸のとき，歓迎の儀式で出される乳とナツメヤシの実に，国王は指を入れるか，軽く口をつける。国王の接触によってバラカを含んだ乳は大地に注がれ，ナツメヤシの実は蒔かれる。これは，それらが豊饒をもたらすと信じられているからである（白谷 2015：19）。このように，シャリーフたちが自分の権威に聖性を与え，一族の血統によって聖性を伴う権威を支配しようとしたことから，シャリーフは聖者としても崇敬されるようになり（Waterbury 1970：97, 144-145），この流れが現在まで引き継がれている。

また，モロッコの国王は「アミール・アル＝ムウミニーン」（信徒たちの長）という称号を名乗っている。アミール・アル＝ムウミニーンとは，歴史的にはイスラームの伝統的な統治者を意味するカリフの称号であった。では，モロッコ国王が現在まで名目的であれアミール・アル＝ムウミニーンを名乗ることは，その権威や権力をどのように強化する働きを与えているのか。第一に，イスラームを国教とするモロッコでは，王制においてイスラームは中心に位置づけられており，イスラームの理念が体制を律することになる。そこで，アミール・アル＝ムウミニーンを名乗る国王は，イスラームの擁護の義務を負うことになるのである。そして，アミール・アル＝ムウミニーンである国王が血統上シャリーフであることは，その立場に神聖さを付与することになり，国王の政治的・宗教的な絶対的立場を揺るぎないものとしている（白谷 2015：19-20）。

ヨルダン

一方ヨルダンは，ハーシム家による世襲君主制であるが，このハーシム家は，預言者ムハンマドの子孫たる一家であり，現サウディアラビアのメッカの太守を代々務めてきた。1916年にフサイン・イブン・アリーがアラブ大反乱を主導

第3章　体制と癒着するイスラーム主義運動

し，その子息の一人であるアブドゥッラー・ビン・フサインは，1921年に現在のヨルダンに進出，1923年に英国政府によって英国保護領トランスヨルダンの首長として認められた。そして，アブドゥッラー・ビン・フサイン（初代国王）を始祖とするヨルダン・ハーシム体制が始まった。

　このように，ヨルダンという国家の枠組み自体，第一次世界大戦後のオスマン帝国解体の過程で設定されたもので，エジプトのように古くから人が住み一定の地域的一体性の実態に基づき国家が形成されたわけではなかった（Robins 2004：5-15）。また王室を世襲するハーシム家も，ヨルダンの国土に古くから根ざした部族ではなかった。かくして，国家そのものが西欧列強による中東支配下の地政学的産物であるヨルダンは，建国当初から国内での正統性獲得に苦心していた（吉川 2007：40）。このような環境の下，国家建設の過程で強調されたのが，アブドゥッラーのシャリーフ性であった。1923年5月23日，断食明けの祝祭であるイード・アル＝フィトルに合わせて，トランスヨルダン建国が宣言された。建国の式典は，王室や政府関係者，各地域の代表・名望家，英国からの代表者，レバノンやパレスチナなどアラブ諸国の代表者，そして数千人の大衆が見守るなか，首都のアンマンで行われた。アブドゥッラーの側近が彼の演説を読み上げ，アブドゥッラーの父でありシャリーフであるフサインの指揮による「アラブの目覚め」（Arab Renaissance）が称賛され，またアラブの統一の必要性が主張された（Podeh 2011：169）。またそこでは，フサインは「神に選ばれし者」であると活写されたが，それはアラブ大反乱と預言者ムハンマドの血統の結合を強調するものであった（Podeh 2011：169）。

　こうしたシャリーフの血統を強調した統治の正統性獲得の試みは，とりわけ建国直後に取り入れられた。それはたとえば，宗教的祝祭への国王の積極的な関与からうかがえる。トランスヨルダンは，脆弱な国家の枠組みを確固としたものにすべく，地域的なアイデンティティと民族的（アラブ的）なアイデンティティの間を揺れ動いていた。そのなかでも，断食明けの祭り（イード・アル＝フィトル）や犠牲祭（イード・アル＝アドハー），そして預言者ムハンマドの生誕祭（マウリド・アル＝ナビー）などの宗教的祝祭は，当初から国王主導で執り行われた。それらは，預言者の末裔の指揮の下で成されたアラブ大反乱，そ

してハーシム家の正統性とアイデンティティが主張される機会にもなった。宗教儀礼への積極的な関与は，後代の国王にも引き継がれており，イスラームの祝祭をヨルダンの歴史的文脈で捉えなおす「国家化」（Podeh 2011：174）が推進された。

　加えて，ヨルダン国王は，イスラーム第三の聖地であるエルサレムのハラム・シャリーフの守護者としての地位を有している。ヨルダン川西岸に位置するこの聖地をヨルダンが管理することは，アラブ大反乱の時代にこの土地を与えられたハーシム家の末裔であるという歴史的正統性，そして統治の宗教的正統性を司る重要な象徴であり，権威の源泉となっている（錦田 2017）。また，ハラム・シャリーフの中央部に位置する岩のドームの修繕を行うなど，宗教的なプロジェクトに積極的に取り組んでいる（Lust-Okar 2005：48）。

　なぜ，正統性確保のためにイスラームが利用されたのか。預言者ムハンマドに繋がる王家の血統は，コミュニティ横断的な統治の正統性の主張を可能とするほか，多様な社会のなかでの統一のシンボルとして機能することを可能とする（Hudson 1977）。つまり，伝統的な部族意識がいまだ根強く，また一国家としての求心力に欠いていたヨルダンにおいて，国民の多数を占めるすべてのムスリムに宗教的な正統性を主張することができるのである。国家建設におけるイスラームの利用は，「ヨルダン・ナショナリズムが王家のシンボルによって包摂され，ヨルダン・ナショナリズムがハーシム家のアイデンティティと分かちがたい状態を作る」（Ryan 2011：568）効果を有した。こうしたイスラームの機能は，トランスヨルダン系とパレスチナ系など多数のアイデンティティを有する住民を内包している現在のヨルダン社会においても，有効である（渡邊 2017）。

3　政治領域におけるイスラーム主義運動の位置づけ

モロッコのイスラーム主義

　モロッコでは1998年，イスラーム主義を掲げて既存の政治体制に挑もうと試みるイスラーム主義政党「公正開発党」が法的認可を得て，議会選挙への参加

を果たした。この1997年という年は，他の中東諸国においてイスラーム主義政党が認可された時期と比較すると遅い。これは，国王がそれまでイスラーム主義勢力を公的な政治領域に参入させることを断固として拒否し続けていたことによる。また，モロッコにおける政治勢力としてのイスラーム主義運動は，上記のような国家による宗教的権威や象徴の完全なる統制，そして国王の「アミール・アル＝ムウミニーン」やシャリーフという絶対的な政治的・宗教的立場によって，厳しく制限されてきた。加えて，独立直後から複数政党制が認められていたため政党活動に勢いがあり，また労働組合の運動も盛んであったため，それらが社会のある程度の不満を吸い上げることができた（私市 2004：151）。それゆえ，イスラーム主義勢力の影響力はそれほど大きいものではなく，他の国家と比較して同国のイスラーム主義運動は細かく分裂しており，1つの大きな組織として台頭するということはなかった（白谷 2014：110）。

　しかし，王制がイスラームを体制内に取り込んでいたとしても，ラディカルなイスラーム主義運動が出現する余地はある。現実社会における世俗化の進行には否定しがたいものがあり，それに対する一部の住民たちによる聖性の要求がイスラーム主義者の行動主義と結びつくからである（私市 2004：147）。モロッコにおけるイスラーム主義運動は，1960年代に現れた。その後，国内経済の不振，失業や低賃金，西サハラ問題を契機とした民主化の門戸封鎖，マルクス主義的イデオロギーの影響力低下などの結果，1970年代を通じてラディカルなイスラーム主義運動が高揚した。この時代に結成された「イスラーム青年協会」（al-Jam'iya al-Shabiba al-Islāmiya）の発展と分裂の歴史が，現在のモロッコのイスラーム主義組織の起源となっている。イスラーム青年協会は，中学校教師であったアブドゥルカリーム・ムティーウ（'Abd al-Karīm Muṭi'）によって結成され，1972年に団体の登録申請が認められた組織であり，今日のモロッコにおけるイスラーム主義組織のほとんどがこの組織から派生したものである。

　ムティーウは，エジプトのムスリム同胞団のイデオローグとなったサイイド・クトゥブに多大な影響を受け，エジプト社会に対するクトゥブのジャーヒリーヤ（無明時代）という認識をモロッコ社会にも適応し，現代のジャーヒリーヤであると非難した。そして，「イスラーム国家」樹立のための暴力行使

の正統性を主張し続けた。イスラーム青年協会は，イスラーム的道徳と倫理の確立を目的とし，イスラーム教育の奨励や夏季キャンプの実施，宣教のための講演会などを行っていた。しかし，1974年，以前からムティーウと激しい論戦を展開していた左派政党「人民諸勢力社会主義連合」(al-Ittiḥād al-Ishtirākī li al-Qūwāti al-Shaʻbiya/Union Socialiste des Forces Populaires : USFP) の党首が暗殺され，その殺害の嫌疑をかけられたムティーウはサウディアラビアに亡命，残された組織は激しい弾圧にあい，解散命令を受けた。この時期に，目標や戦略などの違いから組織内で分裂が起こっており，国家による弾圧時には多くのメンバーが組織を脱退していった (Hamzawy 2008 : 7)。

　この組織の分派が現在のイスラーム主義運動を構成しているが，それらの潮流は2つに大別できる。1つは，現在も非公認状態が継続されている「公正と慈善の集団」(Jamāʻa al-ʻAdl wa al-Iḥsān)[5]で，カリスマ的指導者の故アブドゥッサラーム・ヤースィーン (ʻAbd al-Salām Yāsin)[6] によって1987年に組織され，大衆動員力を持つようになり，90年以降はモロッコ最大のイスラーム主義運動組織となっている。この運動は，暴力やテロリズムを否定し，独自の解釈ではあるがデモクラシー原理を承認している (私市 2004 : 211)。しかし，憲法を否定してシャリーアに基づく統治を目指し，モロッコ王制そのものを否定していることから，ヤースィーンの逮捕や軟禁が繰り返し行われ，現在も組織の非公認状態が継続されている。もう1つの潮流は，組織弾圧後に暴力の放棄を決意し，合法的な政治参加を目指して結成された組織「イスラーム集団」(al-Jamāʻa al-Islāmiya) で，この組織が現在の公正開発党へと続いていく。

　公正開発党の起源は，イスラーム青年協会の分裂後，現在の公正開発党党首アブドゥルイラーフ・ベンキーラーン (ʻAbd al-Illāh ben Kirān) を中心に1981年に結成された「イスラーム集団」にさかのぼる。1981年に発行された組織の憲章には，①宗教に対する意識の回復，②シャリーア施行の主張，③包括的な伝統文化の復興，④ムスリムの連帯，⑤イスラームを破滅に陥れる（と彼らが考える）イデオロギーや考え方への対抗，⑥モロッコ国民の教育・道徳レベルの向上の6項目が挙げられている (Wegner and Pellicer 2009 : 160)。彼らはその後，1985年頃にイスラーム青年協会のイデオロギーを放棄し，暴力を放棄して穏健

なイスラーム主義組織として，目的達成の手段として政治領域を利用することを決意した。

　その後，「ジャマーア」（集団）という名称の負のイメージ（イスラームの独占，排他性）を払拭するため，1992年に名称を「改革と革新の運動」(Ḥaraka al-Iṣlāḥ wa al-Tajdīd) と変更した。この名称変更にあわせて，「合法的な政治参加，他の諸勢力との協調や共同行動」という原則が声明として発表され，同年5月には代表ベンキーラーンが「国民革新党」(Parti du Renouveau national) という名で認可申請を行ったが，認められなかった（私市 2004：218）。

　この組織は1980年代半ば以降，組織名の変更を繰り返しながら，何度もハサン2世前国王に合法的立場の認可と結党承認願いの書簡を送り続けていた。その後，1996年に複数のイスラーム主義運動組織との合併がなされ，「改革と革新の運動」を「統一と改革の運動」(Ḥaraka al-Tawḥīd wa al-Iṣlāḥ/Mouvement Unité et Réforme：MUR) と改名した。政府の監督下でいかに政治参加するか試行錯誤した結果，同年6月，MURを解散せずに宗教運動組織として残したまま，そのメンバーは「民主立憲人民運動」(al-Ḥaraka al-Sha'bīya al-Dustūriya wa al-Dīmqrāṭiya/Mouvement Populaire Démocratique et Constitutionnel：MPDC) に集団入党した。これにより，モロッコにおいて初めてイスラーム主義運動が合法的な舞台へ進出したことになる。民主立憲人民運動は，もともとイスラーム志向の強かった政党であったが，その頃には活力を失っており，穏健なイスラーム主義者を入れて党再生をはかろうとした。その直後の1997年の議会選挙で，MURのメンバーは民主立憲人民運動から立候補し，その後ようやく「公正開発党」として公認申請が受理され，翌98年に民主立憲人民運動を解散して公正開発党に統一した。

　このように，モロッコにおけるイスラーム主義者の合法的な政治領域への進出は，イスラーム主義政党の政治参加が公式に認可されたという形ではなく，体制側によって公正開発党（当時は民主立憲人民運動）の存在が黙認されたという点で特徴的である（白谷 2012：41）。しかし，合法化にあたって，内務大臣と民主立憲人民運動党首のアブドゥルカリーム・ハティーブ ('Abd al-Karīm al-Khaṭīb) や公正開発党幹部の間で会合が開かれ，①暴力の放棄，②憲法・政治

体制の理解と承認，③国王の権威・正統性の承認という3項目が合法化の条件として取り決められた（Willis 2004：157）。

またこの時期に，MURを公正開発党へ完全に併合するという案が組織内で持ち上がったが，組織内投票で否決された（Wegner and Pellicer 2009：160-161）。MURのシューラー評議会は，公正開発党の合法化後も運動組織をそのまま維持し，政治活動と宗教活動という形で分業をはかり，相互補完的な関係を築いていくことを取り決めた（白谷 2012：47）。公正開発党は政治組織として国家におけるすべての政治問題を扱い，政府組織におけるイスラームの大義を守る役割を担い，一方で，MURは社会活動組織としてダアワ（教宣活動）や教育に専念して活動を展開していくことが議決された。この2つの組織は，協議，協調，調整という面と，共通の目的や理念という面で連結する（Wegner and Pellicer 2009：161）。このようにして，公正開発党とMURは別組織だが，パートナーという形で活動を展開していくこととなった。

ヨルダンのイスラーム主義

ヨルダンのイスラーム主義組織は建国とほぼ同時期に合法化され，長い間公的な政治領域で活動を行ってきた経験を持つ。これは，ヨルダンにおいては，イスラーム主義組織が王室と良好な関係を築いてきたからであり，ムスリム同胞団はイスラーム主義に好意的な王室と政府を支援してきた。

1943年，同胞団創始者ハサン・バンナーのイスラーム復興運動に啓発されたトランスヨルダン王国のアブドゥッラティーフ・アブー・クーラート（'Abd al-Laṭīf Abū-Qūrāt）は，バンナーに接触，エジプトの運動に参加した後，故郷での同胞団運動組織化を目指すようになった（Kazem 1997：14-15）。第一次中東戦争後には，ヨルダンの北部の町に幾つかのエジプトのムスリム同胞団の支部が設立され，1954年頃から国内で本格的に組織的活動を開始した。その際，ヨルダンの初代国王であるアブドゥッラーは，体制基盤構築のため保守派やイスラーム運動を積極的に支援した。国王の狙いは，イスラーム主義組織支援を通じた青年層の共産主義化阻止であり，ムスリム同胞団が保守勢力として王国基盤強化の一翼となることであった（Wilson 1989：166；吉川 2007：39）。

第3章　体制と癒着するイスラーム主義運動

　同胞団の側も，政府との協調を基本方針とし（Khazendar 1997：146-147），1950年代，1967年，1970年の政治危機の時は一貫して国王側についた。建国当初から国内での正統性獲得に苦心していた王国の脆弱性を早くから把握していたムスリム同胞団としても，組織に協力的な王室を異端視しかねない概念の構築を避ける必要があったからである（吉川 2007：40）。この方針は，1953年にアブー・クーラートの後継者となったハリーファ（Muḥammad 'Abd al-Raḥmān Khalīfa）の下で強化された。ハリーファは当時のヨルダン首相アブルフダー（Tawfīq Abū al-Hudā）に働きかけ，同胞団が政府の干渉を受けない慈善組織として活動する自由を獲得した（Kazem 1997：171；吉川 2007：40）。

　1950年代後半には，他のアラブ諸国と同様に，ヨルダンにもアラブ民族主義と社会主義が押し寄せ，それに呼応した運動が活発化した。これは，当初から脆弱な国家の枠組みと正統性を覆す恐れのあるものであった。しかも当時の王室は，1951年のアブドゥッラー国王暗殺，後継者タラール（Ṭalāl ibn 'Abd Allāh）の統合失調症を理由にした廃位，そして年若いフサイン（Ḥusayn ibn Ṭalāl）の王位継承という，不安定な時期であった（吉川 2007：40）。1957年，フサイン国王はすべての政党の活動を禁止した（Lust-Okar 2005：59）。当時，ヨルダンには様々なイデオロギーに基づく政治勢力が存在していたが，この措置は，世俗主義勢力だけでなく，イスラーム主義を掲げるムスリム同胞団も含めたものであり，ほとんどの組織が地下での活動を余儀なくされた。しかしながら，ムスリム同胞団のみ，公に活動することが許された。許容されたのは，政治活動ではなく，その本来の活動である慈善活動であり，それは更なるアラブ民族主義の国家への浸透を防ぐためであった（Lust-Okar 2005：71）。つまり，同胞団は他の政治勢力がすべて政治領域から排除された際においても，体制によって例外的に優遇されていたのである。そして，この政党活動禁止措置の直後，同胞団は「イスラームに好意的な国王を称える」ための大規模なデモを主催し，アラブ民族主義に傾倒し国王と対立していたナーブルスィー内閣を攻撃した（吉川 2007：40）。

　こうした政党活動の禁止は，政治的自由化が開始される1980年代後半まで継続されるが，政治領域が完全に閉ざされていた約30年の間に，同胞団はその優

遇された立場を利用して，動員力と発言力を着実に強めていった。特に，80年代の経済危機は，同胞団の勢力拡大の追い風となり，ヨルダン政治における主要なアクターとしての地位を確固たるものにした。たとえば，1983年内閣には，宗教相と教育相のポストを与えられているが，これは同胞団がモスクなどの宗教施設の運営や国家の教育カリキュラムに影響を及ぼすことを可能とした（Lust-Okar 2005：100）。

　しかし，こうした優遇された立場から強い発言力を持つようになった同胞団は，一時的にではあるが，政府と衝突することも増えていった。過去にも，1959年にはパレスチナ問題への政府方針を批判したヨルダン同胞団員が一時拘束されたり，1960年代には，「娯楽施設の規制，シャリーア適用の拡大，反イスラエル」等の同胞団による要求が政府との摩擦を生んだりすることもあったが（Kazem 1997：20-21；吉川 2007：40），同胞団は政府との全面的な衝突を避けてきた。しかし80年代には，ムスリム同胞団がヨルダンを拠点にシリアにおける反政府活動を援護したため，シリアとヨルダンの関係が悪化した。シリアとの関係修復を狙うヨルダン政府は，ムスリム同胞団の活動を厳しく取り締まったのであった。

　1980年代のヨルダンは，経済の悪化とIMFの構造調整に伴う急速なインフレ進行によって，国民の不満が噴出した時期であり，89年には南部の都市アマーンで発生した暴動が全国に拡大した。また，パレスチナ紛争の悪化や度重なる政治腐敗の露見が，追い打ちをかけた。こうした社会の混乱を利用して，反政府勢力が活動を活発化させた。フサイン国王は反政府勢力を抑える一方で，段階的な政治改革に乗り出し，社会の不満に対応した。選挙法改正と下院選挙の実施を宣言したのである。総選挙に向けた動きに，同胞団も迅速に対応した。同胞団は80年代前半から既に，下院補欠選挙や地方選挙に実験的に参加し，善戦していた。こうした経験によって自信を深めた同胞団は，89年の総選挙から本格的な国政参加を目指すようになったのである。

4　イスラームをめぐる相克——慈善活動と政党活動

モロッコの公正と慈善の集団（MUR）と公正開発党

　第3節で見てきたように，モロッコの公正開発党は，合法化時の状況や条件により，宗教的主張にかなりの制限を受けており，また自主的に控える場面もしばしば見受けられる。だからといって，宗教的な言動をまったく行わないという訳ではなく，彼らの政治活動において宗教問題を取り上げる際には，それらを倫理・道徳問題に転換して扱っている。たとえば，アルコール飲料の生産・販売の規制強化の要求や，ビーチでの男女同席・水着着用に対して非道徳的であると非難しているが，これは合法化当初から見られる手法である。そのなかでも特にイスラーム主義性の目立つ主張として，合法化以前からの家族法改正に対する断固反対の姿勢が挙げられる[8]。現国王の即位直後から進められた家族法改正に反対する公正開発党の姿勢は，国王や左派政党からの批判を受け，合法政党という立場ではきわどい主張であった。だが実際には，公正開発党の主張は多くの国民の意見と合致しており，家族法改正に対する反対デモは強力な大衆動員力を持つものであった。その結果，1999年に国王によって提出された家族法改正案は多くのイスラーム主義者の反対にあい，王室委員会によってもう一度新法草案が作成されることとなった[9]。

　カサブランカでの2003年の連続テロ事件後は，公正開発党の宗教的主張をさらに抑制させた。2003年5月16日，14人のテロリストがカサブランカの中心街で連続自爆テロを仕掛けた。この事件による死者は41人，負傷者は100人以上にのぼった。犯人は，カサブランカのスラム街「スィディ・ムゥミン」を中心に地下活動を行うイスラーム主義組織であった（白谷 2012：48）。この事件を契機に高まった国民のイスラーム主義に対する恐怖感や他政党の非難などを受け，公正開発党は体制のスタンスに沿わない主張や宗教的な主張を完全に控えるようになった。それ以降の選挙においては，マニフェストで宗教問題を扱う項目は皆無となっている。こうした姿勢から，とりわけ2000年代の公正開発党の最優先課題は，イスラーム主義組織に付随するマイナス・イメージの払拭で

あり，また政党としての立場の維持であったことがわかる。

しかし，公正開発党の宗教的主張を理解しようとする際，公正開発党の母体である公正と慈善の集団（MUR）の宗教的言説を無視することはできない。それは，MUR が党員のリクルート・育成の場となっており，また公正開発党の幹部が MUR の重要ポストを兼任していることから（Hamzawy 2008：16），この2つの組織はいまだかなり密接な関係を維持していると考えられるからである。

MUR の組織憲章（*Mithāq : Ḥaraka al-Tawḥīd wa al-Iṣlāḥ*）[10]には，クルアーンやハディースの引用を用いた組織の社会的立場が記載されている。こうして，イスラームの原典以外の他の著作を引用せず，原典に忠実な立場であることを強調する（Zeghal 2008：194-195）。その中心的な内容は，組織の目標としての国家における正しいイスラームの「定着」（iqāmat al-dīn）やシャリーアである。公正開発党は，合法政党という立場から，国王の権威や正統性に関わる議論はできない。一方で MUR は，モロッコではタブーとされている国王の神聖不可侵な立場を批判している[11]。彼らは，「国王の批判や廃位はバイア（国王と国民の間で結ばれる忠誠の誓い）に対する違反行為であると考えられているが，独立後の憲法にはそのようなことは記載されていない」ことから，国王に批判的な立場をとっている。そして，憲法にも記載されていることから国王の宗教的価値は認めるとの前置きの下，バイアという概念が国王の神聖性維持に利用されていることを疑問視している。

また，イスラーム主義運動の最終的な目標として掲げられるシャリーアの施行に関して，公正開発党は曖昧な姿勢を見せており，現在のモロッコではシャリーアの施行以前にイスラーム意識の回復が必要との段階主義（al-tadarruj）的な考え方を示している。他方で MUR は，「国家のイスラーム・アイデンティティーを主張するためには，シャリーアをすべての法の最高典拠とすることが必要であり，それ故シャリーアに反するすべての法律，決定，政策は排除されるべきである」とし，シャリーアの施行を組織の目標として明確に掲げている。

さらに，議会制民主主義の制度を利用して，イスラームに基づく主張を行おうとする公正開発党に対し，MUR は政治的なモデルとして「選挙によるカリ

フ制度」(khilāfa intikhābīya) を推奨し，シューラーに基づくイスラームの伝統的民主主義を主張している。これはまた，国民主権を尊重することから，民主主義自体は推奨し，国民が政府を選択し評価する権利，そして責任ある政治的リーダーを選ぶ国民の権利を主張することとも関係している。

ヨルダンのムスリム同胞団とイスラーム行動戦線党

　ヨルダンでは，結成直後から体制と協調関係を築いてきた同胞団ではあったが，1957年からの政党活動禁止令を受け，公的な政治領域で本格的に活動を始めたのは，1989年にようやく政党活動が解禁されてからであった。そして，上述のように政治領域が閉ざされた期間に発言力を強めていた同胞団は，反体制的な姿勢をとることも増えていた。

　政党活動が解禁されたことを受け，同胞団は「イスラーム行動戦線」(Hizb Jabha al-'Amal al-Islāmī) 党を結成し，1992年11月には政府から認可を受けた。合法化直後には，同胞団の幹部と独立系イスラーム主義者によって政党結成会議が開かれたが，そこでは，イスラーム行動戦線党は，「相互の協議により指針を決める者」をスローガンとし，ヨルダンにおけるイスラーム的生活の回復とシャリーアの適用，シオニストや帝国主義に対するジハードの遂行とアラブ・イスラームの復興を目指すことが決定された（北澤 2002：110）。また，国民統合，民主主義とシューラーを基礎におく政治体制，自由の獲得を目標として掲げた（北澤 2002：110）。

　発足当初の行動戦線党は，ヨルダン同胞団の傘下政党であるにもかかわらず，同胞団との組織的・金銭的関わりの薄さを強調した（Kilani et al. 1993：17）。また，同胞団との人的交流の深さを認めつつも，あくまで別組織であり，同胞団出身者以外のメンバーも多いと主張している（北澤 2002：109-110）。これには，開かれた党としてヨルダン同胞団以外のイスラーム主義勢力からの入党を促す思惑もあったと考えられる（吉川 2007：97）。

　その後のイスラーム行動戦線党は，同胞団の伝統を継承しながら，同時に王国の抱える国内問題を強く意識した党方針を打ち出していった（吉川 2007：97）。彼らは特に，結党当時イスラエルとの和平を模索していたヨルダン政府

に対して，痛烈な批判を行った。同胞団の対イスラエル方針（現在も同胞団はイスラエルを「シオニスト」と表現し，国家主権は絶対に認めない方向である）を踏襲した行動戦線党は，発足当初から外交政策で政府と全面対立することになった（吉川 2014a：35）。こうした行動戦線党を周辺化させるため，政府は1993年に政党法を改正した。1993年選挙法は，1人1票制を基礎とし，有権者は1選挙区で1票しか投じることができない。また，部族的紐帯の強い選挙区の大きさを変更するなど，個人的なネットワークや忠誠心が重視される投票行動が促された（Csicsmann 2011：56）。こうした制度の下では，地元利益を代表する有力者など候補者個人の属性が重視されるため，政党に基盤を置く候補者には不利になるとして，行動戦線党を含む多くの政党が猛反発した。これらの対立により，行動戦線党は同胞団とともに1997年総選挙をボイコットした（Hourani 1997：279）。

　2003年選挙で国政に復帰した行動戦線党ではあるが，当時のヨルダン国内および周辺地域の治安の悪化により，1999年に即位したアブドゥッラー2世国王の下，政府は前国王時代より強力な治安対策を推進していた（北澤 2011）。特に，2006年1月のパレスチナ総選挙における同胞団系運動である抵抗組織「ハマース」の勝利は，ヨルダンの政策に大きな影響を与え，国内の「テロとの戦い」が本格化した（吉川 2014a：36）。また，2005年のアンマン連続爆弾テロの翌年6月，同事件の首謀者とされるザルカーウィーが死亡したことにより，政府と行動戦線党の関係がさらに悪化した。ザルカーウィーの追悼式に弔問した4人の行動戦線党所属議員が，「反国家的行為」容疑で全員逮捕されたのである。その後，4人のうち2人の有罪が確定したが，後に国王特別恩赦で釈放された。最終的に，この事件をめぐる対立は，国王と同胞団最高監督者サーリム・ファラハート（Sālim Farahāt）の話し合いで幕が引かれた（吉川 2014a：37）。しかし，事件への対応をめぐり，同胞団と行動戦線党の方針の違いも顕在化した。行動戦線党が一貫して逮捕された議員らの行動を肯定し，政府に反発したのに対し，同胞団は早い段階から首相らとの対話を重ね，事件解決の際にはファラハート最高監督者が恩赦を称賛したのである（吉川 2014a：37）。政府への批判的な姿勢を崩さない行動戦線党と政府との対立はその後も続いていくが，

モロッコと異なりヨルダンでは，上記のように，母体組織である同胞団が体制との関係を慎重に見極め，状況に応じて両者の関係を調停する役割を担っている。

5　体制との共存という選択

　本章では，モロッコとヨルダンの事例から，体制がイスラームに正統性を依拠している環境は，イスラーム主義運動の活動にどのような影響を与えるのか，体制とイスラーム主義者による「イスラームをめぐる相克」の可能性を中心に考察した。

　モロッコとヨルダンの国王は，預言者ムハンマドの末裔という血統を強調することで，その正統性を確保しながら国づくりを行った。モロッコは，16世紀からシャリーフによる王朝支配が行われてきた歴史を有し，フランス・スペインによる分割保護領となった際にも，17世紀に確立されたアラウィー朝の王家が統治する政治体制が形式的にではあるが存続した。こうした歴史は，ヨルダンと比較して，国民国家の枠組みや国民の忠誠心を育みやすい土壌を提供したと考えられる。そのため，国家建設の過程における国王の課題は，どれだけ権力を集中させられるかであり，そこで利用されたのがイスラームに基づく正統性であった。イスラームの利用を独占することにより，国王の権威を非競争的なものにし，加えてもともとの体制派勢力を増強しつつ，他の勢力を排除した。イスラーム主義運動に対する弾圧はとりわけ厳しいものであったが，それは，他の政治勢力にイスラームの政治的利用を認めることで，体制の根幹であるイスラーム的正統性を揺るがす可能性があったからである。1998年に正式に認可された公正開発党は，体制との対立を望まないという姿勢を示すため，自主的に宗教的主張を控えて政治活動を行っている。かくして，モロッコにおいては，イスラーム主義を掲げる政党であっても，公的な政治領域への参加を望む限り，国王の宗教的権威を認め，国王の定めたゲームのルール内での活動を強いられるため，「イスラームをめぐる相克」なるものは生じていない。しかしながら，その母体組織であり，現在でも公正開発党のパートナーとして活動を行う

第 I 部　イスラーム主義運動とは何か

MUR は，様々な制限を受ける公正開発党とは異なり，宗教的主張をある程度自由に展開することができる立場を維持している。両組織のこうした分業的な活動が，公式な形ではないものの，公正開発党のイスラーム主義性の保持を可能とさせているのである。

　他方のヨルダンは，国家そのものが西欧列強による中東支配下の地政学的産物であり，建国当初から国家の正統性が非常に脆弱であった。そのため，アラブの大反乱の記憶と同時に，国王のハーシム家の血統が強調された。国民国家の枠組みを形成するためには，様々な社会的亀裂を超越して国民の多数が信仰するイスラームが有効であると捉えられたのである。こうした考えに基づき，歴代国王は宗教儀礼を積極的に主導し，またそれらをヨルダンという国家の文脈に捉え直す「国家化」が進められた。こうした正統性獲得の流れの一環で，建国直後からイスラーム主義運動を積極的に支援した。またムスリム同胞団も，体制との協調を基本方針として活動を続け，体制とイスラーム主義運動組織の相互依存的な関係が築かれていった。つまり，本章で掲げた「イスラームをめぐる相克」は，（この時点では）生まれておらず，体制とイスラーム主義運動の双方が，それぞれのイスラームの正統性を利用する形をとった。その後，政治領域が閉ざされていた時期に，慈善活動を通じた動員力を拡大し，1989 年の政党活動解禁から本格的に国政参加を目指すようになった。1992 年にはそれまでに築いてきた社会的支持基盤を生かし，政治活動部門であるイスラーム行動戦線党を結成した。しかし同党は，当時イスラエルとの和平を模索していた政府と，発足当初から全面対立した。イスラエルをめぐる外交面での政府の姿勢に対しては，同胞団と行動戦線党の両者がともに批判を行っているが，上記のザルカーウィー事件のような際には，同胞団の側が積極的に政府との対話を行い，行動戦線党の行動に肩入れしている。

　以上で見てきたように，モロッコとヨルダンにおけるイスラーム主義運動は，体制との様々な衝突を経てではあるものの，これまでに非合法化されたり弾圧されたりすることはなかった。他方，イスラーム主義政党の方も，体制の依拠するイスラーム的正統性を批判することはなく，国家が抱える他の問題の解決を目指し，活動を行っている。しかし，両国のイスラーム主義者の現在の政治

的待遇や地位には，大きな差がある。その理由には，①イスラーム主義者に対するコオプテーションの時期の違いと当時の体制との関係と，②政治部門と慈善活動部門との関係がある。

まず，①コオプテーションの時期と当時の体制との関係に関して，モロッコでは，イスラーム主義組織は長い間非合法化されており，1997年に公正開発党が念願の公的政治領域の参入を果たしたが，それは超えてはならないレッドラインが明確に提示されたなかでの合法化であった。他方のヨルダンでは，国家の脆弱性を背景に，ムスリム同胞団は建国直後から体制の支援勢力として，優遇されてきた。慈善活動を展開することは黙認され，同胞団メンバーが閣僚入りしたこともあった。動員力や発言力を拡大させ続けた同胞団は，その後政府と衝突することも増えていったが，彼らが非合法化されるという可能性は低く，比較的自由に自身の主張を展開することができている。

②政治部門と慈善活動部門との関係に関しては，レッドラインを超えた場合には再度非合法化されることもありうるモロッコでは，公正開発党は，イスラーム的主張のトーンを抑えて政治活動を行うという立場を選んで政治参加した。その代わり，母体組織のMURは変わらずイスラームの教えに基づいた主張を行い，状況によっては体制を批判するという立場をとることで，公正開発党の宗教的な主張を代弁するという相互補完的な関係を築いている。ヨルダンでは，1980年代の政党活動解禁を受け，同胞団の政党部門としてイスラーム行動戦線党が結成されたが，彼らに関しても，同胞団の方針と違わず，当時政府が進めていたイスラエルとの和平に対し，政府の顔色をうかがうことなく声をあげた。むしろ，それまで同胞団が慈善活動を通じて築いてきた広大な支持基盤を利用し，積極的に政府批判を行っているのである。

以上から，モロッコでは体制側の提示した条件を受け入れて公的政治領域に参入するか否かがイスラーム主義運動にとって重要な政治的課題となっている一方で，ヨルダンのイスラーム主義運動にとっては，公的政治領域に参入するか否かは死活的問題とはなっていないことが見て取れる。ヨルダンではむしろ，イスラエルとの和平へと進む体制に対し反対の声をあげるか否かが彼らにとって重要な問題となっている。そして，彼らにとってイスラエルとの和平に関し

て「声をあげない」という選択肢はあり得ないものであり，政府がイスラエルとの和平を推進する限り，今後も彼らは政府との対立を辞さないという立場を維持し続けるであろう。

注
(1) 例えば，Lust-Okar（2005, 2007），Albrecht and Shlumberger（2004），Pratt（2007），Richter（2007），Ghandhi and Przeworski（2006）など。
(2) マグリブおよび西アフリカのムスリム聖者をさす語。アラビア語を語源として造られたフランス語による呼称。マラブーは，神からバラカを与えられており，その印として，常人には不可能な奇蹟や難病治癒を行えると信じられている。
(3) 独立以降の各国王は，同地域を治めた歴代王朝の連続性と伝統を，様々な場面で繰り返し強調してきた。たとえばそれは，前国王ハサン2世の演説で，「モロッコは，［同地域の］イスラーム化の1世紀後にあたる，預言者ムハンマドの子孫（イドリース朝始祖のイドリース1世，在位788〜793年）が即位した788年からの歴史による産物」（Rouvillois and Saint-Prot 2010：19）といった形式で語られている。しかし実際には，西マグリブを支配したイドリース朝以降の歴代王朝は，シャリーフが統治する王朝ではなく，再度同地域をシャリーフが治めるようになるのは，16世紀初頭に興るサアド朝以降である（白谷 2015：18-19）。
(4) エルサレムにあり，預言者ムハンマドが昇天（ミウラージュ）を行った聖地であり，アクサー・モスクとともに，最初のキブラとされた場所。
(5) 「公正と慈善の集団」の支持層は，教師や学生を中心に都市のインテリ層に広がっているが，同時に，慈善活動や相互扶助活動によって，都市部の失業者や労働者，貧困層にも広がっている。非合法組織であるため，正確なメンバー数はわからないが，研究者によって3万5,000人から10万人の幅で見積もられており，この組織の影響力はきわめて大きい。組織の最終目的として，イスラーム的カリフ制の施行を掲げており，現在の政治体制の正統性を認めていないため，政治参加を拒み，選挙前には投票のボイコットを呼びかけている。この組織の詳細は，Tozy（1999）やZeghal（2008）を参照。
(6) アブドゥッサラーム・ヤースィーン（1928〜2013年）は，「公正と慈善の集団」の創設者・指導者である。モロッコ南部のエッサウィラ地方の農村出身で，イドリース家の流れをくむシャリーフである。アラビア語とイスラーム学の小・中学校の教師であった1965年，ブードシーシー教団に入会したが，70年頃に教団から離れ，政治的イスラーム運動を始めた。72年に最初の書『宣教と国家の間のイスラーム』（*Al-Islām bayna al-da'wa wa al-dawla*）を著し，74年に前国王ハサン2世に公開質

問状「イスラームか洪水か」（*Al-Islām aw al-Ṭūfān*）を送って王制に疑問を呈したため3年半の拘留処分を受けた。その後も，幾度もの拘留や軟禁を受けていた。

(7) 同組織の目的や活動内容に関しては，白谷（2013）を参照。

(8) イスラーム世界における婚姻や相続についての法。「家族法」という立法制度は近現代に制度化されたものであり，現在の「家族法」の領域は，第二次世界大戦期まで社会生活のすべてを対象としている「イスラーム法」の一部であった。イスラーム法において，結婚・離婚に関する規定はその中核をなしており，今なお原形をとどめている数少ないイスラーム法の分野でもある。モロッコをはじめ一般的には「家族法」と呼ばれるこの領域だが，国によっては「身分法」という名称をとるチュニジアやレバノン，「婚姻法」と呼ぶインドネシア，またこの領域についての法をまとめて「身分関係法」と呼ぶ学者もいる。

(9) 最終的には，2004年に家族法は改正された。

(10) 組織憲章の邦訳は，白谷（2013）を参照のこと。これは，同運動の思想やイデオロギー，活動方針を示す冊子シリーズの第一冊目である。その後，2000年には，第二冊目となる『「統一と改革の運動」教育的視角』（Ḥaraka al-Tawḥīd wa al-Iṣlāḥ: al-Ruʼya al-Tarbawīya）が発行され，2003年には『「統一と改革の運動」ダアワ的視角』（Ḥaraka al-Tawḥīd wa al-Iṣlāḥ: al-Ruʼya al-Daʻawīya）と『「統一と改革の運動」政治的視角』（Ḥaraka al-Tawḥīd wa al-Iṣlāḥ: al-Ruʼya al-Siyāsīya）の2冊が出版され，現在までで計4冊の冊子が出版されている。

(11) これはモロッコ1996年憲法第19条「国王はアミール・アル＝ムウミニーンであり，国民の最高の代表者であり，国民の統合の象徴であり，国家の持続と永続を保障するものである。国王は，イスラームの保護者であり，憲法の尊重のための監視人である。また国王は，公民，社会的諸団体および地域社会の権利と自由の保護者である。国王は国家の独立と王国の神聖なる領土の保全とを保障するものである。」と，第23条「国王の人格は神聖にして，不可侵である。」という定義を疑問視するものである。

(12) ヨルダンでは，発生した日にちなみ「11・9」と呼ばれることもあるアンマン連続爆弾テロ事件では，60人が死亡，数百人が負傷し，長らく無差別テロと無縁であったヨルダンの安全神話に衝撃を与えた（吉川　2014a：36）。主犯と目されたのは，イラクで活動をしていた過激派イスラーム主義者のヨルダン人，通称「ザルカーウィー」（Abū Muṣʻab al-Zarqāwī）であった。

参考文献

オーウェン，ロジャー（2015）山尾大・溝渕正季訳『現代中東の国家・権力・政治』明石書店．

私市正年（2004）『北アフリカ・イスラーム主義運動の歴史』白水社．

北澤義之（2002）「第5章　ヨルダンの選挙制度と政党」日本国際問題研究所平成14年度自主研究『中東諸国の選挙制度と政党』報告書。

─── （2011）「ヨルダン・ハーシム王国」松本弘編『中東・イスラーム諸国民主化ハンドブック』明石書店。

吉川卓郎（2007）『イスラーム政治と国民国家――エジプト・ヨルダンにおけるムスリム同胞団の戦略』ナカニシヤ出版。

─── （2014a）「『生存の政治』における政府――イスラーム運動関係――2011年民主化運動とヨルダンのムスリム同胞団」『アジア経済』55(1): 28-52。

─── （2014b）「ヨルダン――紛争の被害者か，受益者か」青山弘之編『「アラブの心臓」で何が起きているのか――現代中東の実像』岩波書店。

小杉泰（2006）『現代イスラーム世界論』名古屋大学出版会。

白谷望（2012）「現代モロッコにおけるイスラーム主義政党の組織戦略――政権獲得をめぐる意思決定」*Journal of Area-Based Global Studies* (AGLOS) vol. 3: 33-57.

─── （2013）『モロッコのイスラーム主義運動「統一と改革の運動」とその憲章』SIASワーキングペーパーシリーズ18，上智大学イスラーム研究センター。

─── （2014）「モロッコにおける権威主義体制持続のための新たな戦略――2011年国民議会選挙と名目的な政権交代」『日本中東学会年報』第30巻第1号。

─── （2015）『君主制と民主主義――モロッコの政治とイスラームの現代』（ブックレット「アジアを学ぼう」別巻11）風響社。

錦田愛子（2017）「ヨルダンの王制の安定性――国王の権威を支える諸要素」石黒大岳編『アラブ君主制国家の存立基盤』研究双書630，アジア経済研究所。

渡邊駿（2017）「亀裂の上に立つヨルダン・ハーシム王制――社会的統制と政党政治への道のり」ワークショップ「非民主主義体制における社会的亀裂の統制――中東・北アフリカと旧ソ連の比較研究」報告ペーパー。

Albrecht, Holger and Oliver Schlumberger (2004) "'Waiting for Godot': Regime Change without Democratization in the Middle East," *International Political Science Review* 25(4): 371-392.

Csicsmann, László (2011) "Islamist Movements at Crossroads: The Choice between Ideology and Context-Driven Approach to Politics. Case Study on the Hashemite Kingdom of Jordan," *Journal of Islamic Thought and Civilization* 1(2): 49-61.

Daadaoui, Mohamed (2011) *Moroccan Monarchy and the Islamist Challenge: Maintaining Makhzen Power*. New York: Palgrave Macmillan.

Gandhi, Jennifer and Adam Przeworski (2006) "Cooperation, Cooptation, and Rebellion under Dictatorship," *Economics and Politics* 18(1): 1-26.

Hamzawy, Amr (2008) "Party for Justice and Development in Morocco: Participation and Its Discontents," *Carnegie Papers* 93: 1-23.

第3章　体制と癒着するイスラーム主義運動

Hourari, Hani (1997) "The Future of Islamic Movement in Jordan,"in Julian Schwedler ed., *Islamic Movement in Jordan*. Ammam: Al-Urdun Al-Jaclid Research Center.

Hudson, Michael C. (1977) *Arab Politics: The Search for Legitimacy*. New Haven: Yale University Press.

Kazem, Ali Abdul (1997) "The Muslim Brotherhood: The Historic Background and the Ideological Origins," in Jillian Schwedler ed., *Islamic Movement in Jordan*. Amman: Al-Urdun al-Jadid Research Center.

Khazendar, Al-Sami (1997) *Jordan and Palestine Question: The Role of Islamic and Left Force in Foreign Policy-Making*. Garnet Publishing Ltd.

Kilani, Sa'eda, Hani Hourami, Hamad Dabbas and Taleb Auas eds. (1993) *Islamic Action Front Party*. Ammam: Al-Urdun Al-Jadid Research Center.

Lust-Okar, Ellen (2005) *Structuring Conflict in the Arab World: Incumbents, Opponents, and Institutions*. Cambridge: Cambridge University Press.

――― (2007) "The Management of Opposition: Formal Structures of Contestation and Informal Political Manipulation in Egypt, Jordan, and Morocco," in Oliver Schlumberger ed. *Debating Arab Authoritarianism: Dynamics and Durability in Nondemocratic Regimes*. Stanford: Stanford University Press.

Munson, Henry, Jr. (1993) *Religion and Power in Morocco*. New Haven and London: Yale University Press.

Podeh, Elie (2011) *The Politics of National Celebrations in the Arab Middle East*. New York: Cambridge University Press.

Pratt, Nicola (2007) *Democracy and Authoritarianism in the Arab World*. Bourlder: Lynne Rienne.

Richter, Thomas (2007) "The Political Economy of Regime Maintenance in Egypt," in Oliver Schlumberger ed., *Debating Arab Authoritarianism: Dynamics and Durability in Nondemocratic Regimes*. Stanford: Stanford University Press.

Robins, Philip (2004) *A History of Jordan*. Cambridge: Cambridge University Press.

Rouvillois, Frédéric and Charles Saint-Prot (2010) *Vers un modéle marocain de régionalisation*. Paris: CNRS éditions.

Ryan, Curtis R. (2011) "Identity Politics, Reform, and Protest in Jordan," *Studies in Ethnicity and Nationalism* 11(3): 138-151.

Tamimi, Azzam (1999) "Islam and Democracy: Jordan and the Muslim Brotherhood," Paper presented in Kyoto University on 17 July 1999.

Tozy, Mohamed (1986) "Le roi commandeur des croyants," *Edification d'un Etat modern: le Maroc de Hassan II*. Paris: Albin Michel.

――― (1999) *Monarchie et islam politique au Maroc*. Paris: Presses de Sciences Po.

Waterbury, John (1970) *The Commander of the Faithful: The Moroccan Political Elite: A Study in Segmented Politics*. London: Weidenfeld and Nicolson.

Wegner, Eva and Miquel Pellicer (2009) "Islamist Moderation without Democratization: the Coming of Age of the Moroccan Party of Justice and Development?" *Democratization* 16(1): 157-175.

Willis, Michael J. (2004) "Morocco's Islamists and the Legislative Elections of 2002: The Strange Case of the Party That Did Not Want to Win," *Mediterranean Politics* 19(1): 53-81.

Wilson, Mary C. (1989) *King Abdellah, Britain and the Making of Jordan*. Cambridge: Cambridge University Press.

Zeghal, Malika (2008) *Islamism in Morocco: Religion, Authoritarianism, and Electoral Politics*. Oxford: Markus Wiener.

付記：本稿は平成28〜29年度科学研究費補助金（課題番号16H07191）による研究成果の一部である。

第Ⅱ部

世界に広がるイスラーム主義運動

第4章
国際政治のなかのイスラーム主義運動
——アメリカのオリエンタリズムと「非リベラルな覇権秩序」の行方——

溝渕正季

1 「リベラルな国際秩序」から取り残された世界

　G・ジョン・アイケンベリーはその記念碑的著作『リベラルなリヴァイアサン』(Ikenberry 2011) のなかで，第二次世界大戦以降，国際社会は超大国アメリカ主導の下で「リベラルな国際秩序」を段階的に発展・拡大させてきたと論じている。ここで言われる「リベラルな国際秩序」とは，大まかに言えば，自由で民主主義的な政治システム，そして開放的な市場経済システムを採用する諸国家が，国際制度や国際機関を通じて多国間協調や安全保障協力を実現しているような国際秩序を意味し，パワーのあらゆる側面で圧倒的な優位を誇るアメリカはそうした秩序を下支えする礎石としての役割を果たすとされる。実際，冷戦終結を契機として，東アジア，東欧，南米諸国の多くが民主化を実現し，グローバルな国際経済秩序に統合されていった。また，世界貿易機関（WTO）や国際通貨基金（IMF）をはじめとする様々な国際機関が創設され，その機能や影響力を徐々に拡大していった。1945年以降，様々な紆余曲折を経ながらも，世界はリベラルな国際秩序の方向へと確実に歩みを進めてきた。

　他方で，中東は常に，そうした世界的な潮流から取り残され続けてきた地域であった。なぜ中東にリベラルな国際秩序が及ばなかったのか。その理由については様々な研究者が考察を加えてきたが，依然としてコンセンサスには至っていない（この点については，たとえば，Diamond [2010] や Bellin [2004] などを参照）。ただし，域外の超大国，とりわけアメリカの対中東政策にその原因の一端があるという点については，大半の論者が認めているところである（Brown-

73

第Ⅱ部　世界に広がるイスラーム主義運動

lee 2012 ; Jamal 2012)。

　以下，本章で明らかにするように，アメリカの対中東政策は常に「地政学的なインタレストの追求」と「リベラルな価値の実現」という2つの目的の間を揺れ動き，しばしば深刻な自家撞着に陥ってきた。その一方で，中東の権威主義的な政治指導者たちは，こうしたアンビバレントなアメリカの中東関与を巧みに利用し，国内，ならびに地域における政治的ライバルと対峙してきた。そして，1970年代以降に顕在化してきた中東のイスラーム主義諸運動もまた，こうした構図のなかでその思想や活動に大きな制約を受けてきた。本章の目的は，アメリカの対中東政策とその帰結に焦点を当て，それが中東地域秩序の動態に，そしてイスラーム主義諸運動の思想・活動にいかなるインパクトを与えてきたのかを検討することである。

2　アメリカの対外政策におけるリベラリズム的伝統

　本節ではまず，アメリカの対外政策に深く埋め込まれたリベラリズム（敢えて日本語にすれば理想主義，あるいは自由主義）という政治理念，そしてそれに端を発する――とりわけ冷戦終結以降に顕著となった――「世界における民主主義の推進」という対外政策について検討していこう。

アメリカのリベラリズム

　しばしば指摘されるように，アメリカの国際情勢認識や対外政策は伝統的に，同国特有の価値や理念によって大きく規定されてきた。そうした価値や理念は一般に「リベラリズム」と呼ばれるものであり，ジョン・ロックに代表されるイギリス啓蒙主義時代の政治哲学を源泉とし，個人の自由，市民的権利，機会の平等，私有財産の保障，自由市場，そして政治参加といった価値や理念の混成と定義できる（Doyle 1997：206-207）。アメリカにおいては歴史的に，国内政治においても対外政策においても，こうした価値や理念を実現することが決定的に重要な意味を有してきた。

　ルイス・ハーツは古典的名著『アメリカにおけるリベラリズムの伝統』

(Harz 1955) のなかで，アメリカにおけるリベラリズムの特徴を「自然的リベラリズム」という言葉で表現し，それが内包する原理的な問題点を鋭く描き出している。ハーツによると，アメリカにおけるリベラリズムの伝統は17世紀の建国期にまで遡ることができる。この時代，ヨーロッパ大陸における封建的および宗教的抑圧を逃れて新大陸へと渡ってきたピューリタン（清教徒）たちは，「自由の精神」を基礎として，「新世界」に腐敗したヨーロッパの「旧世界」とは明確に異なる「理想郷」を作り上げようと固く決意し，国づくりに邁進した。

ハーツによると，こうして作られたアメリカ社会は封建時代を経験することなく，ヨーロッパ諸国がピューリタン革命やフランス革命を経てようやく実現したリベラルな価値が建国と同時に既に実現されていた。すなわち——アレクシス・ド・トクヴィルが『アメリカのデモクラシー』（トクヴィル 2005/08）のなかで描き出したように——アメリカ社会はいわば「生まれながらにして平等」な社会だったのである（無論，ピューリタン植民地や南部における初期の生活の中には，その意味に合致しがたいような諸側面が存在したことはたしかであるが）(p. 5)。その上で，このようにリベラルな価値が建国当初から「自然に」実現されているような社会では，それに対する反動の伝統や自己批判の契機が決定的に欠落することとなり，次第にそれを無謬の普遍的な真実であるとする世界観，すなわち「不動の教条主義的なリベラリズム」(p. 9)，あるいは「巨大なリベラリズムの絶対主義化」(p. 285) が生じることになったとハーツは論じている。

そして，こうしたアメリカのリベラリズムは，19世紀末から20世紀初頭にかけて同国が国際政治の舞台に突如として投げ出されたとき，次のような二面性を備えた意識を顕在化させることになった。第一に，「退廃した旧世界は，その禍によって新世界を毒することができるだけであり，アメリカのリベラリズムの歓喜はまさに旧世界からの逃避によって可能になったのだという意識」(p. 285)，つまりアメリカは神に選ばれた特別な国であり，「丘の上の光輝く街」として世界の模範とならなければならないとする強烈な「アメリカ例外主義」，あるいは「アメリカ優越論」である。

第二に，「海外に対して改革運動を行い，ヨーロッパやアジアの見慣れない古めかしい社会をアメリカ的イメージに従って作り変えようとする」(p. 286)

第Ⅱ部　世界に広がるイスラーム主義運動

図4-1　ウッドロウ・ウィルソン
（第28代大統領）
出典：ウィキペディア

いわば伝道者としての意識である。リベラリズムを「絶対主義化」してしまうことで，アメリカ人は逆にそれ以外の政治理念や価値観に対しては驚くほどの無知，そして不寛容さを示す傾向にあるとハーツは懸念していた。そして，そうした考え方は，世界は正義と悪に二分され，悪は正義によって根絶されなければならないとする「十字軍」的思考様式へと容易に転化してしまう（Hunt 1987）。ハーツは，このような事態を克服するために，外国との接触を積み重ねることでアメリカ人自身が自国の理念や価値観を相対化し，国内における思想的多様性の欠如を補い，その適用の範囲と限界を学習することを望んだ。

「民主主義の推進」という対外政策

「世界的な民主主義の推進」という外交目標は，こうしたアメリカの根源的理念から自然に導き出される論理的な帰結である。すなわち，仮にアメリカのリベラリズムが普遍的で至高の価値を有し，人類のあまねくすべてに適用可能なモデルであるならば，それは必然的に国境の内側にのみ適用されるだけで終わるものではない。アメリカは神に選ばれた「例外的な国家」であるがゆえに，他国に干渉する権利と責任があり，（その方法論については意見が分かれるものの）世界をアメリカ的モデルに従って作り変えていかなければならないということになる。他国に干渉するこのような理念的目標を国際政治における最優先課題として掲げた大国は，歴史上他に類を見ないものである。

トニー・スミスによると，こうした理念・価値追求型の対外政策は「アメリカの外交政策における最も一貫した伝統」（Smith 1994：9）であり，それを端的に体現していたのがウッドロウ・ウィルソン第28代大統領（任期：1913〜21年）であった。ウィルソン大統領は1919年，国際連盟の創設を訴える演説のな

第4章　国際政治のなかのイスラーム主義運動

かで以下のように強調した。

　我々は，人々を自由にするためにこの国を建設した。そして我々は，我々の考えと目的とをアメリカだけに制限しなかった。そして今，我々は人類を自由にしようとしているのである。もしも我々がそれを行わなければ，アメリカの名声はすべて失われ，アメリカの力は消え去るであろう[(1)]。

　ただ，ウォルター・ラフィーバーが指摘するように，自由と民主主義を世界中に推進するという「アメリカの『使命』」は決して利他的な動機によるものではない，という点には注意が必要であろう。ウィルソン自身も十分に自覚していたように，むしろそれは，「世界が民主主義にとって安全でなければ，アメリカ国内のアメリカ的な自由が長続きしないとの信念」(ラフィーバー 2012：354) によるものであった。すなわち，「民主的な自決権を尊重し，何人も排除し得ない市場を繁栄させ，平和を保証する制度的メカニズムを有するような世界こそが唯一，アメリカの安全を保障し，アメリカ本土が自由を謳歌できるような国際秩序である」(Smith 1994：327) という確信こそが，アメリカのリベラリズム的対外政策の背景に存在する考え方であった。そして，世界が民主国家で満たされればそれだけアメリカの安全保障と繁栄も確かなものになるという考え方は，いわゆる「民主主義平和理論」によって学問的にも補強された。

　「世界における民主主義の推進」という対外政策は，冷戦終結以降，とりわけ表立って議論されるようになった (猪口・コックス・アイケンベリー 2006)。冷戦期にあってはアメリカの対外政策における最優先課題はあくまで「対ソ封じ込め」であって，民主主義の推進ではなかった。だが，冷戦の終結とソ連の崩壊を受けて，ビル・クリントン政権 (任期：1993～2001年) は市場主義経済と民主主義を世界的に拡大することを目指す安全保障戦略 (この戦略は「関与と拡大」と名付けられた) を大々的に掲げるようになった。そして実際に，特に南米諸国に対して，民主主義への移行を推奨もしくは推進する様々な援助プログラムが立ち上げられた (Carothers 1999)。さらに，その後を引き継いだジョージ・W・ブッシュ政権 (任期：2001～09年；以下，ブッシュという表記はすべて息子

の方を指す）は、アメリカのリベラル的伝統に大きく依拠するとともに、それをさらに野心的な政策へと発展させた。

　しかしながら、後述のように、こと中東に関して言えば、両政権がどれだけ真剣にその民主化を目指していたのか、そこには大きな疑問符が付けられた。口先だけのレトリックと実際の行動との間のギャップはアメリカに対する反感を増幅させ、同国を「リベラルな覇権国」ではなく「獰猛な帝国」と捉える見方が強まっていった。バラク・オバマ政権（任期：2009〜17年）はこうした過去の政権の経験を踏まえ、リアリズムを軸に据えた対中東政策を構築していった。

リアリズムによる批判

　アメリカのリベラリズム的対外政策については、古くはハンス・モーゲンソー、ジョージ・ケナン、ヘンリー・キッシンジャー、近年ではイラク戦争に強硬に反対したジョン・ミアシャイマー、スティーブン・ウォルトなど、リアリズムの立場から様々な批判に晒されてきた。

　たとえば「対ソ封じ込め」を強く主張する「X論文」で有名な元外交官ジョージ・ケナンは、ウィルソン流のリベラリズムを「法律家的・道徳家的アプローチ」と呼び、それを次のように強く批判している。すなわち、「国家間の問題の中に善悪の観念を持ち込むこと、国家の行動は道徳的判断の対象となるに適していると仮定すること」によって、国際政治が国益をめぐって行われる競合・調節という営みではなく、正義と悪の間の妥協できない全面対決という様相を呈するようになり、「無法者を徹底的に屈服――つまり無条件降伏――させないかぎり、その止まるところを知ら」なくなってしまう。しかし、そうした悪に対する正義の全面勝利など所詮は「危険な妄想」に過ぎない。このようにケナンは断じたのである（ケナン 2000：152, 154）。

　論者によって多少の相違や強調点の濃淡はあるにせよ、リアリストの立場を要約すれば次のようになろう。すなわち、アメリカの国益を狭く定義し、国際政治を正義と悪の間の戦いではなく異なる利害関係を持った国家同士の競合と取引の場と捉え、勢力均衡の理論を基礎としつつあくまで現状維持を志向し、

価値や理念ではなく秩序や安定を追求するような外交理念である。セオドア・ルーズベルト第26代大統領（任期：1901～09年）は，こうした理念を端的かつ明確に体現した最初の大統領であった。「棍棒外交」によって南北アメリカにおける覇権を確立するとともに，ヨーロッパにおいてもアジアにおいても勢力均衡の維持に努めた同大統領にとって，アメリカは他国と同様の列強の1つに過ぎず，ましてや道徳の権化などでは決してないし，国際政治は正義と悪の戦いの場でもなかった（キッシンジャー 1996：第2章）。

リベラリズムに対するこうした批判はこれまで長年にわたって行われてきたし，事実，アメリカの対外政策は常にリアリズムとリベラリズムの狭間で激しく揺れ動いてきた。政権内部に2つの理念が混在していることも多く，政局や国際情勢の変化に応じて両者の力関係が入れ替わることで，一見すれば矛盾した，一貫性のない政策が打ち出されることもしばしばある。また，2つのベクトルが拮抗している場合には，自家撞着で整合性がとれないような政策が採用されたり，あるいは表面的には無為無策に見えたりすることもある。だが，にもかかわらず，「新しい世界秩序を作る仕事に直面した時はいつでも，アメリカはどのみちウッドロウ・ウィルソンの観念に戻ってしまう」（キッシンジャー 1996：57）。そして，このようにアメリカに深く埋め込まれたリベラリズムという理念は，同国が圧倒的なパワーを有する超大国であるがゆえに，自国のみならず，世界中の国々に多大なる影響を及ぼしてきたのである。

3　アメリカのオリエンタリズムと中東・イスラーム世界

上述のハーツは，アメリカが国際政治の舞台において非アメリカ的で異質な理念に遭遇したとき，リベラリズムの教条主義化・絶対主義化はその論理的帰結として次の2つの反応を自動的にもたらすと論じている。第一に，「異質的な外国のものを不可解なものとみなすことによって，海外における創造的活動を阻害する」。第二に，「それはまた，不可解なものが生み出す不安を強めることによって，国内にヒステリーを呼び起こす」（Harz 1955：285）。ハーツのこうした議論は，1940年代後半から1950年代前半に巻き起こったマッカーシズム

と「赤狩り」の嵐を念頭において展開されたものであった。だが，冷戦の終結と前後して，アメリカが中東への関与を急速に深めていくにつれ，アメリカ国民の間に沸き起こった「イスラーム脅威論」（あるいは，近年では「イスラモフォビア［イスラーム嫌い］」とも呼ばれる現象）もまた，同様のロジックによって顕在化したものであった。

本節では，主として冷戦終結前後の時期を対象として，こうしたプロセスについて詳しくみていきたい。

冷戦の終結とアメリカの対中東関与の深化

アメリカが中東に前方展開基地を建設し，直接的・軍事的な関与を行うようになったのは，実は比較的最近のことである。その際，決定的な分水嶺となったのは，イラン・イラク戦争も終盤に差し掛かっていた1987年の出来事，そして1991年の湾岸戦争であった。

アメリカは第二次世界大戦以降，中東地域におけるイギリスの覇権（これは1971年，湾岸諸国の英領植民地からの独立をもって正式に終了した）を引き継ぐかたちで，同地域に対する関与を深めていくこととなった。冷戦期におけるアメリカの対中東政策は，主として（互いに両立困難な）次の3つの要素によって規定されていた。第一に石油・天然資源の確保，第二にソ連の封じ込め，そして第三にイスラエルの安全保障である。

第一の石油・天然資源の確保という点に関して，言うまでもなく中東（特に湾岸地域）はエネルギー資源の宝庫であり，その安定的な供給を担保することはアメリカの核心的なインタレストである。ただ，1980年代よりも以前の段階でアメリカは，石油の戦略的重要性については疑う余地はないとしても，湾岸地域の安全保障全般に関して大きな責任を負うつもりもなかった。他方で湾岸諸国の側としても，米軍が国内に駐留するようなことになれば国民の猛烈な反発を招くことが十分に想定された。ゆえに，クレア（2004：70）が指摘するように，「数多くの複雑な難題をものともせずに，ペルシャ湾地域の油田を守るための効果的で費用も手ごろな戦略をいかにひねりだすかという政治課題は，冷戦の歴史における主要テーマのひとつだった」。こうした観点からアメリカ

は，1980年代に至るまで，パフレヴィー朝イランとサウディアラビアという2つの親米国家を「湾岸におけるアメリカの代理人」とし，地域の秩序維持任務を任せるという政策を採用していた（いわゆる「二柱政策［Twin Pillars Policy］」）。

第二と第三のソ連封じ込めとイスラエルの安全保障について言えば，冷戦期の歴代米政権（とりわけリンドン・ジョンソン政権期［任期：1963～69年］以降）は，イスラエルとの「特別な関係」を急速に深化・拡大させていく一方で，イスラエルに肩入れし過ぎであるとアラブ側に認識されることも強く警戒していた。[2] アラブ諸国の反米意識に乗じてソ連が浸透してくる恐れも十分あったし，1973年の石油危機のような事態を二度と繰り返したくもなかった。また，アラブ・イスラエル紛争に巻き込まれ，さらにそれが米ソ直接対決へとエスカレートする危険性もあった。

こうしたことからアメリカは，1970年代を通じて中東情勢に深入りすることは極力避けつつ，イスラエルに対しては外交的・金銭的支援を行うに留め，湾岸地域の秩序維持についてはイランとサウディアラビアという同盟国に一任することにした。これがいわゆる「水平線の外」（over the horizon）政策である（Gause 2012；Sick 2012）。

だが，1979年にルーホッラー・ホメイニー率いる反シャー勢力がイランで革命を成し遂げ，パフレヴィー王朝が突如として崩壊したことによって，アメリカはこの地域の安全保障政策を抜本的に見直す必要に迫られた。「二柱」のうちの1つが反米最強硬勢力へと転換したこと，そしてサウディアラビア1国だけの軍事力では地域の安定を維持するには心許ないことから，1987年，当時のロナルド・レーガン政権（任期：1981～89年）は湾岸地域への本格的な軍事力の展開に踏み切ることを決断する。契機となったのは，イラン・イラク戦争も終盤に差し掛かった1986年，クウェート船籍のタンカーがイランによって攻撃を受け（このときクウェートはイラクに対して多額の資金援助を行っていた），同国が米ソ両超大国に対して護衛を要請したことであった。ソ連がこの要請に即座に応えたために，アメリカとしてもペルシャ湾に艦隊を送り込まざるを得ない状況が生じた（Cordesman and Wagner 1999：chap. 9）。

次なる分水嶺となったのが1991年の湾岸戦争である。冷戦の終結を受けて，

サッダーム・フセインによるクウェート侵攻を「生まれつつある新世界秩序への挑戦」であると捉えたジョージ・W・H・ブッシュ政権（任期：1989～93年）は、1991年1月の「砂漠の嵐作戦」に際して実に50万人規模の戦力を湾岸地域に投入することを決定、迅速なクウェート解放を達成し、圧倒的な軍事力を周辺諸国に見せつけた。そしてこれ以降、アメリカは湾岸地域（特にサウディアラビアとカタル）に恒常的な軍事的プレゼンスを維持するようになる。そこにはたとえば、陸・空軍基地をはじめとする軍事施設の建設、海軍第5艦隊の展開、湾岸諸国への武器の提供、共同軍事演習、米軍専門家による助言、そして国境監視などが含まれた（Gause 2010：chap. 4）。

冷戦終結により「対ソ封じ込め」という要素は消滅したが、それでも莫大な量の石油・天然資源が埋蔵され、アメリカと「特別な関係」にあるイスラエルが存在する中東は、アメリカにとって戦略的にきわめて重要な地域であり続けた。そして、ソ連の崩壊によって国際システムはアメリカ一極構造となり、ソ連という存在がいなくなったことでアメリカは誰に憚ることなく中東に関与できるようになった。こうしてアメリカは中東への関与を急速に深めていくことになる。

異質な理念に対する警戒と恐怖──「イスラーム脅威論」／「イスラモフォビア」

他方で、1980年代以降、アメリカ国民の間には「イスラームは戦闘的で拡張主義的な宗教であり、反米的性格を持ち、西洋との戦いを望んでいるというイメージ」、いわゆる「イスラーム脅威論」が急速に蔓延しつつあった（エスポズィート 1997）。その最大の契機となったのは言うまでもなく、1979年のイラン革命、そしてその後に発生したアメリカ大使館員人質事件であった。「アメリカにとって、世界で最も好ましく、最も重要で、かつ最も誠実な友人」（Kissinger 1979：1262）であった国家が一夜にして反米最強硬派となり、ターバンを被った白髪・白髭の「前近代的」な老指導者がアメリカを「大サタンの国」と痛罵し、大量の若者が「アメリカに死を」と連呼しながら大使館になだれ込んだ上に、52人の大使館員を444日に渡って人質にとったのである。無残な失敗に終わった特殊部隊による人質救出作戦は、こうしたアメリカの屈辱をさら

第4章 国際政治のなかのイスラーム主義運動

に上塗りした。あるアメリカ政府高官が述べたように，こうした「イランでの経験は，イスラーム原理主義の暴力的で反米的な性質に関するアメリカの考え方を決定づけることになった」(Gerges 1999：42)。イラン革命はこうして，アメリカの政策決定者と一般国民の両者にとって強烈な「トラウマ」を残すことになったのである（McAlister 2001：202-223)。

　それでも冷戦期においては，急速な拡大を見せるイスラーム主義のうねりを反共闘争に利用できるのではないかとするリアリスト的な考え方も，少なくとも政策決定者の一部には根強く存在していた。たとえば，ソ連を公然と「悪の帝国」と呼んで憚らなかった対ソ最強硬派レーガン大統領は，イランをイスラーム原理主義国家として非難し，イランと戦火を交えるフセイン政権下のイラクを政治的・軍事的に支援する一方で，アフガニスタンにおいて反ソ武装闘争を続けていたイスラーム過激主義者（ムジャーヒディーン）たちを「自由の戦士」と称賛し，多大なる金銭的・軍事的援助を行った（コール 2011；ライト 2009)。1986年に発覚して一大スキャンダルを巻き起こしたイラン・コントラ事件もまた，レーガン政権（の少なくとも一部高官）はイランと取引することは可能であると考えていたことを如実に示していた。無論，イランのシーア派的イスラーム主義とアフガニスタンを中心として伸長しつつあったスンナ派イスラーム過激主義はまったく異質なものであったが，アメリカの政策決定者たちにとって両者は同類であった。

　しかしながら，さらにその後も，1980年代から90年代にかけて，イスラーム過激主義者たち，とりわけアフガニスタン帰りの戦闘員たちが中東各地でテロや暴力沙汰を繰り返し，何百人ものアメリカ人が殺害されたり人質に取られたりしたことで，アメリカ国民と政策決定者たちのイスラームに対するイメージは悪化の一途を辿っていった。とりわけ，1979年11月にサウディアラビアで発生したイスラーム過激派による聖モスク占拠事件は，サウディ当局とアメリカ政府を心の底から震撼させた。加えて，90年代にはアメリカ国内や海外のアメリカ関連施設でもイスラーム過激派によるテロが相次いだ。そして，2001年9月11日にアル＝カーイダによって引き起こされたアメリカ中枢同時多発テロは，そうした勢力に対する警戒感・脅威認識を決定づけることになった（もっとも，[3]

83

こうしたアメリカを標的とするテロ事件の背景には，そもそも同国の対中東政策こそがこの地域に偏在する反米主義の根源的な要因であるという事実が存在するわけであるが，この点は次節で詳しく論ずる）。

こうした流れのなかで，いわゆる「オリエンタリズム的思考様式」，すなわち，一部の過激主義者とその他大勢のイスラーム教徒を同一視して「悪魔化」し，そこに内在する多様性を無視するかたちでそれらを十把一絡げに「西洋（すなわち，キリスト教文化圏）に対する敵」と決めつける「文明の衝突」的な認識が，アメリカを中心として欧米社会のなかで急速に拡大していった。そしてその過程で，バーナード・ルイスやダニエル・パイプスといったアメリカの中東・イスラーム研究者，そしてメディアが果たした役割はきわめて大きいものであった（サイード 2003）。

アメリカの対外政策に深く埋め込まれたリベラリズムという理念，そしてその裏返しである「イスラーム脅威論」あるいは「イスラモフォビア」といった考え方は，1980年代以降，アメリカの対中東政策において通奏低音となってきたのである。

4　理想と現実のはざまで——冷戦終結以降のアメリカの対中東政策

アメリカが世界に対して深く関与し始めた19世紀末以降，これまでに様々な場所，様々な局面において，同国の掲げる崇高な理念は現実の生々しい地政学的な現実と激しく衝突してきた。とりわけ冷戦終結以降は，アメリカが対外政策の領域において自由裁量の余地を大きく拡大させたことで，こうした事態はますます多く見られるようになっていった。だが，世界のなかで中東ほど，「地政学的なインタレストの追求」と「リベラルな価値の実現」の間のジレンマをアメリカに突き付けてきた地域は他に存在しないだろう。こうしたことから，アメリカの対中東政策からは一貫性と合理性がしばしば決定的に欠落し，ときに深刻な自家撞着に陥ってきた。そしてこうした状況は，イスラーム主義諸運動の趨勢に大きな影響を与えてきた。

本節では，冷戦終結以降に発足した４つの政権のうちの前３者，すなわちク

リントン政権,ブッシュ政権,オバマ政権の対中東政策に焦点を絞り,分析を加えていく。

クリントン政権──「パックス・アメリカーナ」の成立

ロバート・コヘインとジョセフ・ナイは「覇権」という言葉について,「ある一国が国際関係の根本的なルールを維持することができるほど強力であり,かつ,それを実行する意志を持っている」状況である,と簡潔な定義を与えている (Keohane and Nye 1977 : 44)。この意味で言えば,1990年代から2000年代前半にかけての中東地域秩序は,端的に「パックス・アメリカーナ」(アメリカ覇権下の平和)であったと表現することができるだろう。

冷戦期におけるアメリカの対中東政策が第一に石油・天然資源の確保,第二にソ連の封じ込め,そして第三にイスラエルの安全保障という3つの要素を追求するものであったことは先に述べた。クリントン政権をはじめとして,冷戦後の歴代米政権においても,こうした方針は概ね踏襲された。ただ,第二の「ソ連」という要素は,冷戦後には「イラン・イラク」,そして「イスラーム過激派勢力」へと差し替えられた。他方で,上述のように,市場主義経済と民主主義の世界的拡大を目指す「関与と拡大」戦略を対外政策の柱として大々的に掲げたクリントン政権であったが,こと対中東政策に関して言えば,それが実際の政策のなかに反映されることは決してなかった[4]。クリントン政権にとっては現状維持,つまり何よりも中東の秩序を維持することが,上述の3つのインタレストを確保する上で最も重要であった。

政権発足1年目にクリントン政権が打ち出した「二重の封じ込め」(Dual Containment) 政策は,こうした同政権の方向性を端的に示すものであった。これは,アメリカとイスラエルに対して最も敵対的であり,地域で最も危険な修正主義国家であると(少なくともワシントンからは)認識されていたイランとイラク(とりわけイラク)を同時に封じ込めるという,きわめて野心的な政策であった。こうした政策は,1980年代後半まで続けられた伝統的な「消極的で最低限の関与」政策と比較して,きわめて大きな方向転換であったと言えるだろう。

他方で,自由や民主主義がいかに欠落していても,親米的で,イスラエルの

第Ⅱ部　世界に広がるイスラーム主義運動

図4-2　ビル・クリントン大統領
出典：ウィキペディア

脅威とならず，現状維持志向とみなされたアラブ諸国（エジプトやヨルダン，湾岸産油国など）は，アメリカと良好な関係を築くことができた。こうしたアラブ諸国は1990年代を通じて，口先だけでは「改革・開放」を熱心に論じながらも，それらを実際に実行に移すつもりは毛頭なかった（オーウェン 2015：第6章）。

　また，これらの諸国はクリントン政権の政策に便乗するかたちで，今や自らの体制に対する一番の脅威となったイスラーム主義勢力を，過激派・穏健派問わず合法的な政治過程から排除し，徹底的な弾圧を加えた。苛烈をきわめる体制側のやり方は欧米諸国の顰蹙を買いはしたが，彼らはそれを「イスラーム主義か強権支配か」の二者択一を迫ることで正当化し，クリントン政権をはじめとして欧米諸国はこれを黙認した。その結果，穏健なイスラーム主義勢力は政治過程からほぼ完全に締め出され，過激派勢力は国内に居場所をほぼ失った。その半面，体制の脅威とならないような一部のイスラーム主義勢力については政治参加を許すとともに（いわゆる「分断統治」戦略［Lust-Okar 2005］），そうした勢力やメディアに対しては，体制批判を封じ込める代わりにアメリカとイスラエルの批判だけは「ガス抜き」として許容した（ケペル 2006；ライト 2009）。

　これらの結果，中東地域は1990年代を通じて，その戦略的状況を一変させるような大規模な騒乱は一度も起きず，一定の秩序を維持し続けることができた。フセイン体制下のイラクは1990年代を通じて封じ込められ続けたし，イラン革命のように反体制勢力によって親米権威主義体制が転覆されることもなかった。グレゴリー・グースが指摘するように，「ビル・クリントン大統領が政権を去った2001年1月の時点での湾岸地域の戦略的状況は，彼が政権に就いた1993年1月の時点でのものと驚くほどに類似していた」（Gause 2010：88-89）。こうした状況は何も湾岸地域のみに限ったことではなく，中東地域全体においても言えることであった。

ただし，湾岸戦争を契機として形成されたアメリカ主導の地域秩序は，アイケンベリーが「リベラルな国際秩序」と呼んだものとは程遠いものであった。クリントン政権はあくまで，中東において理念や価値の実現を追求するのではなく，アメリカの圧倒的な（とりわけ剥き出しの軍事的）パワー，そして同盟国（あるいはクライアント国家）であるイスラエルと親米権威主義諸国を通じて，中東における「非リベラルな覇権秩序」を維持することこそが（少なくとも短期的には）アメリカの国益であると信じていた。ジェームズ・シュレジンジャー元国防長官はこの点を率直に論じている（Schlesinger 1992/93：20）。

アメリカ以外の社会においても民主主義こそが最も適切な統治形態であると，そのように考えたいと我々は真剣に望んでいるのであろうか。……おそらくこれは，イスラーム世界において最も明確に突き付けられた問いであろう。我々はサウディアラビアの体制転換を真剣に望んでいるのだろうか。答えは単純にノーである。何年にもわたって我々はその体制を維持しようとしてきた。ときに民主主義勢力が地域において優勢であった時でさえ，我々はそうしてきた。

ただ，同時にこれには大きな対価が伴った。すなわち，「二重の封じ込め」を実行し，中東地域における覇権を維持するために，イスラーム教徒にとっての神聖な土地であるアラビア半島に大規模な「異教徒の軍隊」（＝米軍）を駐留させることになったこと，[5]イラクへの厳しい経済制裁によって「ジェノサイドにも等しい」とも言われるほどに数多くの無辜のイラク人が犠牲になった（その一方でフセイン大統領をはじめとする政権エリートたちは不正な「制裁破りビジネス」を通じて私腹を肥やし続けた）こと（Baram 2000），「自由と民主主義を推進するというお題目を掲げながら，エジプトやサウディアラビアなどの独裁国家を支援し，そこに軍隊を駐留させている」という露骨な二重基準（ダブル・スタンダード），そしてイスラエルに対して過度に肩入れする姿勢などにより，反米意識が地域全体に急速に広がっていったのである。アラブ諸国がアメリカとイスラエルに対する批判だけは「ガス抜き」として許容していたことも，こうし

た傾向を一層後押しした (Blaydes and Linzer 2012)。そして，こうして膨れ上がった反米意識は2001年9月11日，アル＝カーイダを名乗る国際テロ組織によって行われた，全世界に衝撃を与える未曾有の同時多発テロというかたちで顕在化することになる。

クリントン政権が中東に打ち立てた「非リベラルな覇権秩序」は，この時期，一見すると安定した地域秩序のように思われた。だが，実のところそれは，こうした抑圧された人々の上に成り立つ不安定な，正統性を欠いた覇権秩序に過ぎなかった。そして，クリントン政権の後を引き継いだブッシュ政権は，このような潜在的な不安定性を抱えた中東地域秩序にさらなる撹乱要因をもたらすことになる。

ブッシュ政権——「ブッシュ・ドクトリン」と「対テロ戦争」

2001年9月11日に起きた衝撃的なアメリカ中枢同時多発テロを目の当たりにしたことで，ブッシュ政権は，現状維持を目的とするだけのこれまでの対中東政策ではイスラーム過激派勢力を封じ込めることはもはや不可能であり，現状は積極的に（軍事力によって）修正されなければならないと結論づけた。そして同時に，アメリカの圧倒的なパワーを用いればそれは十分に実現可能であるとも考えた。これは「ブッシュ・ドクトリン」（あるいは「フリーダム・アジェンダ」）と呼ばれた考え方であり，その立案にあたっては政権内部のネオコン（新保守主義者）たちが大きな役割を果たしたことは良く知られている (Monten 2005)。

その戦略理念は，大まかに言えば次の2つの要素によって構成される。第一にアメリカの伝統的なリベラリズム的世界観，そして第二にアメリカの軍事力に対する過度の信頼である。第一のリベラリズムに関しては本章第一節で詳述した通りであり，アメリカ本国が安全と繁栄を謳歌するためには，世界はアメリカ的価値や理念に従って作り変えられなければならないとする確信，「アメリカ例外主義」的な考え方である（こうした考え方は「上からの社会改造」［Social Engineering］とも呼ばれた）。第二にネオコンは，アメリカは現在，突出して強力な軍事力を備えているとの前提から出発する。たしかに，この点は事実であ

る。アメリカは冷戦終結以降も一貫して，他国の追従を許さないほどの軍事力を維持し続けている（Posen 2003）。ここからネオコンは，こうした卓越した軍事力を行使することで，アメリカはその理念を世界中で実現することができる（ないしは，実現しなければならない）と考える。さらに，軍事力の有効性に関するこうした過度の信頼が単独行動主義という発想につながる。なぜなら，他国が束になっても敵わないほどの軍事力をアメリカが有している以上，国連や安保理において，あるいは同盟国との間で煩雑な根回しや協議を行うよりも，単独で行動した方が遥かに効率的だからである。

図 4 - 3　ジョージ・W・ブッシュ大統領
出典：http://www.crank-in.net/img/db/217501_300.jpg

　9・11事件以前の段階では，ブッシュ政権にとってイスラーム過激派勢力の封じ込めは優先順位の高い政策目標ではなかった。政権幹部たちとネオコン勢力の関心はブッシュ政権発足当初から——さらに言えば，彼らが権力中枢から遠ざかっていた1990年代から一貫して——執拗なまでにイラクに向いていた。軍事力によってフセイン政権を打倒し，そこに親米的な民主主義国家を樹立できれば，中東におけるアメリカの２つの死活的なインタレスト，すなわち石油・天然資源の確保，そしてイスラエルの安全保障を同時に達成することができる。また，アメリカの圧倒的な軍事力を見せつければ周辺の独裁体制諸国は震えあがって改心し，雪崩を打って反米的姿勢を取り下げ，民主主義を受け入れることだろう。市場経済と民主主義が中東に広まれば，弾圧，貧困，無知，不安定などが原因で中東に蔓延している過激主義の根源を除去できるに違いない——。今から考えればあまりに楽観的な「妄想」（パッカー 2008：第2章）とも思えるこのように考えを，彼らは1990年代から練り上げていたのである（マン 2004）。

　こうしたことから，9・11事件はイラクと即座に結びつけられた。ブッシュ政権は「対テロ戦争」の名の下で，2001年10月，まずは手始めにアル＝カーイ

ダ指導部の引き渡しに頑なに応じないアフガニスタンのターリバーン政権を粉砕する（「不朽の自由作戦」）。米軍のアフガニスタン侵攻に関しては，国際社会からは必要かつ正当な自衛的軍事行動と認められ，中東・イスラーム世界の一般の人々もこの攻撃については概ねやむなしと考えた。だが，イラクは違った。アル＝カーイダとの繋がり，そして大量破壊兵器の保有という２つの開戦理由は，バグダード陥落直後にいずれも否定された。2003年３月のイラク侵攻は中東・イスラーム世界の人々の目には，あたかも「シオニスト（＝ユダヤ人）・十字軍（＝アメリカ）同盟」がイスラーム世界全体を敵として侵略戦争に打って出たかのように映った（本書第12章も参照）。

　こうした見方はさらに，ブッシュ大統領の「この十字軍，すなわちテロリズムに対する戦争は暫くの間続くだろう」という配慮に欠く発言（この発言の直後から，政権は火消しに追われた），そして2002年９月に発表された『国家安全保障戦略』（Bush 2002）によって，一層強められた。同文書では，大量破壊兵器を保有する「ならず者国家」やテロ組織に対する予防的先制攻撃の擁護，単独行動主義，アメリカの圧倒的優位の維持，そして世界における自由と民主主義の拡大，などがあからさまに表明されていた。さらに2006年３月に発表された『国家安全保障戦略』（Bush 2006）では，現在は「新しい全体主義的イデオロギー」との「長い闘争」の初期段階に当たるとの認識が示された。その上で，「当初より，対テロ戦争は武力の闘争であると同時に思想の闘争」であり，「民主主義を通じた自由および人間の尊厳の前進」こそがグローバル・テロリズムの問題の「長期的な解決」をもたらすと指摘された。これはまさに，「対テロ戦争」を，自由や民主主義といった文明に挑戦する「イスラモ・ファシズム」（Islamofascism）とのイデオロギー闘争，つまり第四次世界大戦との見方を示したノーマン・ポドレッツの議論（なお，ポドレッツによれば，第三次世界大戦は冷戦である）を踏襲したような議論である（Podhoretz 2007）。

　ファワーズ・ゲルゲスが指摘するように，「アフガニスタンを超えて『テロとの戦い』を拡大したことは，ムスリムを遠ざけ，アル＝カーイダとグローバル・ジハード主義者が暴力行為に関与し続けるためのイデオロギー的動機を供給することとなった」（Gerges 2012：98）。加えて，アブー・グレイブやグアン

第4章　国際政治のなかのイスラーム主義運動

タナモの捕虜収容所では「テロ容疑者」たちに対して違法な尋問・拷問——CIA はこれを「強化尋問法」（EIT）と呼んでいた——が連日行われていたことも明らかとなり，アメリカに対する怒りはさらに高まった。

　また，2001年以降，ことあるごとに「政治的自由の拡大はイスラーム過激主義を弱体化させる」「自由を犠牲にして安定を勝ち取ることなどできない」と訴えてきたブッシュ政権であったが（Sharp 2006），その真意に疑問符が付けられる事態もしばしば起きた。たとえばブッシュ政権は，2006年1月のパレスチナ国民評議会選挙において民主的に——この点については国際社会も称賛を送っている——勝利を収めたハマースを「テロ組織」と断じ，パレスチナに事実上の経済制裁を科した。これに対して，パレスチナ人をはじめとする中東・アラブ世界の人々はアメリカのあからさまな「偽善」と「二重基準」を非難した（Blanford 2006）。他方，これによってブッシュ政権は，現状，仮に中東諸国で自由選挙を行えば，反米的な政治勢力が権力を握る可能性が高いという現実を思い知ることになった。

　結局，ブッシュ政権が任期を満了する2009年の段階でも，イラクに自由と民主主義が根付くことも，それが中東全体に拡大することもなかった。それどころか，イラク情勢は依然として混沌としており，アメリカと中東諸国との関係はかつてないほどに悪化し，中東・イスラーム世界の人々は反米感情を募らせるようになり，「対テロ戦争」は米財政を大いに逼迫させた。これらが相俟って，ブッシュ政権の対中東政策を否認する国民は徐々に増えていき，それとともに大統領支持率は低迷するようになっていった。9・11事件直後には92％という記録的な数字を達成していたブッシュ大統領の支持率は，イラク戦争直前には50％前後に落ち込み，イラク戦争での「電撃的勝利」によって再度70％前後まで持ち直すも，2005年には40％台まで低迷している。その後，ブッシュ大統領の支持率は緩やかに下降線を辿り続け，任期の終盤には過去最低の28％を記録した。

　こうした状況を鑑み，アン・マリー・スローターは2008年，次のような危惧を述べた。「ブッシュ以後，もしネオコンが死滅し，リベラル国際主義——今ではリベラル介入主義として言及されることが多くなってしまったが——の名

が連座して汚されてしまったならば、イデオロギーや価値よりも秩序や安定を追求するようなリアリストが再び支配勢力となるだろう」(Slaughter 2008：74)。スローターの予測は、翌年発足するオバマ政権によって現実のものとなった。

オバマ政権――リアリズムとその代償

オバマ大統領の呼号した「変化」という言葉は様々な意味合いを持っていたが、こと対外政策に関して言えば、それは前任者であるブッシュ政権によって形作られた「イスラーム世界との全面対決」という構図の抜本的な修正、「アメリカ例外主義」と軍事力の圧倒的優位を基礎として推し進められ、そして失敗した「ブッシュ・ドクトリン」からの決別、アメリカ外交の再建を意味していた。

政権発足1年目の4月、オバマ大統領はトルコ議会で演説を行い、アメリカはもはやイスラーム教徒をテロというプリズムを通して見ることはないと断言し、同国はイスラーム世界との間に「相互利益と相互尊重を基礎とした幅広い関係の構築を目指す」と語った。同年6月には、オバマ大統領はカイロにおいて次のように述べ、「ブッシュ・ドクトリン」との決別を訴えた。

> 近年、民主主義の推進に関して多くの論争があり、かつ、そうした論争とイラク戦争が直接関連付けられていることは、私も知っている。ここで明らかにしておきたいのは、いかなる種類の統治システムであれ、ある国家が他のいかなる国家に対しても、それを押し付けることはできないし、そうすべきでもないということだ。

ここからもうかがえるように、オバマ政権は中東の諸問題に対して、一貫してリアリスト的姿勢を堅持した。これはつまり、中東・イスラーム世界との無用な摩擦を避けるために自由や民主主義といった価値の実現は一先ず脇に置き、アメリカの重大な国益が脅かされない限りにおいては基本的には現状維持を目指し、中東への政治的・軍事的な深い関与を極力回避するために不介入路線を貫く、という立場である（溝渕 2016：2017）。

第4章　国際政治のなかのイスラーム主義運動

たとえばオバマ大統領は，イランを説得して核兵器開発への野心を捨てさせるために「悪の枢軸」という言葉を慎重に避けた。オバマ政権が対中東政策の柱と位置付けた中東和平問題に関しては，交渉を前に進めるためにはアメリカが「公正な仲介者」として広く認知されること，そしてシリアやエジプト，サウディアラビアといった周辺諸国の協力が不可欠であると考えられた。それゆえ，それら諸国との関係正常化に力を注ぎ，その権威主義的性格について言及することは決してなかった。「たとえ独裁的な政権による長期に及ぶ抑圧や失政がアラブ社会を

図4-4　バラク・オバマ大統領
出典：http://netgeek.biz/wp-content/uploads/2014/05/obama.jpg

破壊し，慢性的な貧困や腐敗の拡大，そして過激主義を生み出しているとしても，現状維持は無残な大失敗に比べればまだマシだ」（Gerges 2012：104）。このようにオバマ政権は考えていた。これはまさに典型的なリアリズム的対外政策であるといえる。

2011年初頭にチュニジアで発生した「ジャスミン革命」に端を発し，その後，アラブ諸国全体に広がっていった政変の連鎖，いわゆる「アラブの春」は，そんなオバマ政権に困難なジレンマを突き付けることになった。

「アラブの春」を全体として見たとき，その趨勢に及ぼしたアメリカの影響力は微々たるものであった。オバマ政権は発足当初から一貫して，世界の現状を自国の思い通りに修正しようという意思も，またそれを達成するだけの国内的資源も，いずれも持ち合わせていなかった。今次の政変においても，めまぐるしく変化する中東政治に深く関与することを慎重に回避し続け，現状を追認することしかしなかった。

たとえばエジプトの例をとれば，暴動が始まった2011年1月の時点で，オバマ政権はあくまでホスニー・ムバーラク政権を支持しようとした。だが，次第に反体制勢力の側が勢いを増すにつれ，そうした態度を貫くことは徐々に困難になってきた。そこでオバマ政権は2月1日，ムバーラク大統領に対して事実

上の退任勧告を突き付ける方向へと舵を切る。その後，民主的に誕生したはずのムスリム同胞団政権に対してクーデタが発生したときも，アブドゥルファッターフ・スィースィー国軍総司令官の下で新たな権威主義体制が成立したときにも，その現実をただ追認しただけであった（正確には，オバマ政権はクーデタ後，人権問題を理由に対エジプト援助を数カ月間停止したが，これによってエジプト新政権と同国民のさらなる不興を買う結果となった）。

シリアについても同様であり，オバマ政権は化学兵器の使用を「レッド・ライン」と設定していたにもかかわらず，2013年8〜9月，バッシャール・アサド政権側による化学兵器使用の疑いが国際的に大きく報じられたとき，シリアへの軍事介入の可能性を示唆するも最終的にそれを見送ったことがあった。「レッド・ライン」の設定は，アメリカの強硬姿勢を示すためのブラフに過ぎなかったが，それを設定したことにより，それを取り下げる際のコストもまた大きくなった。「アメリカは口だけだ」という事実を世界中に知らしめ，アメリカのパワーに対する信頼は大きく損なわれた。これはアメリカにとって大きなダメージではあったが，しかしそれでも，オバマ政権は結果的に軍事介入を回避する決断を下した。

オバマ大統領は権威主義体制に異議を申し立てる民衆デモに共感を示し，民主主義体制の樹立を助けたいと考えていた。だが，彼らが異議を申し立てる既存の秩序とは，これまでアメリカと親米権威主義諸国が「共犯関係」のなかで維持してきた「非リベラルな覇権秩序」に他ならなかった。オバマ政権は民主主義の追求というリベラリズムと，地政学的なインタレストの追求というリアリズムのはざまで困惑し，事態の成り行きをただ傍観するより他に選択肢はなかったのである。

結果的に，政治参加によるイスラーム主義政権の樹立という理念は，エジプトにおける民主主義の失敗によって無残に打ち砕かれた。さらに，「穏健な」イスラーム主義勢力を代表するムスリム同胞団は，その後の軍事独裁政権による徹底的な弾圧に晒され，大打撃を受けた。リビアやシリア，イエメンが破綻国家と化したことで，イスラーム過激主義勢力にとっての新たな「聖域」が生まれることにもなった。こうして再び，急進的なイデオロギーを掲げるイス

ラーム過激派勢力が一定数の大衆的支持を受けることになったのである。これらはアメリカの国益という観点から見ても、大きなマイナスとなった。

　このようにオバマ政権は、前政権のアメリカ的価値を前面に押し出した対中東政策を根本的に改め、リアリズムに立脚した政策を追求してきた。だが、結果的に、オバマ政権が任期を満了した2017年1月の時点で、中東の地域秩序は溶解し、アメリカの中東における影響力は低下の一途を辿り、イスラーム過激派勢力はかつてないほどに勢力を強めている（無論、これらの原因がすべてアメリカの対中東政策のみに帰するわけではないが）。仮にオバマ政権が中東においてアメリカ的価値の実現を熱心に追求していれば、現状はどのように変化しただろうか。この問いに答えることは現時点では容易ではない。ただ、中東においてアメリカが信奉する「自由」や「人権」、「正義」といった価値が暴力によって蹂躙されようとしていたときも、あるいはアメリカの国益が明白に侵害されようとしていたときも、オバマ政権は優柔不断に手をこまねき、効果的な政策を打ち出すことができなかった。これは紛れもない事実である。

5　アメリカと「非リベラルな覇権秩序」の行方

　ここまで見てきたように、アメリカは冷戦が終結し、同国の対外政策を大きく規定／制約してきたソ連という存在が消滅したことで、死活的な重要性を有する中東という地域に対して深く関与し始めるようになった。そのなかで、価値や理念といった（リベラリズム的な）要素が徐々に前面に出てくるようになり、こうした傾向は9・11事件以降、ブッシュ政権期においてピークを迎えた。リアリズム的色彩の強いオバマ政権の対中東政策は、こうした傾向に対する一種の揺り戻しと考えられよう。

　そして、アメリカが中東に対して深く関与していくなかで、中東の人々の多くはアメリカに対してネガティブなイメージ、もっといえば反米主義的意識を持つようになっていった。表4-1が示す通り、中東・イスラーム世界の多くの人々が期待を寄せたオバマ政権が任期最終年を迎えてもなお、アメリカに対するネガティブなイメージは多くの国でほとんど改善していない。

表 4-1　アメリカに対するイメージ　　　　　　　（単位：％）

年	エジプト		レバノン		ヨルダン		サウディ		UAE		イラク		トルコ		イラン	
	良い	悪い	良い	悪い	良い	悪い	良い	悪い	良い	悪い	良い	悪い	良い	悪い	良い	悪い
2012	10	87	21	79	24	73	62	33	28	69	13	79	33	66	8	88
2015	16	84	32	68	20	80	51	49	–	–	1	99	–	–	–	–
2016	38	62	52	46	35	65	28	72	28	69	6	94	21	79	12	87

出典：Zogby Research Services（2016）のデータをもとに筆者作成。

　こうした状況においては，アメリカに対してどれほど説得的・急進的な批判を展開できるかという点について，過激なイスラーム主義者と穏健なイスラーム主義者，そして既存の世俗的な政治エリートの間で競合が生じるようになり，より一層の支持を取り付けるために反米的言説を強化していくインセンティブが生まれるようになる。こうした競合のなかで極端なレトリックが次々に再生産されていき，それを耳にした一般の人々がさらに反米的意識を強めていく（Blydes and Linzer 2012）。こうした負のサイクルが，中東・イスラーム世界には既に形作られている。中東地域においては現在，たとえイデオロギー的基盤やイスラーム的正統性を持たない武装勢力であっても，「反米」を語るだけで少なからぬ大衆的支持を受けることが可能な状態にまでなっている。

　以上の結果として，ファン・コールが指摘するように，「恐らく，中東・イスラーム世界（イスラエルは除く）以上にアメリカの国益が社会に蔓延する反米主義によって阻害されている地域は，世界のどこにも存在しない」（Cole 2006：1125）という状況が生み出されてしまった。

　他方で，1980年代以降のアメリカの対中東政策において通奏低音となってきた「イスラーム脅威論」について言えば，本稿執筆時点（2017年7月時点）においても依然として，米国民の間に根強く偏在している。たとえばシブリー・テルハミーの調査によると，2011年4月の時点でアメリカ人の61％がイスラームに対して好ましくないイメージを抱いていたとされ，2015年11月の調査でも同様に61％（共和党支持者に限定すれば73％）がイスラームを「好ましくない」と回答している（なお，この調査では，多くのアメリカ人は「宗教としてのイスラーム」と「イスラーム教徒」を分けて考える傾向にあるとされ，一般的に後者よりも前者に対して悪い感情を抱く傾向にあるとも指摘されている）[8]。こうした事態はまさにハーツ

が60年前に危惧した通りのものであろう。

　現在，中東・イスラーム世界の大半の人々は，アメリカの奉じるリベラリズムの理念に対しては尊敬の念を抱いている。事実，2011年以降のいわゆる「アラブの春」においては，若者たちは「自由」や「民主主義」といったリベラルな価値の実現を声高に要求し，街頭へと繰り出した。さらに，アーセフ・バヤートが主張するように，このような人々の価値観の変化を反映して，近年ではイスラーム主義運動のなかでさえ，民主主義，個人の権利，寛容，そして男女平等といった（欧米的な意味での）リベラルな価値とイスラームは決して矛盾しないとする議論が一定の支持を集めつつある（Bayat 2013）。問題は，アメリカがその対中東政策のなかで，表向きのレトリックとは裏腹にそうした価値観を真剣に実現しようとしてこなかった——あるいは，中東の地政学的状況がそうした政策の追及を許さなかった——点にある。だが，アメリカがその理念をかなぐり捨てて，抑圧的な権威主義諸国とさえ手を組んで維持しようと試みてきた中東の「非リベラルな覇権秩序」は，「アラブの春」によって呆気なく瓦解してしまった。中東に安定的な地域秩序を構築し，アメリカがその国益を守るためには今後何が必要となってくるのか。これからも問い続けていく必要があるだろう。

注

(1) Woodrow Wilson, "The League of Nations. Address delivered at Boston, Mass., on February 24, 1919, on the plan for the League of Nations," https://archive.org/details/leagueofnationsa00wilsuoft（2017年7月1日最終閲覧）

(2) たとえばケナンは，1948年という冷戦初期の段階で，「政治的シオニズムの最終目標を支持すること」は，「中東におけるアメリカの安全保障上のあらゆる目標を阻害することになる」として，イスラエル建国を支持することはソ連に好機を与える可能性を高め，石油の取引権を危機に晒し，中東におけるアメリカの基本的な国益を損なうことになると警告していた（Slater 2002：167）。また，近年ではロバート・アートが「イスラエルはアメリカにとっての戦略的価値をほとんど有していない。むしろ，様々な面において戦略的負債である」と断じている（Art 2004：137）。

(3) 1990年代，イスラーム過激主義勢力がその主要な攻撃目標を，中東・イスラーム

世界の「不信仰」な現体制・為政者（＝「近い敵」）から，中東・イスラーム世界に対する「侵略者」たるアメリカ（＝「遠い敵」）へと変化させていく過程については，本書第12章，あるいは Gerges（2009）を参照。
(4) もっとも，こうしたホワイトハウスの方針とは別に，主として国務省や国際開発庁（USAID）を中心に，中東地域における草の根的な民主化支援も継続的に行われてきた（泉 2012；Sharp 2006）。だが，それらが実を結ぶことはほとんどなく，逆に中東諸国民はアメリカの真意についてますます疑心暗鬼を募らせていく結果となった。
(5) ロバート・ペイプも論じているように，「仮にどれほど最もかつ重要な理由があったとしても，何万もの米兵が1990年から2001年にかけてアラビア半島に駐留していたという事実こそが，アメリカ人に対するアル＝カーイダの自爆攻撃を誘発したのである」（Pape 2005：242）。この点については本書第12章も参照。
(6) http://www.nytimes.com/2009/04/06/us/politics/06obama-text.html（2017年7月1日最終閲覧）
(7) http://www.nytimes.com/2009/06/04/us/politics/04obama.text.html（2017年7月1日最終閲覧）
(8) https://www.brookings.edu/blog/markaz/2015/12/09/what-americans-really-think-about-muslims-and-islam/（2017年7月1日最終閲覧）

参考文献

泉淳（2012）「米国主導の中東民主化構想」吉川元・中村覚編『中東の予防外交』信山社。
猪口孝，マイケル・コックス，G．ジョン・アイケンベリー編（2006）『アメリカによる民主主義の推進——なぜその理念にこだわるのか』ミネルヴァ書房。
エスポズィート，ジョン・L．（1997）『イスラームの脅威——神話か現実か』内藤正典・宇佐美久子子監訳，明石書店。
オーウェン，ロジャー（2015）『現代中東の国家・権力・政治』山尾大・溝渕正季訳，明石書店。
キッシンジャー，ヘンリー・A．（1996）岡崎久彦訳『外交（上・下）』日本経済新聞社。
クレア，マイケル・T．（2004）柴田裕之訳『血と油——アメリカの石油獲得戦争』日本放送出版社。
ケナン，ジョージ（2000）近藤晋一・飯田藤次・有賀貞訳『アメリカ外交50年』岩波現代文庫。
ケペル，ジル（2006）丸岡高弘訳『ジハード——イスラム主義の発展と衰退』産業図書。

コール，スティーブ（2011）坂井定雄・伊藤力司・木村一浩訳『アフガン諜報戦争——CIA の見えざる闘い，ソ連侵攻から9・11前夜まで』白水社．
サイード，エドワード（2003）浅井信雄・岡真理・佐藤成文訳『イスラム報道［増補版］』みすず書房．
トクヴィル，アレクシス・ド（2005）松本礼二訳『アメリカのデモクラシー（第1巻上・下，第2巻上・下）』岩波書店．（原著は1835〜38年にフランスで出版）
パッカー，ジョージ（2008）豊田英子訳『イラク戦争のアメリカ』みすず書房．
マン，ジェームズ（2004）渡辺昭夫監訳『ウルカヌスの群像——ブッシュ政権とイラク戦争』共同通信社．
溝渕正季（2016）「冷戦後の国際政治と中東地域の構造変容——米国の対中東政策を中心に」松尾昌樹・岡野内正・吉川卓郎編『中東の新たな秩序』ミネルヴァ書房．
——（2017）「米国——オバマ政権の『対テロ戦争』と『IS』」山内昌之編『中東とISの地政学——イスラーム，アメリカ，ロシアから読む21世紀』朝日新聞出版．
ライト，ローレンス（2009）平賀秀明訳『倒壊する巨塔——アルカイダと「9・11」への道（上・下）』白水社．
ラフィーバー，ウォルター（2012）平田雅己・伊藤裕子訳『アメリカVSロシア——冷戦時代とその遺産』芦書房．
Art, Robert (2004) *A Grand Strategy for America*. Ithaca, NY：Cornell University Press.
Baram, Amatzia (2000) "The Effect of Iraqi Sanctions：Statistical Pitfalls and Responsibility," *Middle East Journal*, 54(2)：194-223.
Bayat, Asef (2013) "Post-Islamism at Large," in Asef Bayat ed. *Post-Islamism: The Changing Faces of Political Islam*. Oxford：Oxford University Press.
Bellin, Eva (2004) "The Robustness of Authoritarianism in the Middle East：Exceptionalism in Comparative," *Comparative Politics*, 36(2)：139-157.
Blanford, Nicholas (2006) "America's Double Standard on Democracy in the Middle East," *Time*, December 22.
Blaydes, Lisa, and Drew A. Linzer (2012) "Elite Competition, Religiosity, and Anti-Americanism in the Islamic World," *American Political Science Review*, 106(2)：225-243.
Brownlee, Jason (2012) *Democracy Prevention : The Politics of the U. S.-Egypt Alliance*. Cambridge：Cambridge University Press.
Bush, George W. (2002) *National Security Strategy of the United States of America*. Washington, DC：White House.
—— (2006) *National Security Strategy of the United States of America*.

第Ⅱ部　世界に広がるイスラーム主義運動

Washington, DC : White House.
Carothers, Thomas (1999) *Aiding Democracy Abroad: The Learning Curve.* Washington : Carnegie Endowment for International Peace.
Cole, Juan (2006) "Anti-Americanism : It's the Policies," *American Historical Review Forum*, 111(4) : 1120-1129.
Cordesman, Anthony H. and Abraham R. Wagner (1999) *The Lessons of Modern War, Vol. II: The Iran-Iraq War.* Boulder, CO : Westview Press.
Diamond, Larry (2010) "Why Are There No Arab Democracies?" *Journal of Democracy*, 21(1) : 93-112.
Doyle, Michael W. (1996) *The Ways of War and Peace: Realism, Liberalism and Socialism.* New York : W. W. Norton.
Gause, F. Gregory (2010) *The International Relations of the Persian Gulf.* Cambridge : Cambridge University Press.
――― (2012) "From 'Over the Horizon' to 'Into the Backyard' : The US-Saudi Relationship in the Gulf," in David W. Lesch and Mark L. Haas eds., *The Middle East and the United States: History, Politics, and Ideologies*, 5th ed. New York : Westview Press.
Gerges, Fawaz A. (1999) *America and Political Islam: Clash of Cultures or Clash of Interests?* Cambridge : Cambridge University Press.
――― (2009) *The Far Enemy: Why Jihad Went Global*, New ed., New York : Cambridge University Press.
――― (2012) *Obama and the Middle East: The End of America's Moment?*, New York : Palgrave Macmillan.
Hartz, Louis (1955) *The Liberal Tradition in America.* San Diego, Ca : Harcourt, Brace, Jovanovich.（邦訳はルイス・ハーツ［1994］『アメリカ自由主義の伝統』有賀貞訳，講談社）
Hunt, Michael H. (1987) *Ideology and U.S. Foreign Policy.* New Haven, CT : Yale University Press.
Ikenberry, G. John (2011) *Liberal Leviathan: The Origins, Crisis, and Transformation of the American World Order.* Princeton, NJ : Princeton University Press.
Jamal, Amaney A. (2012) *Of Empires and Citizens : Pro-American Democracy or No Democracy at All?*, Princeton, NJ : Princeton University Press.
Keohane, Robert O. and Joseph S. Nye (1977) *Power and Interdependence: World Politics in Transition.* Boston : Little, Brown.
Kissinger, Henry (1979) *White House Years.* Boston : Little, Brown.
Lust-Okar, Ellen (2005) *Structuring Conflict in the Arab World: Incumbents,*

第 4 章　国際政治のなかのイスラーム主義運動

Opponents and Institutions. Cambridge：Cambridge University Press.
McAlister, Melani（2001）*Epic Encounters: Culture, Media, and U. S. Interests in the Middle East, 1945-2000*. Berkeley, CA：University of California Press.
Monten, Jonathan（2005）"The Roots of the Bush Doctrine：Power, Nationalism, and Democracy Promotion in U.S. Strategy," *International Security*, 29(4)：112-156.
Pape, Robert A.（2005）*Dying to Win: The Strategic Logic of Suicide Terrorism*. Ithaca, NY：Cornell University Press.
Podhoretz, Norman（2007）*World War IV: The Long Struggle Against Islamofascism*. New York：Doubleday.
Posen, Barry R.（2003）"Command of the Commons：The Military Foundation of U.S. Hegemony," *International Security*, 28(1)：5-46.
Schlesinger, James（1992/93）"Quest for a Post-Cold War Foreign Policy," *Foreign Affairs*, 72(1)：17-28.
Sharp, Jeremy M.（2006）"U.S. Democracy Promotion Policy in the Middle East：The Islamist Dilemma," CRS Report for Congress, Order Code RL33486.
Sick, Gary（2012）"The United States in the Persian Gulf：From Twin Pillars to Dual Containment," in David W. Lesch and Mark L. Haas, eds., *The Middle East and the United States: History, Politics, and Ideologies*, 5th ed. New York：Westview Press.
Slater, Jerome（2002）"Ideology vs. the National Interest：Bush, Sharon, and U.S. Policy in the Israeli-Palestinian Conflict," *Security Studies*, 12(1)：164-206.
Slaughter, Anne-Marie（2008）"Podhoretz's Complaint," *Democracy: A Journal of Ideas*, 7：73-80.
Smith, Tony（1994）*America's Mission: The United States and the Worldwide Struggle for Democracy in the Twentieth Century*. Princeton, NJ：Princeton University Press.
Zogby Research Services（2016）"Middle East 2016：Current Conditions and the Road Ahead," November.

第5章
ヨーロッパにおけるイスラーム主義の興隆
――ムスリム同胞団の浸透とスウェーデンの政党政治の変動――

清水　謙

1　スウェーデンとイスラーム

　「彼らこそは，アッラーの創造せられたものの中で，最も不潔な人たちであり（中略），まるで［道に］迷えるロバたちのようである」（ファドラーン 2009：259-260）。10世紀初頭，ヴァイキングの一派でのちにノヴゴロド公国とキエフ公国を打ち立てたルース人について「リサーラ」（報告書）にこう書き記したのは，アッバース朝第18代目カリフのムクタディルによってサカーリバ国王に遣わされた外交使節団の随員イブン・ファドラーンであった。ヴァイキングたちはビザンツ帝国の調度品やイスラーム王朝の銀貨などを得るために広く交易を行っていたが，ファドラーンが見たルース人とは，交易のために船でヴォルガ川を下って宿陣するヴァイキングたちの姿であった。こうした活発な交易を示すものとして北欧の遺跡からディルハム銀貨やディナール金貨などが数多く出土している。また，「東方」への遠征の旅路でおそらく戦などで帰らぬ身となった若者たちを追悼するルーン碑文も発見され，当時の貴重な史料として残されている。

　ファドラーンの記録から約1,000年を経た北欧では，後世になって理想像として創りだされたヴァイキング像や北欧神話を源泉とするナショナリズムを掲げる極右政党が1980年代後半から台頭してきた。しかし，全盛を誇ったバグダードの町から出立したファドラーンやイブン・ハウカルらがそのヴァイキングたちを「野蛮人」のように描写している記述を紐解くと，そのようなナショナリズムのレトリックは撞着をきたすこととなる。こうした矛盾は北欧に限ら

103

ない。古代ローマ帝国の分裂と滅亡後，西ヨーロッパが忘却してしまった古代ギリシャの学知はイスラーム世界でアラビア語に翻訳されてさらなる研究が進められていた。アリストテレスやプラトン，ユークリッドやアルキメデスなどが西ヨーロッパで再び知られるようになるのは，国土再征服運動（レコンキスタ），地中海貿易の活発化などを通してイスラームと邂逅してからのことである。古代ギリシャとイスラームの高度な科学と文化をラテン語に翻訳して吸収することで生まれた西ヨーロッパの知的興隆は，後世になって「12世紀ルネサンス」と呼ばれるようになったが，西ヨーロッパ世界の発展はこうしたイスラームの影響を抜きに語ることはできない。

　にもかかわらず今日のヨーロッパでは，イスラームを後進的と捉えてイスラームを社会的脅威と捉えるイスラモフォビアが広がりつつある。しかし，中東での紛争やヨーロッパへの大規模難民，あるいはテロなどの問題の根源は，もとを正せばほかならぬ西洋列強による植民地支配に求められ，旧宗主国が負うべき責任は大きい。本書のテーマであるイスラーム主義も，植民地となったイスラーム地域において西洋的な近代化が進行するなかでイスラーム的価値観の実現を目指す政治的イデオロギーとして生まれたものである。

　一方スウェーデンは，17世紀から他のヨーロッパ諸国と同様に海外植民地を経営したものの，1878年までにはそのすべてを手放している。その植民地とは，北米はデラウェア川河口地域やカリブ海に浮かぶサン・バルテルミー島，キリスト教圏の西アフリカのギニア湾沿岸部（現在のガーナ南部）などわずかに過ぎず，イスラーム地域にまでは及ばなかった。むしろ，スウェーデンは1950年代後半には脱植民地化を促す旗手となり，「積極的外交政策」の一環として積極的に中東やアフリカなどから移民／難民を受け入れた。さらに長期にわたって政権を担った社会民主党が国内外のイスラーム主義組織と連携してきたという特徴を持つ。そこで本章では，スウェーデンとイスラームとの交流史を辿りながら，イスラーム主義を追求する運動体のなかで最も成功を収め，勢力を拡大した組織である「ムスリム同胞団」の活動に着目して，スウェーデンを舞台にイスラーム主義の興隆と政党政治への影響を論じていく。

第5章　ヨーロッパにおけるイスラーム主義の興隆

2　イスラームとの再会と関心の高まり

オスマン帝国との同盟

　第1節で述べたようにスウェーデンとイスラームとの接触は古くにさかのぼる。しかし，北欧地域もキリスト教化していき，1055年のヴァイキング時代の終焉とともにヨーロッパの中世王国に変貌していくなかでイスラームとの交流は薄れていく。その後，スウェーデンがイスラーム王朝と外交関係を結ぶのは，宿敵ロシアとの戦いで優位に立とうとオスマン帝国に接近する17世紀後半のことである。1657年にカール10世は王国参事官クラース・ローランブ（Claes Rålamb）をイスタンブルに派遣してメフメット4世の後ろ盾を得ようとするが，スウェーデン側の要請がオスマン帝国にとって片務的であったことから同盟の成立には至らなかった。しかし，ローランブが描きとめたスケッチはイスラームを知るための貴重な史料として残された。(3) そののち，大北方戦争（1700～21年）においてフランスとともにオスマン帝国と同盟を結んだカール12世が1709年のポルタヴァの戦いでロシアに大敗を喫した際には，オスマン帝国のベンデルに落ち延びるなど結び付きが強まっていった。その後，プルト条約でロシアとオスマン帝国との間で和平が結ばれると，ロシアとの徹底抗戦を唱えるカール12世は次第に疎ましい存在となり，アフメット3世は1713年に武力を用いてカール12世を追放した。カール12世は1714年にスウェーデンに帰還するが，トルコ料理の「ドルマ」（日本の「ロールキャベツ」に相当し，スウェーデン語では「コールドルマル」という）をスウェーデンに伝えたほか，帰還後もスウェーデンにおいてイスラームにある程度の影響を与えた。当時の「教会法」によればスウェーデンの支配領域に居住するすべての者はスウェーデン国教会徒でなければならないとする厳格な国教会制度を敷いていたにもかかわらず，1718年にはスウェーデン南部のカールスクローナにいるユダヤ教徒とイスラーム教徒に礼拝，割礼，埋葬の自由を密かに執り行うことを条件に黙認したからである。その背景には，スウェーデン王権が戦費捻出のためにユダヤ商人やイスラーム商人から莫大な借入金を抱えていたという事情があった。そのため，カール12

世が帰還した際には十数人のユダヤ教徒とイスラーム教徒がその債権を回収すべくスウェーデンまで同行してきており，カール12世も彼らに便宜を図らざるを得なかった。18世紀末には啓蒙専制君主グスタヴ3世の勅定によりユダヤ商人に庇護が与えられ，本来は異教徒が14日を超えてスウェーデンに滞在する際に義務付けられていた福音主義ルター派への改宗も免除された。さらに宗教的マイノリティーへの対応として，1809年に発布された憲法典の1つである政体法では1634年および1772年の政体法第1条に明記されていた「正統な礼拝式」(den rätta gudstjänsten) の文言が削除され，社会的安定を脅かさない限り，原則的にスウェーデン国教会以外の宗教にも信教の自由が認められた。ちなみに，スウェーデンで信教の自由が完全に認められるようになったのは1952年であり，さらに国教会が出生届の受理や住民登録などの業務を担うことが廃止されたのは国教会制度が解消した2000年のことであった。

オリエンタリズムとエジプトへの巡歴

　スウェーデンでイスラームへの関心が高まるのは他のヨーロッパ諸国同様，オリエントへの憧憬が広まる19世紀に入ってからである。スウェーデン人で最初にムスリムとなったのは，神秘主義思想家エマーニュエル・スヴェーデンボリ (Emanuel Swedenborg) の薫陶を受けた画家イーヴァン・アゲーリ (Ivan Aguéli) である。彼は，1898年にイスラームに改宗してアブドゥル・アブ＝ハリ・アキリと名乗り，カイロのアズハル学院でアラビア語とイスラーム哲学を習得した。その後，スーフィズムに傾倒して1902年にシャーズィーリー教団に加わり，1911年にはフランスの思想家ルネ・ゲノン (René Guénon) を入団させている。聖典『クルアーン』のスウェーデン語による注釈書が登場するのもこの時代のことであり，1917年に刊行されたウップサーラ大学教授カール・ヴィルヘルム・セッテシュテーン (Karl Vilhelm Zetterstéen) の注釈書は，長らくスウェーデンにおいて定番となった。その後，スウェーデン人の外交官で1986年にイスラームに改宗したモハンメッド・クニュート・バーンシュトゥルム (Mohammed Knut Bernström) が1998年に出版した注釈書『クルアーンの宣託』(Koranens budskap) は，アズハル学院公認の注釈書としての地位を得るに至っ

ている。セッテシュテーンとバーンシュトゥルムの注釈書の違いは、前者がウップサーラ大学教授かつウップサーラ大主教であったナータン・スーデルブロム（Nathan Söderblom）のもとで宗教学の学術研究のためにイスラーム誕生当時のアラビア語に忠実たろうとしたのに対して、後者はヨーロッパ人ムスリムの指導者的存在であったムハンマド・アサドの注釈書を参考にスウェーデンで暮らすムスリムがイスラームを実践するために出版されたことにある。信教の自由が確立してからの正確な統計は存在しないが、1930年の時点でスウェーデンでムスリムと自認していた者はわずか15名であったのに対して、現在では35～40万人とも言われており（Larsson 2009：56）、急増したムスリムのための注釈書が求められたことがうかがわれる。スウェーデンは第二次世界大戦後の経済成長期に深刻な労働力不足を補うためにトルコなどから労働移民を招いており、1970年代以降は中東やアフリカなどから多くの難民を受け入れてきたことでスウェーデンのムスリム人口は大きく増加していった。これらが要因となりスウェーデンにおいてイスラーム主義が徐々に浸透していくことになる。

3　移民／難民とイスラーム・コミュニティーの形成

オリエンタリズムとヨーロッパの優生学思想

　ヨーロッパにおけるオリエントへの憧憬の裏には、19世紀から20世紀にかけて、あるいはいま現在においても、オリエンタリズムと呼ばれる「オリエントを支配し再構成し威圧する西洋の様式（スタイル）」が存在し、こうした言説（ディスクール）は列強の植民地支配でヨーロッパが優越するヘゲモニーを生み出してきた（サイード 1993 上：17-33）。こと植民地主義に関しては、1889年のパリ万国博覧会でアフリカを中心に「未開の地」とされた植民地の住民を展示するパビリオンさえも設置された。本書のテーマであるイスラーム主義は、その植民地支配下における西洋的価値観の流入に対抗するために誕生した。

　さらに19世紀から第二次世界大戦が終結する20世紀半ばまでヨーロッパには社会ダーウィニズム的な優生学思想が蔓延していたことも忘れてはならない。その最たる例としてナチス・ドイツが想起されるだろう。とはいえ、決してド

イツが特異であったわけではない。程度の差こそあれ同様のことは他のヨーロッパ諸国においても見られ、むしろその風潮は当時のヨーロッパ思想の主流であったと考えるべきである（マゾワー 2015）。スウェーデンは優生学を国家主導で体系化して実践した国であった。

スウェーデンでは優生学は「人種生物学」と呼ばれ、植物学者カール・フォン・リネー（Carl von Linné）の植物分類法に倣って人間の頭蓋骨の形を「頭示数」で数値化し、その優劣を判定する方法をアンデシュ・レッツィウス（Anders Retzius）が考案したことからヨーロッパ全土に広がっていく。この手法を基にヨーロッパの優位性が"科学的"に正当化されていき、のちにはナチスの理論的基礎にもなったと言われる。1922年には超党派の議会決議を経てスウェーデン政府は大学都市ウップサーラに「国立人種生物学研究所」を設立した。その研究目的は社会民主主義的な福祉国家を形成するにあたって、スウェーデンの「純血性」を維持し、国家にとって有益となる画一的な国民を形成することにあった。すなわちこれは、効率的な福祉国家を建設するためには社会にとって負担となる障碍者を強制避妊などによって排除し、なおかつ健常者の健康を増進するために人体実験に用いることをも容認することを意味していた。労働市場を保護する目的とともに、この純血思想は1914年と1927年にそれぞれ制定された「外国人退去法」と「外国人法」の骨子となり、ドイツとの結び付きが強かったスウェーデンにおいては1941年までユダヤ人難民を厳しく制限する方針に繋がった。さらにスウェーデンは、国内各地に強制収容所を14カ所建設し、スウェーデンの「中立」と安全保障を脅かすおそれのある外国人やそのような言動をした者などを令状なしに強制的に収容する政策もとっていた（Berglund and Sennerteg 2008）。

しかし、第二次世界大戦末期にはこうした排外的な政策に対し、スウェーデン政府に慙愧の念が生じ、リッカルド・サンドレル（Rickard Sandler）元首相・外相を委員長とする「サンドレル委員会」が発足した。同委員会では、スウェーデンの外国人政策などが不必要なまでに厳格であった上に、その転換さえも遅きに失したと指摘され、国策の誤りが総括された（SOU 1946：34, 1946：93, 1948：7）。

第**5**章　ヨーロッパにおけるイスラーム主義の興隆

スウェーデンへと移住するイスラーム教徒

　この反省の上に立って，戦後スウェーデンは積極的に移民／難民を受け入れるようになり，現在ではヨーロッパでも最も移民／難民に寛容な国の1つと言われている。そこで本節ではイスラーム教徒がスウェーデンへ移り住んでくる流れを3つに区分してみていくことにしよう（Larsson 2009：57-58）。

　1つ目が外国人労働者の招致である。スウェーデンは第二次世界大戦後，急速な経済成長を迎えたが，同時に深刻な労働力不足にも悩まされた。そのためイタリア，ユーゴスラヴィア，ギリシャ，そしてトルコなどと相互協定を結んで1973年に発生した第四次中東戦争によるオイルショックで停止されるまで多くの労働移民を招聘した。スウェーデン北部に暮らすサーミ族やトーネダール・フィンランド人などを除けば，マイノリティーという集団は戦後になって形成されていった。なかでも1980年代まではトルコ系住民が最も大きなマイノリティー集団であった。しかし，1960年代に入るとこうしたマイノリティーが抱く疎外感も浮かび上がってきた。1964年10月21日，スウェーデンの全国紙である『ダーゲンス・ニューヘーテル』（Dagens Nyheter：以下DN）の「討論欄」（DN Debatt）に「スウェーデンにおける外国人問題」と題される記事が掲載された。記事の執筆者はポーランド生まれでナチスの強制収容所に収容された経験のあったユダヤ人ジャーナリストのダーヴィッド・シュヴァルツ（David Schwarz）であった。シュヴァルツがこの記事で指摘したのは，スウェーデン政府の移民政策は移民がスウェーデンへ同化することを当然視しているが，実際には移民の間ではスウェーデン社会の中で疎外感が広がっていることであった。この問題の解決策としてスウェーデン人と移民とが互いの文化を尊重し合う多文化社会を目指す必要があるとシュヴァルツは論じており，もし疎外感を残して移民を受け入れ続ければ，いずれスウェーデン社会に深刻な問題を引き起こすであろうと警鐘を鳴らした。スウェーデンは同化政策から後に統合政策に転換するのだが，この指摘はスウェーデン社会が抱える移民／難民のセグリゲーションの問題に通底するものであった。今日ではこうした「セグリゲーション」がイスラーム国によるメンバー勧誘の温床となっている（清水 2015a）。

　2つ目の区分は外国人労働者の家族や親族らのスウェーデン移住である。外

国人労働者は主に男性が単身赴任したが，スウェーデン永住を前提とはしていなかった。しかし，外国人労働者の配偶者や子供らもスウェーデンに移住してくるようになり，1970年代前半までに状況は劇的に変化した。また，ちょうどこの頃，スウェーデンをはじめとする北欧諸国では，若年層を中心に女性運動や同性愛を含む性の解放と性的自己決定権などが大きな社会運動として高まっていた時代でもあった。しかし，イスラーム教徒からすればハラーム（禁忌）というべきものも多く含まれる生活様式が主流を占めつつあるスウェーデンで家族が集合して暮らすようになると，特に年頃の子供のいる家庭にとっては奔放不羈にさえ映るスウェーデン社会で暮らしていくことへの不安も生じてくる。そこで，スウェーデン社会の価値観から自分たちを守る役割を果たすものとしてイスラーム的価値観を強く意識するようになり，イスラーム主義が求められていった。これにはサラフィー主義も含まれる。移民たちは主にストックホルム，ユーテボリ，マルムーの3大都市や産業のあるもしくは経済状況の良い町や地域に集住したことから，イスラームは都市型の現象という特徴を持つようになる。

　しかし，防波堤たらんとしたのはイスラーム主義だけではなかったことも指摘しておかなければならない。スウェーデン社会の世俗化に危機感を抱いていたのはキリスト教徒たちも同じであった。失われつつある旧来のキリスト教的価値観を取り戻すことを目指して，1964年にはキリスト教民主連合が結党された。ちなみに，今日ではキリスト教民主党として議会に16議席を有している。

　そして3つ目の区分が，難民である。特に，パレスチナ，レバノン，イラン，イラク，ボスニア，ソマリア，シリアなどからの難民が多数を占めた。移民研究における「プッシュープル理論」（push-pull theory）では，紛争や内戦，あるいは経済的理由など，自国を離れて他国に移り住む要因を「プッシュ要因」というが，移り住むにあたって移民／難民が移住先を選ぶインセンティブになる要因を「プル要因」という。それには移住先の候補国の経済的繁栄や政治的安定性などが挙げられる。スウェーデンにおける経済史の分野では，スウェーデンの経済的繁栄や高福祉がプル要因として挙げられてきたが（Lundh & Ohlsson 1999），外交史研究ではそれらの理由にとどまらず，スウェーデンが人権を重

視して積極的に移民／難民を受け入れてきたことも大きなプル要因となっていることが指摘されている（Demker and Malmström 1999）。この点について詳しく見ていこう。

「積極的外交政策」と中東からの移民／難民の受け入れ

　戦後，スウェーデンは多くの難民を受け入れるようにはなったが，当初これは必ずしも人道的理由によるものではなかった。1956年のハンガリー革命に際しては，オーストリアやユーゴスラヴィアにあった難民キャンプでスウェーデンの経済発展に貢献すると考えられるハンガリー人を選抜して受け入れるなど経済的利益を優先することに重点が置かれていた（Svensson 1992）。もとより，社会民主党の1944年党綱領にも国際問題についての言及はほとんどなく，スウェーデンの社会民主主義はスウェーデンの労働者のためのものであった。

　その状況を変えたのが1954年に勃発したアルジェリア戦争であった。スウェーデン政府としてはアルジェリアの独立問題はフランスの内政問題としてフランスの立場を支持していたが，1958年頃からスウェーデンの方針に変化が見えはじめる。スウェーデンの外交方針を転換させたのは，ヨーロッパ各国で情報収集にあたっていたスウェーデンの外交官が本国に報告してくるアルジェリアでの人権状況であった。スウェーデン外務省は当初，さほど人権問題に関心を示さなかったが，フランス軍によるアルジェリア人への拷問など非人道的行為が取りざたされるようになるとスウェーデン国内でもアルジェリアの人権問題への関心が高まっていった。一方，高等教育を継続できるようにとアルジェリア人学生をスウェーデンに積極的に受け入れ，これらの学生を通してスウェーデン人学生にもアルジェリアの状況がより詳しく伝わり，社会民主党青年部も活発に運動をするようになる。そして，1959年には国連総会でアルジェリアの独立承認に西側諸国のなかで唯一賛成票を投じた。スウェーデンはこれを機に，国際法学者として人権や平和に関心を持っていたウステン・ウンデーン（Östen Undén）外相の下で「脱植民地化」を推進する外交方針を明確に打ち出すこととなった。最も重要なことは，1960年に社会民主党が党綱領を改定したことである。新綱領ではそれまで見られなかった発展途上国の貧困問題や経

済的支援などが盛り込まれ，さらに1962年にはGDPの1％を開発援助に充てることを議会で決議した。これは社会民主党が加盟する社会主義インターナショナルにおける議論を反映させたものであったが，この新方針によって，スウェーデンは「積極的外交政策」(Den aktiva utrikespolitiken) と呼ばれる人権や平和，軍縮といった国際問題に積極的にコミットしていくことになっていった。したがって，アルジェリア独立戦争は「スウェーデンの外交を変えた戦争」とまで評されている (Demker 1996)。今日では「積極的外交政策」はスウェーデン外交の代名詞となっているが，スウェーデンの社会民主主義が国際政治のレベルにまで昇華していったといってもよいであろう (Bjereld 2007：47)。寛容な移民／難民の受け入れはこの「積極的外交政策」の一環として行われており，スウェーデンに移住を希望する難民も，移住に際しては人権問題に重点を置いているスウェーデンならば人道的に手厚い保護を受けられることを期待してスウェーデンを目指していることも中東難民を対象とした調査から確認できる (清水 2016)。

イスラーム主義組織と社会民主党との連携

　もう1つ指摘しておかなければならないのは，社会民主党とアラブの対イスラエル武装闘争との連帯である。スウェーデンは1947年11月29日の国連総会決議181 (II) (「パレスチナ分割決議」) に賛成して以来，1960年代初頭までイスラエルを擁護する姿勢をとっていた。しかし，1967年6月5日に勃発した第三次中東戦争を機にスウェーデンはイスラエル寄りの姿勢に慎重になり始め，1974年を境に明確にパレスチナ支援を打ち出すようになった。こうした政策転換には国内の世論も呼応しており，1973年まで49％がイスラエルに好感を持っていたが，1986年には20％にまで低下し，第一次インティファーダ (1987～93年) の時期に急降下して1988年には9％にまで落ち込んだ (Bjereld 2005)[4]。

　1967年11月22日，イスラエル軍の占領地の撤退に加えて，難民の公正な処遇などが盛り込まれた国連安全保障理事会決議242が採択された。スウェーデンはイスラエルがいまや占領者となったとして問題解決の前提として領土をまず第三次中東戦争以前の状態に戻すことを求め，そしてパレスチナ人については

難民としてではなく正統な民族的権利を有する人々と考えるようになった。すなわち,「アラブ・イスラエル紛争のパレスチナ化」(臼杵 2013 : 283) によって,スウェーデンはイスラエルとアラブ諸国との国家間紛争とみなしていた中東紛争への認識をイスラエルとパレスチナ人との民族間紛争へと見直しをし,PLO をパレスチナ側の正式な代表者と認めるに至った (Bjereld 2008 : 264-250)。この転換によって,スウェーデンはヤースィル・アラファート PLO 議長による国連総会での演説の実現にも賛成票を投じている。また,1974年11月12日にアルジェリアを公式訪問中のオーロフ・パルメ (Olof Palme) をアラファートが晩餐の席に突如同席する形で電撃会談を持ち,その翌日の13日にアラファートは国連総会で「銃とオリーブの枝」演説を行った。

　それ以降,スウェーデンの社会民主党はパレスチナと親密な友好関係を保っており,アラファートもしばしばスウェーデンを訪問するなどパルメとの信頼関係を築いていった。またスウェーデンの首相や外相らもパレスチナ自治政府の本部が置かれているラーマッラーでアラファートやマフムード・アッバース議長らと首脳会談を行っている。2006年5月には「ハマース」の閣僚数名が非公式ながらスウェーデンを訪問し,スウェーデン南部の都市マルムー (Malmö) に多く居住するパレスチナ人たちの歓迎を受けた。このハマースはムスリム同胞団のパレスチナ支部として1987年にアフマード・ヤースィーンが設立した組織である。2006年9月に社会民主党は下野するが,野党時代の2009年1月にモーナ・サリーン (Mona Sahlin) 党首と前外務大臣であり前国連総会議長のヤーン・エリーアソン (Jan Eliasson) がイスラエルのガザ攻撃に対する抗議デモにも参加している。この抗議デモでは,ハマースとヒズブッラーの旗も掲げられ,デモの終盤ではイスラエル国旗が燃やされている。一方,社会民主党とこれらの組織との親密な関係はイスラエルの反発を招いてきた。またスウェーデンも加盟する EU ではハマースとヒズブッラーはテロ組織に認定されていることから,他の EU 加盟国や野党からも懸念が示されてきた。しかし,社会民主党はイスラエルに対する抗議運動への支援を堅持し,再び与党となった2014年10月30日にヨーロッパ諸国のなかで初めてパレスチナを国家承認するまでに至っている。(5)

このように長期にわたって政権を担ってきた社会民主党がパレスチナとの連携を深め支持してきたことは，スウェーデンにおいてイスラーム主義が浸透する土壌を形成するのに寄与していった。また，少数政権の社会民主党に閣外協力してきた「環境党・緑」と「左派党」も反イスラエル色の強い政党といえる。そこで，ヨーロッパにおけるムスリム同胞団の成り立ちとその特徴を整理した上で，スウェーデンの政党政治においてどのようにイスラーム主義が浸透していったのかを見ていくことにしよう。

4　ヨーロッパのムスリム同胞団ネットワーク

南スラヴにおけるイスラーム主義とムスリム同胞団

近年の研究では，ヨーロッパにおいてもムスリム同胞団がイスラーム主義を牽引していることが指摘されている。ヨーロッパにおけるムスリム同胞団とは，エジプトやシリアなど各々の出身国での弾圧から逃れてきた，高等教育を受けた都市部の中流階級の学生らが移住先のホスト国で展開したイスラーム主義運動体であり，1950年代にはすでにその原型が見られるという（Vidino 2010：105）。

しかし，これは第二次世界大戦後の西欧について言えることである。東欧に目を向ければ，ボスニア・ヘルツェゴヴィナ，コソヴォ，アルバニアなどはオスマン帝国下でイスラーム化したためイスラーム教徒も多く，20世紀の初頭にオーストリア＝ハンガリー帝国の施政下にあったボスニア・ヘルツェゴヴィナではイスラームを掲げて住民の自治を求める政党が結党されていた。また，1941年にはエジプトから影響を受けたムスリム同胞団系の組織「青年ムスリム」（Mladi muslimani）も結成されていた（Bougarel 1997：ケペル 2006）。この「青年ムスリム」には，ユーゴスラヴィア社会主義連邦共和国が崩壊していくなかで，1990年にボスニア・ヘルツェゴヴィナの初代大統領に就任するアリヤ・イゼトベゴヴィッチも参加していた。イゼトベゴヴィッチは，1970年にパキスタンを政治的な理想像として描いた『イスラーム宣言』を著したことでも知られているが，急進的なイスラーム主義者というわけではなかった。イゼト

ベゴヴィッチは，信仰の強い地方やイスラーム諸国に対してはイスラーム的な価値観で臨んでいた一方で，都市部のエリート層や西欧に対しては世俗的な価値観で臨むという便宜的な二面性を使い分けていたことが指摘されている（Ramet 2006：422-424）。

ヨーロッパにおけるムスリム同胞団の活動とその理念

このようにヨーロッパには東欧のように何世紀にもわたってその地域に根付いたイスラームも存在するが，ここで取り上げるのは移民／難民などの人の国際的移動によって戦後のヨーロッパに広まったイスラーム主義である。ヨーロッパのムスリム同胞団を論じる上で，その思想的系譜は継承しながらも，中東のムスリム同胞団との強固な組織的繋がりについてはさほど重要ではない。そもそも，ヨーロッパにおいて公式にムスリム同胞団を名乗る組織は存在せず，ましてや中東で活動するいかなるムスリム同胞団の支部ですらない。むしろ，ヨーロッパのムスリム同胞団は共通の思想を持ち合わせた個人間の繋がりを基礎にモスク，シンクタンク，慈善団体，出版物などを通してトランスナショナルに展開するネットワークとして機能している。その意味においてヨーロッパのムスリム同胞団を「新しいヨーロッパ同胞団」（New European Brotherhood）あるいは「ヨーロッパムスリム同胞団」（European Muslim Brotherhood）と呼ぶ研究者もいる（Vidino 2010：111, 2012：56-57）。このトランスナショナルなネットワーク化はムスリム同胞団が「思想潮流化」（横田 2006, 2012, 2014）している特徴と符合するものであるといえよう（本書第8章を参照）。ヨーロッパのムスリム同胞団は活動拠点を置く国ごとの実情に合わせて活動をしており，その活動方針についても自主独立していることが指摘されている（Vidino 2012：57）。活動資金については湾岸諸国からの資金援助を受けてはいたが，自己資金化を図るべく1982年にムスリム同胞団の幹部らによってヨーロッパで最初のイスラーム銀行である「デンマーク国際イスラーム銀行」（Islamic Bank International of Denmark）も設立された（Vidino 2012：60-61）。財政と組織運営についていえば，スウェーデンでは宗教協会や文化協会などは規模に応じて政府から補助金を受けることができる。この補助金交付制度を利用する要件として民主的で

オープンかつ詳細な活動報告が求められるが，中東で非合法組織としての活動を強いられた経験からスウェーデン型のフルオープンな活動への抵抗もあり，内部での摩擦が生じているとの指摘もある（Roald 2012：80）。

　では，ヨーロッパに展開するムスリム同胞団ネットワークはどのような特徴を持ち，いかなる理念を有しているのであろうか。古典的なイスラームの理解によれば，世界はダール・アル＝イスラーム（イスラームの家）とダール・アル＝ハルブ（戦争の家あるいは無法の地）に二分される。前者はイスラームが実践され，イスラーム法であるシャリーアが適用されている地域を指し，後者はイスラームが実践されていない異教徒が住む無法の地であり，ムスリムにはジハード（聖戦）によってイスラーム化することが求められる。しかしながら，イスラーム主義を追求しながらもヨーロッパのムスリム同胞団はこのような二分法を採用していない。なぜなら，確かにヨーロッパではシャリーアが適用されないことからダール・アル＝イスラームではあり得ないながらも，信教の自由によってムスリムがイスラームを自由に実践することが認められているため，必ずしもダール・アル＝ハルブとも言えないからである。そこでヨーロッパのムスリム同胞団のイスラーム法学者は，自分たちの暮らすヨーロッパを平和的手段による教宣（ダアワ）の地と捉えて「ダール・アル＝ダアワ」と定義し，異国の地でムスリムとしてのアイデンティティーを確立していくことを目的とすることでこの問題の解消を図っている（Vidino 2010：106-107, 2012：54f）。

　ヨーロッパのムスリム同胞団ネットワークは，ヨーロッパを本拠地にして中東地域の世俗的な体制に対してはダアワや暴力的手段で抵抗する余地を残しているが，イスラーム国家の樹立を目指す念願はもはや持っておらず，過激な手段でヨーロッパを完全にイスラーム化する野心もないとされる。ヨーロッパにおけるムスリム同胞団ネットワークの活動目的は，マイノリティーとして生きるムスリムを結束させて自己のアイデンティティーを確立させ，ヨーロッパ社会と共存しうる「ムスリム市民社会」を形成することにある。その意味において，ヨーロッパ社会のムスリム同胞団ネットワークの広がりは，ムスリムの信仰を貫きながらもヨーロッパの模範市民になり得ることを示してムスリムの社会統合を促進する仲介者的アクターと見ることもできる。さらには，アル＝

カーイダやイスラーム国などのイスラーム過激派に対してヨーロッパと共闘する勢力になるのではないかとする期待さえ持たれている。しかし一方で，こうした見解を否定し，ムスリム同胞団を懐疑的に見る向きもあり，穏健な主張と手段とは裏腹に，ムスリム同胞団はヨーロッパのデモクラシーを内側から破壊するために送り込まれた「トロイの木馬」なのではないかとする疑念もある。こうした見方は，ヨーロッパ各国の情報機関や治安当局などにみられる（Vidino 2010：112-114）。この疑念の根底には，現在は穏健なイスラーム主義組織であっても，内的あるいは外的な刺激によってそれが将来的に過激化しない保障はないという不安が常に存在するものと考えられる。また，イスラーム主義に関するヨーロッパ側の一般的な言説を追っていくと，「イスラーム主義」という言葉の定義を明確にしないままイスラーム過激派と同一視してテロリズムとみなす傾向も読み取れる。

5　スウェーデンにおけるムスリム同胞団と政党政治

「環境党・緑」の危機

　2016年5月9日，スウェーデンの「環境党・緑」（Miljöpartiet de gröna：以下環境党）の共同代表で環境大臣兼副首相を務めていたオーサ・ロムソン（Åsa Romson）が辞意を表明した。環境党は1981年に結党され，1988年に初議席を得た新しい政党である。環境党は，1人の党首ではなく男女平等の理念から男女1人ずつの共同代表を置き，持続可能な社会の実現に取り組んでいる政党である。2017年3月現在，環境党は議会定数349議席中25議席を有し，社会民主党党首ステーファン・ルヴェーン（Stefan Löfven）を首相とする少数政権の連立与党となっている。しかし，与党でありながらロムソンの辞任時において環境党は4.1％という過去10年で最低の支持率を記録し，スウェーデンの政体法（4つの法律から成る基本法の1つで憲法に相当）第3章第7条が定める4％の阻止条項に迫るほどの壊党的危機に直面した。

　ロムソン代表辞任の発端は，2016年4月14日に1枚の写真が公開されたことであった。その写真は2015年夏に撮影されたもので，環境党のメフメット・カ

プラン (Mehmet Kaplan) 住宅問題担当大臣がテロ組織に指定されているトルコの極右武装組織「理想の炉辺」(Ülkü Ocakları) のスウェーデン代表らと会食している様子を写したものであった。カプランは同日，イスラーム主義組織「国民の視座」(Milli Görüş) の幹部らとも複数回にわたって会合していたこともスウェーデン国営放送の取材によって明らかにされた。4月17日にはカプランが2009年にイスラエルをナチスに擬えて批判したことが全国紙『スヴェンスカ・ダーグブラーデット』(Svenska Dagbladet：SvD) で報じられた。環境党はカプランを擁護したが，この一連の報道を受けてルヴェーン首相は閣僚にふさわしくないとしてカプラン住宅相の辞任を受け入れた。しかしこの状況下で，スウェーデン国営放送の報道番組でロムソンが米同時多発テロ事件を「事故」と表現し，さらにウサマ・ビン・ラーディンに思想的影響を与えたとされるサラフィー主義のイマームであるサルマーン・アル＝アウダ (Salman al-Ouda) が，ビュールルーヴ (Bjurlöv) 地方議会で環境党に所属するカマル・アル＝リファイ (Kamal al-Rifai) 議員に招聘されてスウェーデン第四の都市マルムーで開かれた会合で講演していたことも発覚した。その他，カプランを擁護するために民放のチャンネル『テーヴェ・フューラ』(TV4) に出演していた環境党幹部のヤスリ・カーン (Yasri Kahn) が女性レポーターとの握手を拒否したことが環境党の男女平等の理念に反するとして批判を受け，パレスチナを支援してきたパール・ガットン (Per Gahrton) 元環境党共同代表が同チャンネルでカプラン問題自体をイスラエルによる工作であると発言するまでに至ったことは失笑さえも買った。

環境党・緑へのムスリム同胞団の浸透の可能性

ロムソン辞任後，イサベッラ・ルヴィーン (Isabella Lövin) が新代表に就任したが，カプラン問題を契機に環境党は過激なイスラーム主義運動との関連性について追及され始めた。その疑惑の渦中において最も象徴的に捉えられたのが，2016年4月22日，環境党青年部の代表がスウェーデン国営放送のカメラに向かって「ラービア」(Rabia; R4BIA) のハンドサインを見せたことであった。ラービアとは2013年の夏頃からムスリム同胞団がエジプトの政変に対する抗議

の意味などを込めて用いる親指以外の4本の指を突き立てたハンドサインである。2014年にストックホルムのメードボリヤル広場で開かれたデモで，カプランがこのハンドサインを使用していた姿も確認されている。こうしたことから，スウェーデンのムスリム同胞団のメンバーが環境党にネットワークを張っているのではないかという懸念が持たれ始めた。

環境党がムスリム同胞団に掌握されているのではないかという懸念はスウェーデン政府内からも指摘された。2017年3月10日に「社会防護・危機管理局」（Myndigheten för samhällsskydd och beredskap：以下 MSB）が，「スウェーデンにおけるムスリム同胞団」と題する報告書を公開した。テロ研究者であるマグヌス・ノレッルを編者として書かれた報告書は，スウェーデンに移住してきた学生や難民などを核として1970年代からスウェーデンにムスリム同胞団のネットワークが構築されてきており，「イスラーム協会」およびストックホルムのメードボリヤル広場前にあるスウェーデン最大のモスクがその中心となってきたことを指摘するものであった（Norell 2017）。しかし，この報告書はイスラーム主義を社会的な脅威とする前提でまとめられていることから，関係者や他の研究者らから強い批判が噴出した。同報告書の内容も全体的に非学術的で陰謀論的な文体で書かれているため，無批判に鵜呑みにするのはきわめて危険である。大きな批判を受けて MSB は，引き続きイスラーム過激派に関する調査は行っていくものの，ノレッルによる調査は打ち切ることを決定した。スウェーデン政府はこの報告書についてコメントは避けたが，イスラームへの懐疑的な見方がイスラモフォビアと連動して恣意的に解釈されないようにスウェーデンにおけるイスラーム主義の実態を精査する必要があることでは見解が一致している。しかし，ムスリム同胞団に対する警戒感は他のヨーロッパ諸国でも広まりつつあるのも確かである。スウェーデンより1年ほど早い2015年12月17日にイギリス政府もムスリム同胞団の浸透に関する報告書を公開している。この報告書に関してジェームズ・キャメロン首相（当時）は，ムスリム同胞団の政治進出はヨーロッパで共有されつつある認識であるとの見解を示した。

スウェーデンにおける政党政治の透き間

ではなぜ環境党なのだろうか。MSBの報告書では、自由で開放的な環境党のガードの甘さがムスリム同胞団につけいる余地を与えてしまったと指摘している。また、スウェーデン国防大学非対称脅威・テロリズム研究センターの教授ラーシュ・ニカンデル（Lars Nicander）は、かつてソ連が社会民主党などを標的にスウェーデンの政党に浸透しようとしたのと同様に、今日ではイスラーム主義政党のムスリム同胞団が環境党を足掛かりにスウェーデン政治に浸透しようとしているのではないかとしている。さらに、環境党はもともと環境問題や世界平和などの単一争点を掲げる運動団体から成立しており、平和と人道主義を掲げていることから外国政府や他の政治組織の侵入に対する免疫がなく、党員の精査も十分行っていない脆弱性がその原因ではないかと分析している。

スウェーデン政治は長らくブロック政治と呼ばれてきており、2010年の議会選挙までは「ブルジョワ・ブロック」と「社会主義ブロック」に二分されてきた。ブルジョワ・ブロックは、穏健連合党、中央党、国民党自由（現自由党）、キリスト教民主党で構成され、2006年の議会選挙においてこれらの党で「スウェーデンのための同盟」（アリアンセン）を結成した。一方の「社会主義ブロック」は主に社会民主党と左派党を指し、政治状況に応じて環境党が加わる傾向がある。スウェーデンの政治学者ハーンス・バリストゥルムは、スウェーデンの政党システムと投票行動のパターンほど左右対立が明確な国はないと分析しているが（Bergström 1991）、こうした現象はリプセットとロッカンによって提示された「凍結仮説」（Lipset and Rokkan 1967）による社会的亀裂がスウェーデンでは最も典型的な状態で観察できるためと指摘される（Arter 1999）。そのなかで環境党は、2008年から2010年まで社会主義ブロックと「赤緑連合」を結成したりしながらも、結党当初からどちらのブロックにも属さないことを掲げて伝統的な政党システム外の新たな支持層を獲得してきた。イデオロギー性が薄く、ブロック間の真空地帯に位置してきた環境党は、ムスリム同胞団にとって政治活動を展開するための格好のプラットフォームになっている可能性が指摘できる。

社会民主党と「スウェーデン・ムスリム協議会」との連携

　上記の指摘にもかかわらず，環境党とムスリム同胞団との関連について明示的な証拠が存在するわけではない。一方で，イスラエルへの武装闘争を支援してきた社会民主党はイスラーム主義組織との明確な連携が確認できる。また，社会民主党は否定しているものの，社会民主党とスウェーデン国内のイスラーム主義組織との間で選挙や政策に関する協定の存在を指摘する声もある。

　社会民主党が与党となった1994年の選挙後，スウェーデンのイスラーム主義の統括組織「スウェーデン・ムスリム協議会」（Sveriges Muslimska råd：以下SMR）が社会民主党と接触してスウェーデンに暮らすムスリムも社会の一員として国民の代表となれるよう協力を要請し，1999年には社会民主党内の傍系5団体の1つでキリスト教社会民主主義者組織の「信仰と連帯」が，SMRとの間で将来の選挙でイスラーム教徒を擁立することを目指すことや，イスラームの祭日の法制化や職場での金曜礼拝の許与あるいはイマームの養成などに関して合意があったとされている（Karlsson 2014）。この統括組織SMRの下には，「スウェーデン・イスラーム協会」「スウェーデン・ムスリム協会」「ボスニア・イスラーム協会」「スウェーデンの若きムスリム」など，主要なイスラーム組織が連なっている。また，最近の動きとしては，2013年にスウェーデン・ムスリム協議会代表のオマル・ムスタファが社会民主党執行部代行に選出されるなど，社会民主党とSMRとの間で緊密な協力関係が見て取れる。ムスリム同胞団の活動を監視している組織「ザ・グローバル・ムスリム・ブラザーフッド・デイリー・ウォッチ」（The Global Muslim Brotherhood Daily Watch）によれば，ムスタファはスウェーデンにおけるムスリム同胞団の最高監督者であるとされている。

　一方，ルンド大学研究員のサメー・エージプトソン（Sameh Egyptson）によれば，スウェーデン・ムスリム協議会はムスリムに対するシャリーアの適用とムスリム同胞団への協力と支援を掲げ，イスラーム主義による統治を試みたエジプト大統領ムハンマド・ムルスィーの解任に抗議活動を展開するなど，「ムスリム同胞団」系の組織であると指摘している（Egyptson 2014；Karlsson 2014）。また，ムスタファがイスラーム教徒全体を代表する存在であるかどうかについ

てイスラーム系議員の間から異論を唱える声も聞かれる（Pekgul 2013）。ムスタファの執行部代行への就任は大きな物議を醸すこととなり，最終的にわずか6日でその職を解任される事態となった。その理由として，ムスタファの女性や同性愛者に対する認識が社会民主党の理念と合致していないことと，ムスタファがスウェーデンに招聘した講演者がアンティセミティズムを主張していたことが挙げられている。

　1990年代から現代にかけて，激増する移民をいかに社会統合していくかがスウェーデンでは一貫して大きな政治的課題となっている。社会民主党は多文化社会においてイスラーム系住民が取り残されることのないよう，イスラーム教徒の候補者も擁立してイスラームを代表する議員の誕生に協力することで対処しようとしてきた。スウェーデンにおけるイスラーム系の有権者の70％は社会民主党に投票していると言われるが，その支持層は必ずしも一枚岩ではないため，イスラーム主義組織とどのような連携を模索していくかは一筋縄ではいかない問題となっている。また，近年では社会民主党最大の支持母体である「全国労働組合連盟」内で，スウェーデン人優先型の社会福祉体制を訴える極右「スウェーデン民主党」への支持がにわかに優勢となっているなかで，イスラーム主義が今後どれほど社会民主党内で政治基盤を固めていくのかも定かではない。

6　キリスト教民主主義の衰退とイスラーム主義政党の登場

　2018年に予定されている議会選挙では，キリスト教民主党が4％阻止条項を下回って議会議席を失うのではないかとの予測が出ている。キリスト教民主党は1960年代の急激な社会の変化に対して危機感を持った層が1964年に結成した政党であったが，国教会制度が廃止され，既に世俗的な生活様式が定着しているスウェーデンでは，キリスト教に基づく伝統的価値観の維持はもはや大きな政治的意義を有してはいない。一方，現在でも続く中東やアフリカ，西アジアなどでの紛争や政情不安によって毎年多くのイスラーム教徒の難民がスウェーデンに移住してきているが，イスラーム教徒にとってみれば，いかにイスラー

第**5**章　ヨーロッパにおけるイスラーム主義の興隆

ム的価値観を堅持していくかは差し迫った問題であろう。そこで，西洋的，あるいはスウェーデン的な価値観から家族を守るためにイスラーム主義を求めることで，将来的にイスラーム主義を掲げる新たな政党がやがて現れる可能性もある。2017年秋には，スウェーデンでイスラーム主義政党を立ち上げる動きも見られ，今後の動向が注目される。キリスト教民主主義の衰退ののち，公的領域においてイスラームに基づく伝統的価値観の実現を求めるイスラーム主義政党が急伸した場合，なぜキリスト教民主主義は受容され，イスラーム主義は脅威と認識されてしまうのかという問題にヨーロッパが直面しなければならなくなるであろう。

注

(1) ルース人の名は，現在のスウェーデンの首都ストックホルムから北東にある沿岸地域の地名ロースラーゲン（Roslagen）に由来し，「櫂の集団」を意味する。のちの国名「ロシア」の基と言われている。

(2) ここでいう「東方」は古ノルド語でセルクランド（Serkland）と呼ばれ，ヴォルガ川河口のカスピ海沿岸地域を指すと考えられている。この地名は中世ヨーロッパでイスラーム教徒を指した「サラセン」と同じくアラビア語の東を意味する šarq を語源とする。このルーン碑文はストックホルムのアーランダ国際空港の第二ターミナルに展示されている。

(3) スルタンの臣下に勧められて，ローランブは最初にコーヒーを飲んだスウェーデン人とも言われる。その味は口に合わなかったようであるが，現在ではスウェーデンの1人あたりのコーヒー消費量は世界でも1，2を争うほどである。

(4) ただし，イスラエルへの支持率が急落した分だけファタハとPLOの好感度が上昇したわけでもなく，第一次インティファーダの時期には支持率13%を獲得するも，トータルではほぼ5〜8%で推移している。

(5) スウェーデン政府によるパレスチナ承認を受けて，イスラエルは駐スウェーデン大使を直ちに本国へ召喚し，2015年1月15日に予定されていたマルゴット・ヴァルストゥルム（Margot Wallström）外相のイスラエル訪問も拒否すると発表した。最終的にイスラエル大使は2014年11月29日に帰任したが，この日は1947年に「パレスチナ分割決議」が採択された日であったため，二国間解決を主張する社会民主党政権への政治的メッセージとも捉えられる（清水 2015b）。なお，イスラエルとの外交問題はすでにイスラエル承認の段階から起きていた。第二次世界大戦末期にナチス・ドイツの強制収容所に収容されていた北欧系ユダヤ人を，赤十字を通して

「白バス」(Vita bussarna) で救出し，戦後はパレスチナ＝イスラエル紛争解決のため国連調停官に任命されたスウェーデン王族のフォルケ・バーナドット（Folke Bernadotte）が1948年9月17日にエルサレムで「イスラエル解放戦士団」（通称：「レヒ」）に暗殺されたことでスウェーデンはイスラエル承認を見送った。最終的にスウェーデンがイスラエルを承認するのは1950年7月12日であった。1986年2月28日に暗殺されたパルメの葬儀に参列したシモン・ペレス首相にスウェーデン国王カール16世グスタヴは「（バーナドットに続いて）2人目に凶弾に倒れたスウェーデンの中東問題の仲介者であるオーロフ・パルメを忘れてはならない」と声をかけ，婉曲にイスラエルを批判した。1995年にイスラエルはバーナドット暗殺をスウェーデンに謝罪するが，王族の暗殺であったことから今日までスウェーデン王室によるイスラエル訪問はなされていない。

参考文献
臼杵陽（2013）『世界史の中のパレスチナ問題』講談社。
ケペル，ジル（2006）丸山高弘訳『ジハード イスラム主義の発展と衰退』産業図書。
サイード，エドワード（1993）板垣雄三・杉田英明編，今沢紀子訳『オリエンタリズム 上・下』平凡社。
清水謙（2015a）「スウェーデンの中の『イスラーム国』――セグリゲーションに潜むその広がり」『中東研究』522号，63～71頁。
――――（2015b）「スウェーデンの『2015年外交方針宣言』と外交討論について――解説と考察」『北欧史研究』33号，119～129頁。
――――（2016）「スウェーデン――移民／難民をめぐる政治外交史」『人の国際的移動とEU地域統合は「国境」をどのように変えるのか』法律文化社，118-131頁。
ファドラーン，イブン（2009）家島彦一訳注『ヴォルガ・ブルガール旅行記』平凡社。
マゾワー，マーク（2015）中田瑞穂・網谷龍介訳『暗黒の大陸』未来社。
横田貴之（2006）「イスラーム復興運動の政治参加――ムスリム同胞団とハマースを中心に」『国際問題』556号，46～54頁。
――――（2012）「イスラーム主義運動は何を目指しているのか――エジプト・ムスリム同胞団を中心に」『海外事情』60(3)号，31～44頁。
――――（2014）「ムバーラク政権によるムスリム同胞団のコオプテーションの再考」『アジア経済』55(1)号，9～27頁。
Arter, David (1999) "The Emergence of the Scandinavian Party Systems(s)," *Scandinavian Politics Today*, Manchester & New York: Manchester University Press, 50-69.
Berglund, Tobias and Niclas Sennerteg (2008) *Svenska koncentrationsläger i tredje rikets skugga*. Stockholm: Natur och Kultur.（『第三帝国の影の中のスウェーデン

の強制収容所』)

Bergström, Hans (1991) "Sweden's Politics and Party System at the Crossroads," *West European Politics* 14(4): 8-30.

Bjereld, Ulf (2005) "Israel och PLO — 35 år i svensk opinion," i Sören Holmberg and Lennart Weibull red., *Lyckan kommer, lyckan går*. Göteborg: Göteborgs universitet. (「イスラエルと PLO －スウェーデン世論の35年間」)

―――― (2007) "Svensk utrikespolitik i ett historiskt perspektiv," i Douglas Brommesson and Ann-Marie Ekengren red., *Sverige i världen*. Malmö: Gleerups, 34-48. (「歴史的展望の中のスウェーデン外交」)

―――― (2008) *Sveriges säkerhet och världens fred. Svensk utrikespolitik under kalla kriget*. Stockholm: Santérus Förlag.
(『スウェーデンの安全保障と世界平和 冷戦下のスウェーデン外交』)

Bougarel, Xavier (tr. Asma Rashid) (1997) "From Young Muslims to Party of Democratic Action: The Emergence of a Pan-Islamist Trend in Bosnia-Herzegovina", *Islamic Studies* (36) 2-3: 533-549.

Demker, Marie (1996) *Sverige och Algeriets frigörelse 1954-1962. Kriget som förändrade svensk utrikespolitik*. Stockholm: Nerenius & Santérus. (『アルジェリアの解放運動とスウェーデン 1954-1962年 スウェーデンの外交を変えた戦争』)

Demker, Marie and Cecilia Malmström (1999) *Ingenmansland? Svensk immigrationspolitik i utrikespolitisk belysning*. Lund: Studentlitteratur. (『ノー・マンズ・ランド？ 外交政策の観点から見るスウェーデンの移民政策』)

Egyptson, Sameh (2014) "*Tro och solidaritet* måste lägga alla kort på bordet," *Göteborgs-Posten*, onsdagen den 29 januari 2014. (「『信仰と連帯』はテーブルにすべてのカードを出すべきだ」)

Izetobegović, Alija (1990) *The Islamic Declaration*, A Programme for Islamization of Muslims and the Muslim Peoples, Sarajevo.

Karlsson, Karl-Johan (2014) "S lovar att samarbeta med Sveriges muslimska råd," *Expressen*, onsdagen den 29 januari 2014. (「S（社会民主党）がスウェーデン・ムスリム協議会と協力することを約束」)

Larsson, Göran (2009) "Sweden" in Göran Larsson ed. *Islam in the Nordic and Baltic Countries*. New York: Routledge, 56-75.

Lipset, Seymour M. and Stein Rokkan (1967) *Party Systems and Voter Alignments*. New York: Free Press.

Lundh, Christer and Rolf Ohlsson (1999) *Från arbetskraftsimport till flyktinginvandring. 2:a reviderade upplagan*. Stockholm: SNS förlag. (『労働力移入から移民流入まで』)

Norell, Magnus (red.) (2017) *Muslimska Brödraskapet i Sverige*. Myndigheten för samhällsskydd och beredskap. DNR 2017-1287.

Pekgul, Nalin (2013) "Mustafa representerar inte Sveriges muslimer," *Dagens Nyheter*, torsdagen den 18 april 2013.(「ムスタファはスウェーデンのムスリムを代表しているわけではない」)

Ramet, Sabrina (2006) *The Three Yugoslavias: State-Building and Legitimation 1918-2005*. Bloomington: Indiana University Press.

Roald, Anne Sofie (2012) "Democratisation and Secularisation in the Muslim Brotherhood: The International Dimension," in Roel Meijer and Edwin Bakker eds., *The Muslim Brotherhood in Europe*. London: Hurst & Company, 71-88.

Schwarz, David (1964) "Utlänningsproblemet i Sverige," *Dagens Nyheter*, onsdagen den 21 oktober 1964.(『スウェーデンにおける外国人問題』)

SOU 1946: 34 *Parlamentariska undersökningskommissionen angående flyktingärenden och säkerhetstjänst I. Betänkande angående flyktingars behandling*.(『難民問題と諜報機関に関する議会の調査委員会(1) 難民の扱いに関する報告書』)

SOU 1946: 93 *Parlamentariska undersökningskommissionen angående flyktingärenden och säkerhetstjänst II. Betänkande angående utlämnande uppgifter av flyktingar*.(『難民問題と諜報機関に関する議会の調査委員会(2) 提供された難民情報に関する報告書』)

SOU 1948:7 *Parlamentariska undersökningskommissionen angående flyktingärenden och säkerhetstjänst III. Betänkande angående säkerhetstjänstens verksamhet*.(『難民問題と諜報機関に関する議会の調査委員会(3) 諜報機関の活動に関する報告書』)

Svahn, Clas (2016) "Forskare tror att islamister infiltrerat Miljöpartiet," *Dagens Nyheter*, fredagen den 22 april 2016.(「イスラーム主義者が環境党を感化しているとの見解を研究者らが示す」)

Svensson, Anders (1992) *Ungrare i Folkhemmet. Svensk flyktingpolitik i det kalla krigets skugga*. Lund: Lund University Press.(『国民の家の中のハンガリー人 冷戦の影の中のスウェーデンの難民政策』)

Vidino, Lorenzo (2010) "The Muslim Brotherhood in Europe," in Barry Rubin ed., *The Muslim Brotherhood. The Organization and Policies of a Global Islamist Movement*. New York: Palgrave & Macmillan, 105-116.

――― (2012) "The European Organization of the Muslim Brotherhood: Myth or Reality?," in Roel Meijer and Edwin Bakker eds., *The Muslim Brotherhood in Europe*. London: Hurst & Company, 51-69.

第6章
世俗主義体制における新たな対立軸の表出
―――トルコ・公正発展党と「国民」の世俗主義―――

岩坂将充

1 トルコ政治におけるイスラーム

　トルコの現代政治において，「イスラーム」という言葉は他の中東・イスラーム諸国とは異なる意味を持ち続けてきた。トルコはムスリムが国民の圧倒的多数を占める「ムスリム多数派国家」であるが(1)，その一方で，1923年に成立したトルコ共和国は，イスラームをはじめとする宗教を政治の舞台から排除し，国家によって管理・統制を試みる世俗主義（lâiklik）をほぼ一貫して採用してきた。これは，現行の1982年憲法の前文にある「世俗主義の原則にのっとり，神聖な宗教的感情は国家の行為および政治に決して関与させられない」という文言に端的に表されている(2)。またこのため，2017年現在においても，トルコの政党は世俗的な共和国の理念に反する党則（tüzük）・党綱領（program）を有し活動を行うことは憲法で禁止されており（同憲法第68条），国会議員や大統領もこれを宣誓する必要がある（同第81条・第103条）。

　しかし，こうした憲法上の規定にもかかわらず，トルコではイスラーム主義あるいはそれに準じる―――ここでは「イスラーム主義的」とする―――と考えられる政党が，国政レベルにおいていくつか存在してきた。最初の代表的な例は，1970年に結成された国民秩序党（Millî Nizam Partisi：MNP）である。エルバカン（Necmettin Erbakan）に率いられた同党は，約1年の活動期間において議会下院（当時）に3議席を有していた(3)。続いて同じくエルバカンに率いられた国民救済党（Millî Selamet Partisi：MSP）は，1973年から1980年まで議席を有し，3回にわたって連立政権に参加するなど，MNPに比べ存在感を増した。そし

て1995年には，その後継政党である福祉党（Refah Partisi：RP）が議会第一党となり，翌年にエルバカンを首班とする連立政権を発足させるに至った。これらの政党はすべて，憲法裁判所での政党閉鎖裁判や軍の圧力によって活動中止・閉鎖に追い込まれたが，いずれも党首エルバカンや所属議員らの反世俗主義的言動が理由とされた。すなわち，トルコにおいては，イスラーム主義的傾向を持つ政党が有権者の支持を集め，議会議席の獲得に成功したとしても，憲法裁判所や軍にその言動が世俗主義に反すると判断された場合には，活動を継続することができないのである。

では，2002年以降，2017年現在に至るまでほぼ単独政権を維持している公正発展党（Adalet ve Kalkınma Partisi：AKP）の場合はどうだろうか。同党は，RPの後継政党・美徳党（Fazilet Partisi：FP）が2001年に閉鎖されたのち，その所属議員が分裂し，至福党（Saadet Partisi：SP）と並ぶかたちで同年結成された政党である。このことからも分かるように，AKPはMNP以来の「エルバカン系」政党の流れをくんでおり，結党メンバーはイスラーム主義的傾向を持っていた。事実，こうした背景を根拠に，AKPはトルコ国内外（特に国外）において第一義的にイスラーム主義的な政党とみなされることが多い。にもかかわらず，AKPは有権者の支持を集め続け，議会第一党として閉鎖されることなく今日まで政権を担当し続けている。

はたして，AKPは過去のイスラーム主義的な政党と何が異なるのだろうか。本書第2章で検討された穏健化理論（Moderation Theory）にあるような要因が，AKPにも作用したのだろうか。また，そもそもAKPは，前述の系譜にある以外にどの程度イスラーム主義的な性格を有しているのだろうか。そして，世俗主義を擁護し政党のイスラーム主義的傾向を監視する憲法裁判所や軍などの勢力は，AKPをどのように扱ってきたのだろうか。

本章は，AKPが従来の世俗主義体制における「世俗主義・イスラーム主義」という伝統的な対立軸からバランスをとりつつ距離を置いて出発したこと，そしてそこに「世俗主義体制（国家）- 国民」というわずかに異なる新たな対立軸を上書きし，かつての構図を埋没させたことを，以下のような構成で明らかにするものである。まず次節（第2節）では，トルコ共和国初期において世俗

主義が採用された背景と，世俗主義体制内での世俗主義の定義の変遷ついて論じる。第3節では，AKPのトルコの現代政治における位置づけを確認するとともに，AKPの世俗主義やイスラーム主義との関係について，2008年頃までのマニフェスト（seçim beyannamesi）や内閣のプログラムなどから分析を行う。第4節では，AKPに対する世俗主義体制の評価を，体制の一員とみなされてきた憲法裁判所が2008年に下した判決をもとに読み解き，それ以降のマニフェストや内閣プログラムなどからAKPの変化を明らかにする。そして最後に，2015年頃からの近年のAKPの動向について論じるものとする。

2　トルコにおける世俗主義

共和国建国と世俗主義

トルコにおけるイスラーム主義的な政党の潮流は，共和制がその初期から世俗主義に大きく舵を切ったことを出発点としている。つまり，イスラーム主義的な政党の動向は「世俗主義体制との関係やその他の政治・社会・経済的諸条件に規定」されているため，「関係論的な文脈において」理解する必要があると言える（澤江 2005：36）。

今でこそ世俗主義は共和制と不可分なものとみなされているが，トルコが国民国家として歩み始めたばかりの共和国最初期においては，「トルコ国民」の概念はイスラームと大きく重なるものであった。最もよく知られている事例は，トルコ共和国とその国土を国際的に承認したローザンヌ条約（1923年）に基づく，トルコ・ギリシャ間の住民交換である。そこでは，トルコ領内に住む「ギリシャ正教徒」とギリシャ領内に住む「ムスリム」が強制的に交換され，住民の母語などが考慮されることはなかった（新井 2001：187；粕谷 2001；澤江 2005：38）。しかし，初代大統領であるアタテュルク（Mustafa Kemal Atatürk）の強力なリーダーシップと共和人民党（Cumhuriyet Halk Partisi：CHP）の一党独裁のもと，共和国がオスマン帝国とは異なる確固たる方針を打ち出すようになってからは，この状況は大きく変化した。

共和国建国の最大のミッションは，第一次世界大戦で西欧列強に敗れ，国土

分割を招いたオスマン帝国の諸制度を抜本的に見直し，トルコを西欧に負けない，あるいは同等の水準にまで「引き上げる」ことであった。そのためにアタテュルクならびに CHP が採用した手段の1つが，「近代的／現代的」（çağdaş）で「文明的」（uygar）な西欧が採用する「科学的」（bilimsel）思想（＝脱宗教的思想）を基盤とする諸制度の導入である。これを導入するにあたって障害となったのは，もちろん「宗教的思想」を基盤とする諸制度であり，これこそまさしく彼らがオスマン帝国の遺産から取り除かなければならないと考えたものであった。こうして，共和国における諸制度・社会の脱宗教化は，国家による宗教の管理・統制を通して実現が目指されることとなった。また同時に，オスマン帝国とは異なる新生共和国のアイデンティティ形成も急務であった（Şimşek 2005：87；Mateescu 2006：227）。

　こうした方針は，世俗主義として，のちにアタテュルク主義（Atatürkçülük；あるいはケマリズム［Kemalizm］）と呼ばれることになる近代化理念ないし原則（ilke）の1つに位置づけられ，「国是」の一部となった。今日アタテュルク主義の中心的要素とみなされている「6本の矢」（altı ok）が整備されたのはCHP 第二回党大会（1931年）の党綱領においてであるが，世俗主義はこれに先立って1927年には共和主義（cumhuriyetçilik）・国民主義（milliyetçilik）・人民主義（halkçılık）とともに党則に記載されていたことから，当時の重要性が理解できる。また，1924年憲法が1937年に改定された際には，「6本の矢」は第2条において「トルコ国家は，共和主義的，国民主義的，人民主義的，国家主義的，世俗主義的および改革主義的である」と言及され，「国是」としてのアタテュルク主義が法制度面でも整えられた。これによって，1946年に複数政党制が導入された後も，CHP という一政党の党則に起源を持つ近代化理念が，他の政党のみならずトルコの内政全般に影響を与えるようになった。

　ただし，共和国初期においても急速な世俗主義の適用には「揺り戻し」があり，それをまず担ったのは世俗主義を「国是」に採用した CHP であったことには注意が必要である。CHP は，複数政党制下で初となる総選挙を迎えるにあたって，有権者の獲得を目指し，1930年以降閉鎖されていたイマーム・ハティプ校（imam hatip mektepleri）の課程としての再開や，公立学校の選択科目

としての宗教教育授業の設置、ならびにアンカラ大学での神学部の開設を掲げた。こうした「揺り戻し」に対し、CHP内部や知識人の一部からは批判もあがったが、結果として1946年総選挙ではCHPは単独政権の維持に成功した。

CHPは、続く1950年総選挙において民主党（Demokrat Parti：DP）に敗れたものの、世俗主義は「国是」の一部として維持された。共和国初のクーデタである1960年クーデタの軍事政府が制定した1961年憲法には世俗主義は明記されなかったが、アタテュルクとCHP幹部を輩出した軍が政治への関与を強めていくなか、世俗主義を含むアタテュルク主義は正統性の源と位置づけられ、次第に言及されることが多くなっていった。こうした傾向は、続く1971年クーデタと1980年クーデタにおいて確固たるものとなり、軍はアタテュルク主義ないし世俗主義体制の擁護者としての性格を確立していったのである。

世俗主義体制と軍による定義

軍は、クーデタを契機に正統性の源としてのアタテュルク主義や世俗主義との結び付きを深めていったが、その具体的なかかわりは、参謀本部の刊行物や軍事政府が制定に関与した憲法に現れている。1971年クーデタ後、共和国建国50周年を記念して1973年に刊行された初のアタテュルク主義研究書『トルコの歴史——国軍とアタテュルク主義』（*Türk Tarihi: Silahlı Kuvvetler ve Atatürkçülük*）は、当時の軍のアタテュルク主義や世俗主義の理解を示し、その後に引き継がれていく軍を中心とした体制のアタテュルク主義観の基礎を形成した。

本書は、参謀本部の指揮のもと執筆されたものであり、全7章のうち最初の6章がトルコ民族の歴史とそこにおける軍の重要性について割かれ、アタテュルク主義に関しては第7章で述べられている。そこでは、アタテュルクの「目標原則」（hedef ilkeleri）として、「現代文明水準への到達」（çağdaş uygarlık seviyesine ulaşmak）、「国民の団結と協同」（milli birlik ve beraberlik）、「祖国に平和、世界に平和」（Yurtta Sulh, Cihanda Sulh）の3つが挙げられており、前述の「6本の矢」はそれらを支える「アタテュルク主義政治体制の原則」と位置づけられた（Genelkurmay Başkanlığı 1973：285-298）。そして世俗主義については、国家と宗教の分離や国家の宗教への不介入ではなく、宗教による国家の基本体制

への介入を認めないものとしての性質が示された（p. 319）。ここでは国家による積極的な宗教の管理・統制には言及がなく，あくまでも宗教の国家への不干渉を説くにとどまっているが，以降の軍の世俗主義についての理解もこの点を重視する姿勢は変わっていない。

　1980年クーデタ後に制定された1982年憲法では，1961年憲法とは異なり「アタテュルク」ないし「アタテュルクの原則」（Atatürk ilkeleri）などに数多く言及している。具体的には，憲法前文，第2条（共和国の性質），第42条（教育・学習の権利および義務），第58条（青年の保護），第81条（国会議員の宣誓），第103条（大統領の宣誓），第134条（アタテュルク文化・言語・歴史高等機構の設置），および暫定条項第2条の計8カ所であるが，特に第42条および第58条に規定された教育におけるアタテュルク主義の位置づけは，広く国民一般にアタテュルク主義を普及させるとともに，アタテュルク主義を国家として監督しようとする意図がうかがえる。第42条では，教育は「アタテュルクの原則および改革にのっとり，現代科学および教育の基礎に従って国家の管理および監督の下で行われる」とされ，第58条では「国家は現代科学，アタテュルクの原則および改革にのっとり」青年の育成を行う，と規定された。そして世俗主義は，アタテュルク主義の一部として国民への浸透が図られた。

　こうした軍事政府の方針を実践するには，アタテュルク主義が何であるのかを示す，いわば「公定アタテュルク主義」の提示が不可欠であった。その点で最も重要な地位を占めるのが，参謀本部がアタテュルク生誕100周年を記念して1983年に刊行した『アタテュルク主義』（*Atatürkçülük*）という3巻本である。本書は3万部発行され，その大半は将校以外にも徴兵によって多くの成年男性が訪れる軍関連施設に配布された（Genelkurmay Başkanlığı 1983a：V）。また同書は，1984年以降国民教育省からも発行されたことで，より広く国民の目に触れるものとなった。

　同書では，アタテュルク主義は第三巻の冒頭で以下のように定義されている。

　トルコ国民が今日および将来において完全な独立，平安および繁栄を獲得し，国家が国民主権の原理に基づき，知恵と知識の導きにおいてトルコ文化が現

第6章　世俗主義体制における新たな対立軸の表出

代文明水準に到達するという目標，および，その基本原理が今なおアタテュルクによって示されている国家・思想・経済生活・社会の土台となる制度に関する現実的な思想と原則が，アタテュルク主義と呼ばれるものである。(Genelkurmay Başkanlığı 1983c : 7)

　また，アタテュルク主義を個人および国民として身につけ，現在・未来において逸脱者や保守派の潮流から守ることは，「トルコ国家の発展や強化，そして輝かしい未来を保証するものである」とされた（*Ibid.*）。
　本書の編纂を主導し第三巻の中心的な執筆者でもあったオズトルン副参謀総長（Necdet Öztorun）は，自身の論文「アタテュルク主義における国家の動的理想」（Atatürkçülükte Devletin Dinamik İdeali）において，「動的理想」とはアタテュルクが言及したように「最も文明的で繁栄した国民としての存在を向上させること」（＝現代文明水準への到達）であり，そのために「国民の団結と協同」を志向するものである，と述べた（Genelkurmay Başkanlığı 1983b : 359-361, 368）。「6本の矢」については，「動的理想」への到達に向けた国家体制を構築し，国家の責務や性質を明示するアタテュルクの原則として，詳細な記述がなされている。ここで世俗主義は，国民主義とともに前述の「動的理想」や「国民の団結と協同」に強く結び付いたものとして定義された。
　また世俗主義については，『アタテュルク主義』第三巻では「6本の矢」の1つとしてだけではなく，第5章「宗教」（din）においても再度論じられており，「公定アタテュルク主義」のなかでも重視されていることがわかる。ここでは，世俗主義には一般的に，宗教と世俗，とりわけ宗務と国務の分離という意味があるとしながらも，「公定アタテュルク主義」における「アタテュルクの世俗主義」（Atatürk lâikliği）には以下のような幅広い意味が含まれるとされた。

　トルコ共和国における世俗主義の原則は，人々の良心や信仰の自由を保障し擁護すること，宗教活動が帰依や信仰に限定され，世俗の制度や活動は科学的かつ最も先進的な技術に先導されるよう保障すること，そして宗教の担当

すべき領域は宗教に，国家の担当すべき領域は国家に配分することという目的で適用される，宗教を国家から分離する原則である（Genelkurmay Başkanlığı 1983c：45）。

さらに世俗主義では，国家が宗教活動を監督し，他の制度による宗教の悪用を防ぐという役割を担っているとされ，そこからは世俗の宗教に対する優越性を読み取ることができる（p. 228）。そして，子供たちが無知な者からイスラームについて誤った知識を得ることのないよう，国家が責任をもって教育を行うこと，またそのために宗教知識人（dini bilen kişiler）を養成する必要性も説かれた（p. 231）。このような国家による宗教の管理・統制に関する具体的な言及は，この時期の「公定アタテュルク主義」における世俗主義が，宗教の国家への不干渉に重点を置いた従来の世俗主義（たとえば前述の『トルコの歴史』）からさらに一歩踏み込んだことを強く印象づけるものである。

またこれらに加えて，世俗主義は他宗教やその信者および非信仰者に対する寛容さを育むものであり，宗教・宗派間の対立を防ぐという役割もあるとされた。このため，世俗主義は自由や権利，安定に資すると理解され，国民主義とともに「国民の団結と協同」を保障するための条件であると同時に，「トルコ国家の他の原則や原理を補完し強化」するものであると論じられた（p. 45-46）。

このように，「公定アタテュルク主義」は「国民の団結と協同」を中心に据え，それを実現する原則として世俗主義と国民主義を重視した。この背景には，クーデタ以前の社会の左右への二極化や暴力の応酬からの脱却という意図があったと考えられ，また当時「国民統合イデオロギー」として採用されていた「トルコ・イスラーム総合」（Türk-İslam Sentezi：TİS）やその思想的背景を提供した右派知識人グループ「知識人の炉辺」（Aydınlar Ocağı）の影響も見ることができる（澤江 2005：101-105）。TİS はイスラーム的価値規範とトルコ民族の発展を結びつけた言説であったが，アタテュルク主義が「国民の団結と協同」を中心に再整備された「公定アタテュルク主義」として国民の前に提示されたことや，世俗主義において国家による宗教の管理・統制が強調され「公定アタテュルク主義」の最重要原則となったこと，そしてそのような「公定アタテュ

ルク主義」に関する国民教育が強化されたことは,軍を中心とした体制による
アタテュルク主義および世俗主義の確立を決定的なものにしたといえよう。

3　AKPと世俗主義・イスラーム主義

AKPとその位置づけ

　これまで見てきた軍や憲法裁判所などの世俗主義体制を掲げる勢力は,2000年代になっても体制の維持に努め,イスラーム主義的な政党にきわめて批判的な態度をとり続けていた。そのような状況下で,本章冒頭で述べたように,AKPはイスラーム主義的とされたFPの閉鎖・分裂後に誕生した。

　AKPの結党メンバーであるエルドアン(Recep Tayyip Erdoğan)やギュル(Abdullah Gül)といった政治家は,FPでは若手の改革派(yenilikçi)と呼ばれ,これまでトルコで主要なイスラーム主義的な政党を率いてきたエルバカンとは一線を画していた[7]。このことは,FPを含む多くのイスラーム主義的な政党が憲法裁判所によって閉鎖されており,政党としての政策実現が現実的とはいえなかったこと,また,FPの閉鎖後にAKPと同時期に設立されたSPがエルバカン路線を継承したことと相俟って,AKPが従来のイスラーム主義的な政党との違いをより鮮明に打ち出すことに繋がった(Hale and Özbudun 2010：20)。

　AKPは,設立当初から従来の政党が所与としていたイスラームと西洋との二項対立的な構図から距離を置き,文明の共存を掲げていた。こうした方向性は,党名に「公正」(adalet)というややイスラーム主義的な響きを含む言葉と,「発展」(kalkınma)という現実的・西洋的な言葉の両方を組み入れた点にも如実に表れている[8]。またこれは同時に,「現代文明」として西洋化を目指してきた既存の体制や,過去の反西洋的傾向を持ったイスラーム主義的な政党の姿勢の両方に,疑問を呈するものでもあった(Duran 2008：84)。

　とはいえ,AKPはこれら2つの勢力を完全に敵に回そうとしたのではなく,むしろ双方の了解の範囲内で党を維持し,それでいてこれらに満足していない有権者から支持を得ようとしていた。AKPが当初から掲げた「保守民主」(muhafazakâr demokrat)にある「保守」とは,トルコでは二重の意味を持ちう

る言葉であることも，注目に値する。すなわち，アタテュルク主義を掲げる既存の共和国体制の枠組みを遵守することも「保守」であると同時に，伝統的・文化的・宗教的価値観を尊重することも「保守」となりうるのである（Subaşı 2005：170）。このように，AKPは旧来の「世俗主義‐イスラーム主義」の対立軸に身を置かず，しかし双方の枠組みや志向を踏まえることで，「世俗主義‐イスラーム主義」の図式そのものの変革を視野に入れた——つまり「世俗主義体制（国家）‐国民」の構図を提示する——政党としてスタートを切ったのである。

　AKPの具体的な政策やその変遷は次項以降で詳述するが，まずその前に，トルコの現代政治における大まかな位置づけを確認しておきたい。前述のように，AKPは従来のイスラーム主義的な政党とは違った方向性を示していたが，それ自体はトルコにおいては新しいものではなかった。たとえば，エルドアンがみずから宣言したように，AKPは「中道右派」（merkez sağ）の側面も色濃く有している（Erdoğan 2006：333-340）。1946年に複数政党制が導入されて以降，トルコでは中道右派を自称する様々な政党が誕生したが，その源流であるDP（1946〜60年）やその後継政党の公正党（Adalet Partisi：AP 1961〜81年），さらには，現行の1982年憲法下で誕生した祖国党（Anavatan Partisi：ANAP 1983〜2009年）やAPの流れをくむ正道党（Doğru Yol Partisi：DYP 1983〜2007年）の政策とAKPのそれとの間に大きな差はなく，これらは共通してトルコ民族主義や伝統的・イスラーム的価値観への配慮，保守的社会的価値観を維持したテクノロジーの近代化，有権者志向などを核としてきた（Hale and Özbudun 2010：25）。

　このうち，とりわけANAPとAKPには類似点が多く見られる。ANAPは，1980年クーデタ後に過去の主要政党を閉鎖して実施された1983年総選挙に中道右派の受け皿として参加し勝利，続く1987年総選挙にも勝利し，連立政権の多いトルコで10年近くにわたり単独政権を維持した。また，ANAPは党首のオザル（Turgut Özal：1983〜89年首相，1989〜93年大統領）の強力なリーダーシップの下，経済の自由化を推進するとともに，教育における宗教関連科目の拡充などイスラーム主義的な政策を実現したことでも知られている。オザルは大統領に就任した後も政権への影響力を維持したが，1993年に急死したことで

第6章　世俗主義体制における新たな対立軸の表出

ANAPはイスラーム主義的な色合いを薄めていった。

　ANAP＝オザルの時代は，AKPと異なり依然「世俗主義‐イスラーム主義」の構図のなかに位置していたものの，「世俗主義体制（国家）‐国民」の図式を想起させる政策も実施していた。最も象徴的なものは，1960年クーデタ後に軍事政府によって処刑されたDPのメンデレス首相（Adnan Menderes）の名誉回復である。議会による名誉回復は1990年に行われたが，1987年にはエーゲ海沿岸の都市イズミル（İzmir）に建設された新空港にメンデレスの名が冠され，1992年にはアイドゥン県（Aydın）にアドナン・メンデレス大学（Adnan Menderes Üniversitesi）が設置されるとともに，イスタンブルの高校はアドナン・メンデレス・アナトリア高校（Adnan Menderes Anadolu Lisesi）に改称された。エルドアンもしばしばAKPをDPの後継と称しており（たとえば Zaman, 17 May 2003），こうした「世俗主義体制（国家）‐国民」の図式という点からも，AKPはイスラーム主義的なエルバカン系の政党の流れにありながら，ANAPの方向性も受け継いだ政党だといえるだろう。

2002～2008年──「世俗主義‐イスラーム主義」におけるバランス

　それでは，AKPに特徴的な，「世俗主義‐イスラーム主義」の対立軸の外に身をおきつつ双方から許容される主張を提示するという方針は，具体的にはどのようなものだったのだろうか。以下では，AKPの総選挙の際のマニフェスト（2002・2007・2011年），および議会で発表される各内閣のプログラム（第58代～第62代）を中心に，世俗主義・イスラーム主義に関連する内容を分析し，その変遷を見ていきたい。

　まず，AKPにとって最初の総選挙であった2002年総選挙時のマニフェストでは，世俗主義やアタテュルク主義への言及はなく，宗教についてもあまり触れられていなかった。わずかに，家族や学校などと並んで社会（toplum）を構成する1つの基本的な制度として挙げられている点が，AKPの保守的な傾向を示すにとどまっている（AKP 2002a: 23）。つまり，AKPは，その最初の公式な政策アピールの機会において，世俗主義・イスラーム主義の双方にかかわる主張を行わなかったのである。

第Ⅱ部　世界に広がるイスラーム主義運動

　2002年総選挙での勝利により，被選挙権を停止されていた党首エルドアンに代わって（注(7)を参照），ギュルがまず首相の座に就いたが，このギュル内閣（第58代：2002年11月18日～03年3月14日）が発表したプログラムでは，世俗主義やアタテュルク主義，およびイスラーム主義的な要素に明確に言及している。まず，内閣の諸政策は「アタテュルクが我々に示した現代文明水準への到達という目標に向けて」（p. 4）のものであると打ち出し，新たに政権を担うAKPの基本姿勢が従来の政権と異なるものではないとの主張がなされた。また，宗教教育に関しても，アタテュルクの言葉である「思想の自由，良心の自由，知識の自由は世代を育てる」（p. 32）を挙げつつ，「憲法に規定された世俗主義原則と宗教および良心の自由」の枠組みのなかで実践し，国民の求めに応じつつも誤用を避ける方針を示した（p. 33）。こうした，アタテュルクを用いた度重なる留保には，FPの後継でイスラーム主義的であるというAKPに向けられた懸念を和らげようとする意図が表れている。

　2003年3月にエルドアンが国政に復帰すると，ギュルの後を受けて即座に首相に就任した（第59代内閣：2003年3月14日～07年8月29日）。ここでのプログラムは，ギュル内閣のものをほぼそのまま継承したものとなったが，アタテュルクへの言及にのみ若干変化がみられる。前回のようなアタテュルク主義やアタテュルクの言葉の引用がなくなった代わりに，冒頭に「共和国の建国者であるアタテュルクをはじめ，親愛なる国民に奉仕したすべての素晴らしい人々に感謝を申し上げる」との一文が加えられた（AKP 2003：1）。この，以前の内閣プログラムでは見られなかった一文は，以降，ダヴトオール内閣（Ahmet Davutoglu，第62代・第64代）を除いたすべてのAKP政権のプログラムにおいて用いられるようになった。

　第一次エルドアン内閣は，民主化や経済発展の実績において世論の肯定的な評価を獲得し，次の2007年総選挙を迎えた。AKPは，ここで初めてマニフェストで世俗主義そのものに言及している。ここではトルコを，憲法第2条にのっとり「世俗的・民主的・社会的法治国家」と定義し，AKPは世俗主義を遵守するとした（AKP 2007a：13-14, 19）。その上で，世俗主義を「すべての個人が望む信条や宗派を持ち信仰することができ，宗教的信条のために他の国民

138

と異なる扱いを受けないこと」と解釈し，宗教的信条を理由とした批判と国家による強制を非難した（p. 21）。こうした世俗主義観は，前節で取り上げた『アタテュルク主義』で見られたものと非常に近い。また，宗教教育についても，宗務庁（Diyanet İşleri Başkanlığı）を通した「現代的な価値観に資する適切な宗教教育の実施」をうたうなど（p. 121-122），従来の政権と大きく変わらないかたちでの言及となっている。これは，アタテュルクの掲げた目標としての「現代文明水準への到達」にも触れることで（p. 75），世俗主義とイスラーム主義的主張のバランスをとったものといえるだろう。[11]

2007年総選挙でも勝利し単独政権の維持に成功したAKPは，第二次エルドアン内閣（第60代：2007年8月29日～11年7月6日）においても，「世俗的・民主的・社会的法治国家」をトルコ共和国の基本的価値として再確認し，マニフェストにおいて作成を主張した新憲法でもこれらを維持すると述べた（AKP 2007b：3-4）。宗教教育に関する言及はなかったものの，「道徳的・精神的価値の維持」と「国民の結束と一体化」（millî dayanışma va bütünleşme）のために宗教サービスが重要であるという主張を新たに展開している（p. 32）。

このように，この時期までのAKPは，世俗主義とイスラーム主義のどちらかに偏ることのない主張を行っていた。しかし，2007年総選挙において約46.6％という非常に高い得票率で議会の全550議席中341議席を獲得したこと，そして右派でトルコ民族主義を掲げる民族主義者行動党（Milliyetçi Hareket Partisi：MHP）が71議席を獲得して国政に復帰したことにより，次第に変化が現れはじめた。とりわけ，2008年2月に憲法第10条（法の下の平等）・第42条（教育・学習の権利および義務）などを変更し，従来禁止されてきた大学での女子学生のスカーフ（başörtüsü / türban）[12]の着用を解禁する法律案をMHPと合同で成立させたことは，AKPのイスラーム主義的傾向を証明するものとして注目を集めた。これは，次節で見るように，実際には有権者の動向を踏まえ，服装の自由や教育を受ける権利と結び付けて展開されたものであり，またMHPの強い後押しのもと提案されたものであったが（*Sabah*, 22 October 2010），世俗主義体制の一員とされる憲法裁判所を違憲審査のかたちで巻き込んで，新たな対立軸の顕在化に繋がっていくこととなった。

4　世俗主義体制と新たな対立軸

AKPと２つの憲法裁判所判決

　世俗主義とイスラーム主義的な主張のバランスをとりつつ政権運営を行っていたAKPの方針は，当時世俗主義体制にどのように評価されていたのだろうか。ここでは，2008年に行われた学校や公的機関でのスカーフ着用の解禁をめぐる裁判に加え，同年のAKP閉鎖に関する裁判も分析することで，世俗主義体制の一員としての憲法裁判所によるAKP評価を明らかにする。結果的に，憲法裁判所の判決によってスカーフ解禁は違憲とされ，一方でAKPは閉鎖を免れることとなった。憲法裁判所は，世俗主義体制として超えてはいけない一線を示しつつも，結果としてAKPの方針と彼らの提示した新しい対立軸を追認したといえる。

　憲法裁判所は，1960年クーデタ後に違憲審査機関として設立されたが（1961年），1980年クーデタを契機に，人事を通して軍事政府の強い影響下に置かれることとなり，世俗主義体制の一員へと組み入れられた。そして憲法裁判所は，1982年憲法と新しい政党法（Siyasi Partiler Kanunu, 法律第2820号；1983年）の施行以降，反世俗主義を理由とした違憲判決・政党閉鎖判決をしばしば下してきた。スカーフ解禁に関しては，ANAP政権が正面から解禁を試みた法改定を1989年に違憲・無効としたほか，1991年にも同様の試みを違憲としている。また政党閉鎖に関しては，1983年に短期間存在した平穏党（Huzur Partisi：HP）を皮切りに[13]，1998年には連立政権の首班となっていたRPの，そして2001年にはその後継政党のFPの閉鎖を決定した。これらはいずれも満場一致ではなかったものの，政党閉鎖判決に必要な認容裁判官数を満たしていた。

　2008年のスカーフ解禁をめぐる違憲審査も，その結果だけを見ると従来の憲法裁判所の判決と変わりがないが，判決文を分析すると確かな変化が存在することがわかる。本判決はCHP議員らの訴えで憲法第10条・第42条の変更に関して行われたものだが，同年６月に全11名中９名の裁判官が違憲との見解を示した一方で，裁判長を務めたクルチ長官（Haşim Kılıç）と他の１名はこれに賛

第6章　世俗主義体制における新たな対立軸の表出

同しなかった（Anayasa Mahkemesi 2008a）。違憲判断の根拠は，改定不可とされる憲法第2条にある世俗主義規定違反であったが，この判断そのものが，実は改憲に関する違憲審査を形式の点のみに限定した第148条に違反したものであった（Hale and Özbudun 2010：73）。ここで重要なのは，憲法裁判所自身がこれに自覚的であったことである。判決文では，形式的には改憲が問題なかったことに触れると同時に，有権者の代表である議員の多数派による決定を尊重しつつもそれには憲法上の価値を守るため制限が設けられるとした（Anayasa Mahkemesi 2008a）。こうした判断は，憲法裁判所による世俗主義擁護の最後の抵抗でありながらも，議会多数派の背後にある有権者の存在を強く意識したものであったといえる。

　一方，AKP に対して行われた政党閉鎖裁判は，共和国首席検事が AKP の活動が世俗主義に反するとして，党の解散とエルドアン首相・ギュル大統領（当時）を含む71名の5年間の政治活動禁止を求め，同年3月に憲法裁判所に提訴したことで始まった。単独政権を担う政党の閉鎖と首相・大統領の事実上の解任を求めるきわめて異例の裁判であったが，憲法裁判所は政党閉鎖については棄却しつつ，政党助成金の2分の1削減を命じる判決を下した。政党閉鎖に関しては，認容が6名，棄却がクルチ長官を含む5名であり，認容が裁判官の多数を占めたが，政党閉鎖に必要な認容裁判官数は全体の5分の3（つまり7名）であるため，1名差で棄却された。一方，政党助成金に関しては，認容が10名，棄却が1名であった。

　この判決により AKP は閉鎖を免れたが，判決文の内容は前述のスカーフ解禁をめぐるもの以上に重要である。本件の判決文において，憲法裁判所は AKP による民主化を重要かつ有効なものであるとして，以下のように検討・評価した（Anayasa Mahkemesi 2008b）。

（前略）政権の座にある被告政党の内政・外交，立法および行政権の行使に関するすべての実績は，世論の知るところである。（中略）2007年7月22日の総選挙において被告政党が有権者の半数に近い票を獲得したことから，人々は訴えられたような行動と党のすべての実績をあわせて評価し被告政党

に承認を与えたとみられ，これに基づいて，民主的な国民の意思が，立法および行政の任務と責任を被告政党によって行使される方向で具体化したと理解される。

（中略）被告政党の政権担当時期において，1963年のアンカラ合意とともにトルコの基本的な対外政策となったヨーロッパ連合への加盟努力が継続され，加盟候補国の地位を得た1999年から始められた法的・政治的改革が推進され，憲法および法律において必要な変更が行われた。……（中略：具体的な憲法・法律の変更点列挙）……国家をより民主的かつ自由主義的な構造に適合させる努力，とりわけ家父長的かつ伝統的な社会構造を近代的な変革に開く機会を提供する男女平等が憲法に組み入れられたこと，ヨーロッパ連合との交渉が開始されたこと，国際問題の平和的方法による解決への積極的な関与を考慮に入れると，被告政党がその権力を，国家を現代西洋民主主義の水準に適合させる方向で用いたことは明らかである。

この憲法裁判所の評価は，単に政党閉鎖請求が棄却されたということ以上に，憲法裁判所が「世俗主義‐イスラーム主義」という従来の構図を超えて，民主化による「世俗主義体制（国家）」の変化が「現代文明水準への到達」のために不可欠であるという新たな指針を示したという点で重要である。また，「現代文明水準への到達」を加速させる主体としてのAKPを評価し，前述のスカーフ解禁に関する判決と同様にその背後にある有権者の選択に言及したことは，「世俗主義体制（国家）‐国民」の構図において後者の正統性を認めたことも意味するものであるといえる。事実，2007年総選挙までのAKPの政策に対する世論の評価では，重要な改革を実施したと評価する人々が約50％（評価しない人々は約35％），反動（irtica：イスラーム主義を指す）が強まったと評価する人々が約35％（評価しない人々は約50％）となっており，AKPの政策を改革とみなす人々は多数派を形成していた（Ağırdır 2007：7-8）。

こうした判決を受けて，AKPは有権者の支持に基づく世俗主義体制そのものの変革をより一層強く打ち出すようになった。そして，スカーフ解禁を含むイスラーム主義的とみなされうる政策については，世俗主義体制にも受容され

る教育や機会均等といった概念とともに，有権者の要求を強調しつつ実現を目指していったのである。

2008～2015年──体制変革に向けて

　政党としての分岐点であった2008年を乗り越えた後，AKP政権は2010年9月に国民投票を実施した。これは，世俗主義体制を支える1982年憲法制定のきっかけとなった1980年クーデタの首謀者らの訴追を可能とする改憲や，憲法裁判所裁判官の議会選出枠の設置などを含む司法改革が主たる目的であったが，投票日がクーデタ実行日（9月12日）のちょうど30年後に設定されたことからもわかるように，実質的にも象徴的にも世俗主義体制の変革を目指したものであった。投票では賛成票が約57.9%に達し，これらの改革は実行に移されることとなった。クーデタ首謀者らは2012年1月に起訴され，2014年6月には終身刑の判決が下った。また，司法においても，とりわけ人事において政府の関与が強まっていった。

　こうした状況で発表されたAKPの2011年総選挙のマニフェストでは，世俗主義を柱の1つとする共和国観は維持したものの，2008年改憲案と同様に女子教育との関連においてスカーフを初めて取り上げた。ここでは，あくまでも民意に立脚しているという強気と，教育を受ける権利という西洋的価値観の枠内での主張という位置づけ，そして国民投票で明示的となった「世俗主義体制（国家）-国民」の構図が浮き彫りとなった。具体的には，女子教育の推進を掲げる「『さあ女子を学校へ』キャンペーン」の成果として，高等教育を修めた女子学生が増加した実績に触れたものであるが，ここでは「スカーフ問題があるにもかかわらず」増加したことが強調された（AKP 2011a：159）。これは，決してスカーフをめぐる問題を正面から扱ったものではないが，2008年の判決を踏まえて敢えて言及したものとして，注目に値する。

　また，総選挙前の2010年11月に実施された民間調査会社によるスカーフ着用に関する調査結果も，AKPのこうした方針に合致するものであった。この調査においては，回答者本人（もしくは妻）が着用しないと答えた人々は約28.8%であったのに対し，バショルテュシュは約62.4%，テュルバンは約

7.7%、チャルシャフ (çarşaf)⁽¹⁶⁾は約1.1%であった。また、2003・07～09年の同様の調査と比較すると、着用しない人々の割合は減少傾向にあり、一方で何かしらを着用する人々の割合は増加している (KONDA 2010：7-8)。支持政党との関連では、CHP 支持者を除くいずれの政党でも支持者の概ね60～70%がスカーフを着用していると回答した (p.12)⁽¹⁷⁾。そして、大学でのスカーフ着用に関しては、回答者の約78.9%が解禁すべきと答えている。支持政党別に見ると、CHP 支持者の約43.9%が解禁を支持し、また自身（もしくは妻）が何も着用していない人々でも約59.4%が解禁を支持していた (p.14-16)。

2011年総選挙での勝利を受けて組閣された第三次エルドアン内閣（第61代：2011年7月6日～14年8月28日）のプログラムでも、やはりスカーフについて言及がなされたが、マニフェストに比べより象徴的に、以下のように扱われた (AKP 2011b：10)。

　我々は、すべての民族集団を、（そして）ムスリムや非ムスリム、スンナ派やアレヴィー、スカーフを被る人と被らない人、貧しい人と富める人、女性と男性、障害を持つ人と持たない人、様々な政治観から成る全国民を等しく見ており、各個人が基本的な権利と自由を最も高い水準で得ることのできる環境を目指している。

スカーフへの言及はこの部分だけであるが、あくまでも、AKP 政権はスカーフを被ることを推奨しているわけではなく、スカーフを被らない人々と同様の権利や自由を保障するという主張が読み取れる。これに加えて、このプログラム以降、マニフェストにおいても世俗主義への直接的な言及がなくなった点も、非常に示唆的である。

このような主張は、共和国建国100周年となる2023年に向けた政策ヴィジョンを示した冊子においてもなされている。ここでは、世俗主義の堅持をうたいつつ、それが共和国観の不可欠な一部であると同時に宗教に対する公平性を保障するものであるとした。また、宗教や篤信な人々に対する不当な抑圧に反対するとも表明した (AKP 2012：24-27)。

第**6**章　世俗主義体制における新たな対立軸の表出

こうしたなか，司法改革や文民統制による世俗主義体制の弱体化を受けて，エルドアン政権は2013年10月に行政機関・組織勤務者の服装に関する規則（Kamu Kurum ve Kuruluşlarında Çalışan Personelin Kılık ve Kıyafetine Dair Yönetmelik, 1982年）を閣議決定により改定し，女性公務員のスカーフ解禁を実現した。また，同月末には，AKP女性議員4名が本会議にスカーフ着用のまま出席したことで，議会でも事実上スカーフが解禁された。さらに，この頃には既に，大学でのスカーフ着用は事実上認められるようになっていた。スカーフをめぐる問題で世俗主義体制から「勝利」を収めたAKPは，エルドアンが大統領に就任し，後継首相として元外相のダヴトオールが就任した際の内閣のプログラム（第62代：2014年8月29日〜15年8月28日）において，その主張をより強めていった。スカーフについては，その課題を「解決した」として実績の1つに挙げ，先に引用した部分を引き続き用いてスカーフを被らない人々との平等性を主張した（AKP 2014：21）。さらに，女子学生のスカーフ着用を解禁したことで，彼女らの教育を受ける自由が制限されなくなったとして，教育との結びつきを強調した（p. 58, 76）。

　こうしたAKPの方針は，依然として世論の支持を引きつけていた。2015年に実施された調査では，宗教実践を行おうとする人々が多数であり，AKPの政策がそうした人々を支援している状況が明らかとなっている。ここで自身を「信仰なし」（inançsız）と規定する人々は回答者の3％未満に過ぎず，イスラームに関して「信仰あり」（inançlı：宗教実践をあまり行っていない）とした人々は約25％，「敬虔な」（dindar：宗教実践を満たそうとしている）人々は約61％，さらに「とても熱心な」（sofu）人々は約12％であった。政党別の支持という点では，AKPはそれぞれの区分で概ね5％，25％，50％，65％の人々から支持を得ていた（KONDA 2015：85-87）。

5　「国民」の世俗主義へ

　「世俗主義体制（国家）‐国民」の構図を用いて，既存の「世俗主義‐イスラーム主義」の対立軸を上書きしてきたAKPであったが，2015年6月に実施さ

れた総選挙では、議会第一党は維持したものの初めて単独政権の座を失うこととなった。しかし事実上の再選挙となった同年11月総選挙で単独政権に返り咲いたことで、それ以降も全体としてこれまでの方針が変更されることはなかった。

たとえば2015年6月総選挙のマニフェストにおいては、教育分野におけるイスラーム主義的な政策実績が言及され、一部は太字で強調された（以下《 》内は太字箇所）。宗教関連選択科目を設置したことや、教育関係者や教師・学生のため《スカーフの自由をもたらした》こと、職業高校やイマーム・ハティプ高校（imam hatip lisesi）の《何重もの不公正を撤廃した》こと、信じる宗教によらず教育を受ける権利を保障したこと、大学寮における宗教・価値観教育を実施したことが重要な実績として挙げられた（AKP 2015：77, 110, 116）。スカーフに関しては、教育との結びつきだけではなく、男女の機会均等との関連で触れられるようになった。たとえば、女子学生・女性公務員・女性国会議員の服装に関する制限撤廃に関連し、《スカーフやそのほかの制限撤廃を実施した》との言及がなされた（p. 23）。また、前述の第61代内閣のプログラムからの引用部分に相当する箇所も、太字で強調されている（p. 77）。《女性の自由・機会均等実現のためのスカーフ》（p. 110）という文言に表れているように、スカーフの自由化をより推進しつつ、あくまでも自由や機会均等といった価値観と併用している点は重要である。

こうした変遷をたどったAKPの世俗主義やイスラーム主義的な主張・方針は、2017年現在のAKPの党則に、最も明確にまとめられている。党の基本目標を掲げた第4条には、共和国の建国者であるアタテュルクの示した現代文明水準への到達と、さらにそれを上回るために憲法第2条（世俗的・民主的・社会的法治国家）に合致した活動を行うこと、信条・思想の自由とともに世俗主義と法の下の平等を遵守することなどが挙げられている（AKP 2016：24-25）。また、党綱領においても、憲法第2条を共和国の基礎とみなすとともに、世俗主義について「民主主義の不可欠な条件」であり「良心の自由を保障するもの」との理解を示している。そして、世俗主義は宗教と対立するという見解に反対し、むしろすべての宗教・信条を持つ人々が信仰を困難なく実践し、宗教的信条を表明しつつ生きること、さらには信仰を持たない人々にも生活を（みずか

ら)決めることを保障するものである,との解釈を示している (p. 127, 129)。これに加えて,世俗主義原則が求めるものとして,国民が宗教を学ぶためのあらゆる利便性を保証するとした (p. 169)。

　これまで見てきたように,AKPは有権者の支持を強力な背景とし,「世俗主義 - イスラーム主義」の構図を抱えていた世俗主義体制そのものの変革を目指してきた。その点においては,イスラーム主義的な政党が穏健化したというよりも,体制に許容されうる世論に適した論理を打ち出したという見方がより当てはまるだろう。もっともイスラーム主義的な政策の1つであるスカーフ着用の解禁についても,結びつける対象を教育から機会均等へと変化させつつ,常に西洋的価値観の枠組みを意識し,世論の積極的な支持と世俗主義体制の消極的な支持の確保に成功してきたといえる。近年では,2016年8月に女性警官の,2017年2月には女性軍人のスカーフ着用も可能となった。

　公正で自由な選挙という,有権者と議会・政府とをつなぐ民主政治の要が維持されるかぎり,AKPは「世俗主義体制(国家) - 国民」という対立軸にのっとり世俗主義体制の変革を継続すると考えられる。有権者の支持が失われた際に,AKPは果たして国民の側に立ち続けることができるのか,それともみずからの体制の保持を試みることになるのか,引き続き注目したい。

注
(1) 1999年にトルコ各地で3,000名以上を対象に実施された調査では,回答者の96.9%がムスリムであると答えた (Çarkoğlu and Toprak 2000：13)。
(2) 本章では,憲法についてはトルコ大国民議会 (Türkiye Büyük Millet Meclisi, TBMM：以下「国会」または「議会」) のウェブサイトを参照した (https://www.tbmm.gov.tr/anayasa.htm；2017年3月1日閲覧)。なお,同憲法では「宗教」(din) という語はいくつかの条文で見られるが,「イスラーム」の語は一切用いられていない。
(3) トルコ議会は,1961年憲法 (1961〜1980年) においては二院制を採用していた。
(4) 1924年までは人民党 (Halk Fırkası)。1935年まではトルコ語表記はCumhuriyet Halk Fırkası であった。

⑸　「6本の矢」の他の2つは，国家主義（devletçilik）と改革主義（inkılapçılık）とされる。
⑹　イマームおよびハティプ（ハティーブ：khatib）養成のための職業学校。現行のものは中等教育に相当する。
⑺　ギュルは2000年のFP党首選に立候補し，エルバカン路線の継続を目指した候補者と対決，結果落選したものの当初の予想を上回る票を獲得するなど，注目を集めていた。また，エルドアンも，1994年にイスタンブル広域市長に当選して以降，政治集会で宗教的な文言を用いて民衆を扇動したとして1999年に有罪判決を受け収監されるまで，実績を重ねていた。エルドアンは有罪判決によって，2003年まで被選挙権を停止された。
⑻　さらに，公式の略称としてAk Partiを名乗ることで，白や潔白を意味するakという語のイメージも取り込んでいる。
⑼　このほかエルドアンは，イスタンブル広域市長時代の1994年に，同市の主要な道路の1つである祖国通り（Vatan Caddesi）をアドナン・メンデレス大通り（Adnan Menderes Bulvarı）に改称している。
⑽　本章で言及しなかった他の内閣のプログラムについては，議会のウェブサイト（https://www.tbmm.gov.tr/kutuphane/e_kaynaklar_kutuphane_hukumetler.html；2017年3月1日閲覧）を参照のこと。
⑾　ただし，本章で取り上げたマニフェストのなかで，アタテュルクやアタテュルク主義に直接的に言及したものは，これが唯一の箇所であることには注意が必要である。
⑿　トルコでは，「スカーフ」に該当するエシャルプ（eşarp）を用いた頭部の覆い方について，バショルテュスュ（başörtüsü）とテュルバン（türban）の呼称を用いる。バショルテュスュ（字義的には「頭覆い」）は頭部を緩く覆うもので，テュルバンは髪の毛全体や耳も覆うものという理解もあるが，主にこれはイスラーム主義的潮流に批判的な人々によって採用されている区別である。そのため，この区別では，バショルテュスュはアナトリア半島の伝統的な風習であり，テュルバンはイスラームの象徴とみなされる。しかし一方で，イスラーム主義的な人々は，こうした背景からテュルバンの呼称を好まず，両方に対しバショルテュスュの呼称を用いる傾向がある。これは，2010年当時首相であったエルドアンとCHPクルチダルオール党首（Kemal Kılıçdaroğlu）との会談において，髪を完全に覆うスカーフの着用に関し，前者がバショルテュスュを，後者がテュルバンの語を用いたという出来事に象徴的に現れている（*Vatan*, 3 October 2010）。本章では，特に区別が必要な場合を除いては，バショルテュスュとテュルバンはともに「スカーフ」と呼称する。
⒀　HPに関する裁判では，党綱領において学校でのイスラーム教育の充実を掲げたことが争点となった。HP側は，イスラームとトルコ民族主義は不可分であり，ト

第 **6** 章　世俗主義体制における新たな対立軸の表出

ルコの伝統として若者に教育する必要があると訴えたが，憲法裁判所は，アタテュルクによる革命の主たる目標が「現代文明水準への到達」であり，世俗主義はこの中心に位置づけられるとして，この主張を退けた（Yıldırım 2010：241）。

⒁　ただし，首謀者 2 名とも高齢であったため確定を待たず2015年に死去した。

⒂　AKP のマニフェストならびに内閣のプログラムで「スカーフ」にあたる語は「バショルテュスュ」であり，「テュルバン」は一切用いられていない。

⒃　顔以外の全身を覆う，主に黒いヴェール（ペチェ：peçe）。

⒄　CHP 支持者では，スカーフを着用する人々は約33％，何も着用しない人々は約66％であった。

参考文献
政党刊行物
Adalet ve Kalkınma Partisi（AKP）（2002a）*Herşey Türkiye İçin: Seçim Beyannamesi 2002.*
─── （2002b）*58. Hükümet Programı.*
─── （2003）*59. Hükümet Programı.*
─── （2007a）*Nice Ak Yıllara: Güven ve İstikrar İçinde Durmak Yok Yola Devam.*
─── （2007b）*60. Hükümet Programı.*
─── （2011a）*Türkiye Hazır Hedef 2023: 12 Haziran 2011 Genel Seçimleri Seçim Beyannamesi.*
─── （2011b）*61. Hükümet Programı.*
─── （2012）*Ak Parti 2023 Siyasi Vizyonu: Siyaset, Toplum, Dünya.*
─── （2014）*62. Hükümet Programı.*
─── （2015）*Yeni Türkiye Yolunda Daima Adalet Daima Kalkınma: 7 Haziran 2015 Genel Seçimleri Seçim Beyannamesi.*
─── （2016）*Tüzük / Programı（Kalkınma ve Demokratikleşme Programı）.*
（すべて AKP ウェブサイト（http://www.akparti.org.tr/；2017年 3 月 1 日閲覧）を参照）

日刊紙
Sabah / Vatan / Zaman（すべて電子版）

日本語・外国語文献
新井政美（2001）『トルコ近現代史──イスラム国家から国民国家へ』みすず書房．
粕谷元（2001）「トルコ共和国成立期の『国民（millet）』概念に関する一考察」酒井啓子編『民族主義とイスラーム』日本貿易振興会アジア経済研究所．

第Ⅱ部　世界に広がるイスラーム主義運動

澤江史子（2005）『現代トルコの民主政治とイスラーム』ナカニシヤ出版。
Ağırdır, Bekir（2007）*Seçim '07: Siyasette Yeni Dönem?* İstanbul: KONDA.
Akdoğan, Yalçın（2004）*AK Parti ve Muhafazakâr Demokrasi*. İstanbul: Alfa Yayınları.
Anayasa Mahkemesi（2008a）*Anayasa Mahkemesi Kararı*, Esas Sayısı *2008/16*, *Karar Sayısı 2008/116*.
――――（2008b）*Anayasa Mahkemesi Kararı*, Esas Sayısı *2008/1*, *Karar Sayısı 2008/2*.
Çarkoğlu, Ali and Binnaz Toprak（2000）*Türkiye'de Din, Toplum ve Siyaset*. İstanbul: TESEV Yayınları.
Cizre, Ümit ed.（2016）*The Turkish AK Party and Its Leader: Criticism, Opposition and Dissent*. London and New York: Routledge.
Duran, Burhanettin（2008）"The Justice and Development Party's 'New Politics': Steering toward Conservative Democracy, A Revised Islamic Agenda or Management of New Crises?" in Ümit Cizre ed., *Secular and Islamic Politics in Turkey: The Making of the Justice and Development Party*. London and New York: Routledge.
Erdoğan, Recep Tayyip（2006）"Conservative Democracy and the Globalization of Freedom," in M. Hakan Yavuz ed., *The Emergence of a New Turkey: Democracy and the AK Party*. Salt Lake City: The University of Utah Press.
Genelkurmay Başkanlığı（1973）*Türk Tarihi: Silahlı Kuvvetler ve Atatürkçülük*. Ankara: Genelkurmay Basımevi.
――――（1983a）*Atatürkçülük（Birinci Kitap）: Atatürk'ün Görüş ve Direktifleri*. Ankara: Genelkurmay Basımevi.
――――（1983b）*Atatürkçülük（İkinci Kitap）: Atatürk ve Atatürkçülüğe İlişkin Makaleler*. Ankara: Genelkurmay Basımevi.
――――（1983c）*Atatürkçülük（Üçüncü Kitap）: Atatürkçü Düşünce Sistemi*. Ankara: Genelkurmay Basımevi.
Hale, William and Ergun Özbudun（2010）*Islamism, Democracy and Liberalism in Turkey: The Case of the AKP*. London and New York: Routledge.
KONDA（2010）*KONDA Barometresi: Başını Örtme ve Türban Araştırması*. İstanbul: KONDA.
――――（2015）*7 Haziran: Sandık ve Seçmen Analizi*. İstanbul: KONDA.
Mateescu, Dragos C.（2006）"Kemalism in the Era of Totalitarianism: A Conceptual Analysis," *Turkish Studies* 7(2).
Millî Güvenlik Konseyi（1982a）*Tutanak Dergisi*, Cilt 4, Birleşim 62, Oturum 1.
――――（1982b）*Tutanak Dergisi*, Cilt 4, Birleşim 73, Oturum 1.

Subaşı, Necdet (2005) *Ara Dönem Din Politikaları*. İstanbul: Küre Yayınları.
Şimşek, Sefa (2005) "'People's Houses' as a Nationwide Project for Ideological Mobilization in Early Republican Turkey," *Turkish Studies* 6(1).
Yıldırım, Seval (2010) "The Search for Shared Idioms: Contesting Views of Laiklik Before the Turkish Constitutional Court," in Gabriele Marranci ed. *Muslim Societies and the Challenge of Secularization: An Interdisciplinary Approach.* Heidelberg: Springer.

第7章
サウディアラビアにおけるイスラーム主義の競合
──「公式」イスラーム主義による「非公式」イスラーム主義の封じ込め──

高尾賢一郎

1 サウディアラビアとイスラーム主義

　多くの場合，「イスラーム主義」と呼ばれ関心を集めるのは，イスラーム的諸価値の実現を妨げる政策が敷かれた近代の世俗主義国家の事例（本書第6，8〜11章参照），また歴史的に見てムスリムが少数派であるなど，イスラーム的諸価値の実現を目指す文化的背景を有さない地域（本書第5章参照）の事例である。このため，「イスラーム主義」と聞けば，政府あるいは社会とは異なる志向性を備えた，反体制勢力や少数派として捉えられる向きが強い。イスラーム主義者が「あ・え・てイスラームに基づく共同体を再興しようとし，そのためにさまざまな手段を通して政治的活動を行う人びと」と説明されるのは，このことを反映している（大塚 2004：13，傍点筆者）。
　しかしながら，反体制勢力や少数派であることは，社会におけるイスラーム的諸価値の実現を目指すというイスラーム主義の理解とは本質的な関連がない。反体制勢力や少数派としてのあり方はイスラーム主義の政治・社会的形態の1つに過ぎず，実際には体制と協力関係を築くイスラーム主義も存在する（本書第3章参照）。
　これを受けて本章は，イスラーム主義の多様な形態について論じる一環として，サウディアラビア王国を事例に，親体制的で多数派のイスラーム主義を取り上げる。そして，これを「公式」イスラーム主義と捉えた上で，反体制的で少数派の「非公式」イスラーム主義の事例も取り上げ，同国におけるイスラーム主義の競合関係について論じる。その上で，「アラブの春」を経て，サウ

第Ⅱ部　世界に広がるイスラーム主義運動

ディアラビアが域内安全保障の観点からどうイスラーム主義対策に取り組んでいるかについて説明したい。

建国とイスラーム

まずは，サウディアラビアとイスラーム主義との関係を考える上で不可欠となる，同国建国の経緯について簡単に説明したい。

1744年，アラビア半島中部にあるリヤード郊外のディルイーヤで，部族長ムハンマド・イブン・サウード（1687～1765年）とイスラーム法学者ムハンマド・イブン・アブドゥルワッハーブ（1703～91年）の2人が，ある重要な盟約を交わした。この盟約は，当時半島に広まっていた多神教・偶像崇拝につながる習慣を一掃し，イスラーム法（シャリーア）の適用を通じて，社会に正しいイスラームを根づかせるための国家を建設するというものである。これによって，イブン・サウードの一族（サウード家）を王家とするサウディアラビアの歴史が幕を上げた。[1]

現在のサウディアラビアは，この盟約を皮切りに興った第一次王国（1744～1818年），19世紀初頭に興った第二次王国（1820～89年）に次ぐ，20世紀前半以来の第三次王国（1932年～）と位置づけられる。第一次王国は19世紀初頭にアラビア半島の大部分を制圧したが，オスマン帝国の命を受けたエジプト総督ムハンマド・アリー（1769～1849年）の軍勢によって滅びた。第二次王国は家督相続をめぐる騒動に明け暮れ，ライバル豪族のラシード家の侵略を受けて滅びた。1902年，サウード家はリヤードを奪還し，イギリスの協力や遊牧民部隊「イフワーン」の入植活動を通して半島東部を制圧した。この後，マッカ太守フサイン・イブン・アリー（1853～1931年）との戦いに勝利したサウード家は，[2] マッカ・マディーナ・ジッダといった半島西部の要衝を攻略して，1932年に現在の領土を確立させた。

盟約から明らかなように，サウディアラビアはイスラームを国家存立の大義としてきた。周辺イスラーム王朝の侵略や西洋諸国の植民地支配を受けていなかった，言い方を変えれば何の後ろ盾もなかったオアシスの一豪族であるサウード家が，マッカやマディーナといった聖地の統治者としての威光をまとう

第7章 サウディアラビアにおけるイスラーム主義の競合

ために、イスラームは必要不可欠な標語であった。

もっとも、サウディアラビアが掲げるイスラームとは、必ずしも周辺諸国のものと同じではない。むしろ同国の特殊といえる宗教的立場は、しばしば同じムスリム諸国との対立の火種となってきた。

図7-1　リヤード旧市街にある第三次王国建設時の王宮府マスマク城
出典：筆者撮影。

ワッハーブ主義とは

この特殊なイスラームのあり方を指す表現として、しばしば「ワッハーブ主義」という呼称が用いられる。これは先述のイブン・アブドゥルワッハーブの名に因んだもので、端的には多神教や偶像崇拝を廃した厳格な一神教としてのイスラームという、彼とイブン・サウードが交わした政教盟約に沿ったものである。そしてこのための方法として、ワッハーブ主義は聖典クルアーンと預言者ムハンマドの言行スンナのみを典拠とすることを訴えた。

元来、イスラームが唯一なる神を崇めて偶像崇拝を否定し、クルアーンとスンナを無誤謬な典拠とすることを考えれば、ワッハーブ主義とは通常のイスラーム（スンナ派）のあり方に他ならない。一方、現実にはクルアーンやスンナに根拠を持たない、あるいはこれら以外を権威とする現象が存在した。イブン・アブドゥルワッハーブは当時のアラビア半島に見られた樹木信仰や聖廟参詣をクルアーンとスンナから逸脱したものとみなし、また周辺イスラーム王朝に浸透していた学派主義を、クルアーンやスンナ以外を権威とするものとみなして批判した（Bin Bāz 2011）。そして、ムハンマドと彼の正統な後継者（カリフ）の時代に倣った社会作りを呼びかけた（DeLong-Bas 2004）。こうして、思想的にイスラーム以上のものではないはずのワッハーブ主義は、多様な土着の信仰や中世以来の学問権威構造が根づき、さらには西洋文明が流入し始めた当時のイスラーム世界において異質な主張と位置づけられたのである。

155

図7-2 リヤード郊外ウヤイナにあるイブン・アブドゥルワッハーブの生家
出典：筆者撮影。

「公式」イスラーム主義としての展開

ここで重要となるのは、ワッハーブ主義が単にムスリム個々人の思想や行動を規定する宗教的立場にとどまらず、国家形成を目指す政治運動でもあったことである。つまり、ワッハーブ主義は社会におけるイスラーム的諸価値の実現を目指す、サウディアラビアの「公式」なイスラーム主義といえる。

では、建国後にこの「公式」イスラーム主義はどう展開したのか。またこの担い手となったのは誰か。第一次王国以来、サウディアラビアでは「シャイフ家」と呼ばれるイブン・アブドゥルワッハーブの末裔が教義的観点から各種政策の諮問を行い、ワッハーブ主義に基づいた国家形成に貢献してきた。第三次王国においてもこの慣習は続いたが、1937年に石油が発見され、経済的変化が社会に過剰な影響を与えることを警戒した政府は、より組織的な宗教界を形成して社会統制を強化することを目指した（Al Atawneh 2010：xiv-xv）。これを背景に1952年、シャイフ家のムハンマド・イブン・イブラーヒーム（1893～1969年）を長とする王国最初の公式ウラマー（イスラーム法学者）機関である「ファトワー布告および宗務監督委員会」が設立された。

イブン・イブラーヒームは18もの宗教要職を兼任し、シャイフ家の権威は絶頂期を迎えた（森 2001）。しかし彼の逝去後、ファイサル国王（1906～75年、在位1964～75年）の統治下で1971年、国内最高位の宗教機関として「最高ウラマー委員会」が設立された。最高ウラマー委員会はイスラーム法学に基づいた法裁定（ファトワー）を下す権限を持った諮問機関で、メンバーのほとんどはシャイフ家以外のウラマーであった。また同年、シャイフ家が歴任してきた国内最高の宗教権威である最高ムフティーの職が廃止された（1993年に再設）。

こうした過程を経て、国内にはシャイフ家という精神的権威ではなく、職業化されたウラマーを中心とした制度的で中央集権的な公式宗教界が形成された

第7章　サウディアラビアにおけるイスラーム主義の競合

表7-1　現在のサウディアラビアにおける主要宗務官庁

名　称	設立経緯・概要	付属機関（設立年）・構成
ファトワー理事会	1955年にファトワー庁設立。1971年にファトワー委員会として改組。以降1975年，1993年に改組。	最高ムフティー事務所（1993），最高ウラマー委員会（1971，ファトワー理事会，最高ウラマー委員会事務所），副最高ムフティー事務所（1993，ウラマー委員会のメンバー1名が代表を務める）など。
巡礼・ウムラ省	1946年に財務省管轄下の巡礼総局として設立。1956年に同省から独立。1961年に巡礼・寄進財省として改組。1993年に巡礼省として独立。2016年に巡礼・ウムラ省に改組。	少数派機関調整委員会（1988），少数派機関，ザムザム事務所（1983），案内者事務所（1985）など。
イスラーム事項・宣教・善導省	巡礼省から寄進財部門，ファトワー理事会から宣教部門，勧善懲悪委員会から善導部門が独立し，これらを統合して1993年にイスラーム事項・寄進財・宣教・善導省として設立。2016年にイスラーム事項・宣教・善導省に改組。	ファハド国王クルアーン印刷協会（1985），宣教・善導評議会（1994），イスラーム調査・研究センター（1994），聖クルアーン暗唱コンテスト協会，寄進財最高評議会事務局，聖クルアーン暗唱慈善協会最高評議会事務局，巡礼におけるイスラーム覚醒事務総局など。
二聖モスク庁	1977年設立。1987年名称変更。1993年にカアバ聖殿に関する業務が追加。	とくになし。
勧善懲悪委員会	1917年設立。1924年以降全国に支部展開。1930年以降に警察と連携して治安活動に従事。1976年に庁機関として独立。	とくになし。
最高司法評議会	1975年設立。	とくになし。

出典：森（2001）；b. Mu'ammar et al eds.（2012）；Stenslie（2012）をもとに筆者作成。

(Al Atawneh 2010)[7]。そしてこのウラマー機関を中心に，1970～90年代にかけて宗教政策を担当する公的機関が整備され（表7-1），「公式」イスラーム主義を担う体制が完成したのである[8]。

2　「非公式」イスラーム主義勢力の台頭

サウディアラビアは，ワッハーブ主義を建国理念とし，イスラーム的諸価値の実現を目指して社会形成を行ってきた，一種のイスラーム主義国家である。

では国内には、ワッハーブ主義ではない、すなわち「非公式」なイスラーム主義は存在しないのか。本節ではムスリム同胞団を軸に、反体制的で少数派のイスラーム主義の推移について説明したい。

ムスリム同胞団の流入

1920年代後半にエジプトで誕生したムスリム同胞団は、1950年代以降、ジャマール・アブドゥンナースィル大統領下の弾圧を逃れるため、一部のメンバーが周辺諸国に移住した。そんな彼らを積極的に受け入れた場所の1つが、サウディアラビアをはじめとするペルシャ湾岸のアラブ地域である。

この当時、サウディアラビアでは現在の主要な国立大学が設立され始めた。マッカのウンムルクラー大学（1949年）、リヤードのイマーム・ムハンマド・イブン・サウード・イスラーム大学（1953年、通称イマーム大学）とサウード国王大学（1957年、旧名リヤード大学）、マディーナのイスラーム大学（1961年）などである。移住した同胞団メンバーには、教育分野をはじめ、公的機関を中心に活躍の場が与えられ、特にウンムルクラー大学では同胞団メンバーが幹部として厚遇された（Lacroix 2011：43-44）。

湾岸地域で同胞団のメンバーが受け入れられ、重用された背景には、まだほとんどの国が独立以前であった当時の湾岸地域にとって、エジプトで世俗教育や宗教教育を受けた同胞団メンバーが「都会の先進的な人々」だったことがある。加えて、当時のサウディアラビアにとってエジプトは、同じスンナ派アラブの目指すべき近代国家であると同時に、域内に社会主義の陣営を築こうとするアラブ民族主義の中軸であり、ワッハーブ主義を含むイスラーム主義とは対立する立場にあった。このためサウディアラビアは、かねてより同胞団を支援することで域内におけるエジプトの影響力拡大を防ぎ、なおかつ自国の影響力をエジプト国内に浸透させることを目指していた。弾圧を逃れた同胞団メンバーを自国で受け入れたのはこの一環である。

新たなイスラーム主義の浸透

しかしながら、サウディアラビア政府は同胞団メンバーの役割を国内のイン

第7章　サウディアラビアにおけるイスラーム主義の競合

フラ整備のためのアドヴァイザーや労働力にとどめ、彼らが政治・宗教的影響力を持つことは認めなかった。まだエジプトで本格的な弾圧が開始する前、同胞団の創設者であるハサン・バンナーはサウディアラビアを訪問してアブドゥルアズィーズ国王（1876～1953年、在位1932～53年）に謁見し、同胞団の支部をサウディアラビアに設立することについて許可を求めた。しかしサウディアラビアで

図7-3　リヤードにおけるワッハーブ主義教育の牙城、イマーム大学のキャンパス。学長（閣僚級）は国王によって任命される
出典：筆者撮影。

は政党をはじめとした各種結社の設立が禁じられており、同国王はこの要望を断っている（Lacroix 2010：39）。このため同国では、エジプトやシリアで見られた同胞団の粛清や、体制と同胞団との武力衝突といった事態は起こらなかったが（本書第8、10章参照）、一方で同胞団の個々のメンバーが、ワッハーブ主義とは異なる非公式なイスラーム主義の潮流をサウディアラビア国内にもたらした。

この代表的な人物がムハンマド・クトゥブ（1919～2014年）である。彼はハサン・バンナー亡き後のエジプトで同胞団の理論的指導者を務めたサイイド・クトゥブ（1906～66年）の弟で、兄がエジプトで処刑されたことを受けてサウディアラビアに移住した。そしてウンムルクラー大学やジッダのアブドゥルアズィーズ国王大学で教職に就き、兄サイイドのイスラーム主義に関する著作の内容について講義を続けた。

サイイド・クトゥブのイスラーム主義思想の柱となるのは、西洋の帝国主義と非イスラーム的な政治体制の排除であり（本書第1章参照）、これらはイギリスと社会主義による支配を経験したエジプトの同胞団の歴史を反映したものである。これに対してサウディアラビアのワッハーブ主義は、社会に根づいていた民間信仰や中世の伝統といったイスラームの内敵を排除の主たる対象とし、政治体制の非イスラーム性を質すことは優先事項としなかった（Lacroix 2010：51-52）。広義では同じイスラーム主義に含まれるものの、植民地化を経験して

おらず，建国当初より王制を続けてきたサウディアラビアのイスラーム主義は，エジプトの同胞団が掲げるイスラーム主義とは相容れないものであった。

体制批判の始まり

このような同胞団のイスラーム主義の影響を，ムハンマド・クトゥブを通して受けた新しい世代が，1990～1991年の湾岸戦争をきっかけに現れた。イラクのクウェート侵攻に端を発した湾岸戦争は，クウェートと国境を接し，石油輸出国としてイラクと地域覇権を争うサウディアラビアにとって重要な意味を持った。サウディアラビアはアメリカ主導の多国籍軍の国内駐留を認め，対イラク陣営としての立場を明確に示した。しかし，異教徒を中心とした多国籍軍を国内に招き入れる一方，同じスンナ派アラブのイラクと戦うという姿勢は一部の有識者からの不信を招き，彼らが政治改革要求を始めた。

この中心人物に，ウンムルクラー大学でムハンマド・クトゥブの薫陶を受け，同大学でイスラーム学の教員を務めていたサファル・ハワーリー（1950年～）と，カスィーム州の州都ブライダの人気説教師であり，同州のイマーム大学分校でイスラーム学の教員を務めていたサルマーン・アウダ（1955年～）がいた。この2人を筆頭に，誓願書の提出という形で政治改革要求を行ったメンバーは，後に「サフワ」（覚醒）と呼ばれた（Lacroix 2011 : 202-210）。

彼らは，より厳格なイスラーム法の適用に基づいた国家形成を求め，立法権や司法権の独立，ウラマーの地位向上，政府機関からの腐敗一掃といった，従来の国家体制に対する明らかな不満を誓願書に書き綴った（中田 2001）。誓願書の署名者には宗教界や教育界，また法曹界の人々が含まれ，これは体制下の人物が政府に対して不満を持っていること，また宗教学者に限らない幅広い有識者の間に，ワッハーブ主義とは異なるイスラーム主義が広まっていることを意味した（Kéchichian 2013 : 34-37）。

これに対して政府は，宗教界の中枢である最高ウラマー委員会を通じて政治改革要求行動を批判し，サフワのメンバーに海外渡航禁止や公職からの追放といった処分を科した。メンバーの一部は，シャリーアの厳格な適用を訴える団体「イスラーム法権利擁護委員会」を設立して改革要求を続けたが，政府に

第7章　サウディアラビアにおけるイスラーム主義の競合

よって非合法化され，メンバーにも自宅軟禁や逮捕などの処分が下されたため，彼らは活動拠点をロンドンに移した。

ところで，ハワーリーやアウダといったサフワの中心人物は，個々人で啓発活動を継続するなかで，湾岸戦争におけるアメリカを「新たなる十字軍」と言い表して，次第に主張の軸を体制への政治改革要求からアメリカ批判へと移していった（森 2014：77-78）。軍事的にアメリカを頼るサウディアラビア政府を批判する点に変わりはないが，外敵批判は政府批判に比べて国内でより多くの支持を集める効果もあった。実際，1994年にハワーリーとアウダは反政府活動を行ったかどで投獄されたが，アウダの活動拠点であったブライダでは，若者が彼の逮捕に抗議するデモを開始した。そしてこうした流れが，後の過激主義の台頭につながった。

3　過激主義の伸長と対応

1979年11月，聖地マッカの中心であるハラーム・モスクを，武装した約300人が占拠した。彼らは，サウディアラビア政府が真のイスラーム社会を実現するとの理想を捨てて欧米諸国との緊密な関係を優先し，ワッハーブ主義から逸脱したとして批判した。そして当時のハーリド国王（1913～82年，在位1975～82年）の廃位を要求した。治安部隊との交戦の末に武装集団は拘束され，後日に全員が斬首されることで事件は解決したが，この時点ですでに，武装行動に訴える過激なイスラーム主義勢力が国内で育ちつつある事態が予見されていた。サフワの活動が封じられた1990年代以降，こうした過激主義勢力が非公式なイスラーム主義の間で影響力を持ち始めた。

ウサーマ・ビン・ラーディン

サフワと呼ばれた人々は，主として国内で公職に就いていたいわば知識人である。一方で主流派と袂を分かち，より直接的な行動を選んだ人々は庶民層を中心とした（Hegghammer 2010：186-189）。彼らの多くは政府当局の取り締まりを逃れるため海外に活動の場を求めたが，このなかには後に名を世界に知らし

めたウサーマ・ビン・ラーディン（1957〜2011年）もいた。

　ビン・ラーディンはサウディアラビアの大手ゼネコン，ビン・ラーディン・グループの経営一族の出身で，経済的に「庶民層」とはいえないものの，イスラーム学者としての素養はなく，サフワの主流であった知識人には該当しない。しかし彼はアブドゥルアズィーズ国王大学に在籍していた時にムハンマド・クトゥブの講義に出席しており，学び舎こそ違うが，ハワーリーのいわば弟弟子に当たる。そしてよく知られているように，1980年代にパキスタンにわたり，イスラーム世界の防衛のため，義勇兵として当時アフガニスタンに軍事介入していたソ連と戦った。

　サウディアラビアに帰国後，湾岸戦争で母国がアメリカに協力してイラクと戦っている状況に直面したビン・ラーディンは，国内に駐留する米軍と，領土の防衛にあたり米軍に依存する政府を批判する活動に身を投じた。これに対して政府当局は1994年，彼の国籍を剥奪して国外退去に処した。このため彼はスーダンやターリバーン政権下のアフガニスタンに活動の場を移し，国際的な反政府および反米キャンペーンを開始した。

　これに関して，サウディアラビア政府にとってビン・ラーディンへの対応をめぐっては少なくとも2つの誤算が生じたと考えられる。1つ目は，「ムスリムの土地を占領する異教徒に対して武器を取って戦おう」という至極単純な彼のメッセージが，おそらくは知識人による啓発以上に，世界各地のムスリム社会で大衆的支持を得たことである（中田 2002：33-34）。ビン・ラーディンはサウディアラビア政府に追放されたことで，むしろ活動の場と支持層を広げることができたといえる。

　2つ目は，ビン・ラーディンが率いた過激主義組織「アル＝カーイダ」が，特定の場所を根城として明確な指揮系統を持つ組織作りを目指してはいなかったことである（中田 2002：16-17）。彼の呼びかけは，世界中の不特定多数のムスリムが自発的に武装蜂起を行うよう促すもので，この結果，ビン・ラーディン自身も知らない人々がサウディアラビアやアメリカを標的に武力活動を開始し，サウディアラビア政府はいわば見えない敵と戦うことになった。

第 7 章　サウディアラビアにおけるイスラーム主義の競合

表7-2　1990～2000年代にサウディアラビアで起こった主な爆破事件

年月日	都　市	内　　容
1995年11月13日	リヤード	国家警備隊施設で爆破，アメリカ人ら6人死亡
1996年6月25日	フバル	米軍基地で爆破，アメリカ兵19人死亡
2000年11月17日	リヤード	自動車が爆破，イギリス人1人死亡
2002年6月20日	リヤード	自動車が爆破，イギリス人1人死亡
2003年5月1，6，12日	リヤード	外国人居住区3カ所で爆破，アメリカ人ら35人死亡
2003年11月8日	リヤード	外国人居住区で自爆攻撃，17人死亡
2004年4月21日	リヤード	内務省施設で自動車が爆破，5人以上死亡
2004年5月1日	ヤンブウ	石油化学施設の事務所が襲撃，アメリカ人ら5人死亡
2004年5月29日	フバル	外国人居住区が襲撃，22人死亡
2004年12月6日	ジッダ	米総領事館が襲撃，館員含む9人死亡
2004年12月29日	リヤード	内務省施設で自動車が爆破，1人死亡
2009年8月28日	ジッダ	ナーイフ副内相を狙った自爆

出典：Hegghammer（2010：244-249）をもとに筆者作成。

9・11事件の影響

　こうした背景から，1990～2000年代にサウディアラビアでは米軍基地や外国人居住区を狙った爆破事件が続いた（表7-2）。サウディアラビア政府は反体制的なイスラーム主義勢力に新たな活動のための土壌を与えてしまい，この過程で同国が「テロリストの温床」との汚名を被るきっかけとなった決定的な出来事が，アル゠カーイダが企てた2001年9月の米国同時多発テロ（9・11事件）である。

　サウディアラビアにとって，実行犯19人のうち15人が自国の出身者であった9・11事件は，「ワッハーブ主義についての偏見や推量を増殖させ」，海外からの「サウディアラビアおよび同国民に対する敵意」を生み出した出来事となった（al-'Aql ed. 2007：38-39）。このためサウディアラビアは，国内の治安維持に加え，過激主義勢力に対抗するとの自国の立場を世界に向けて明確に示す必要に迫られた。

　2001年10月，ビン・ラーディンを含むアル゠カーイダのメンバーを匿っているとされたアフガニスタンに対してアメリカが空爆（「不朽の自由作戦」）を開始した際，サウディアラビアは直接的な軍事参加はしなかったものの，上空通過を許すことでこれに協力する姿勢を見せた。この行動は，9・11事件の「被害国」であるアメリカとの関係を，アル゠カーイダの「生みの親」と非難された

第Ⅱ部　世界に広がるイスラーム主義運動

図7-4　アウダの出身地で，今も宗教的保守派が集まるといわれるブライダの大モスク
出典：筆者撮影。

サウディアラビアが考慮した，両国政府間の関係を悪化させないための措置である。しかし反体制的なイスラーム主義が浸透した背景に両国政府の蜜月関係があったことを考えれば，アメリカへの協力的な姿勢は，サウディアラビア政府への不信感と反米感情を市井の間で強める側面を持っていた。

たとえばブライダに程近い村に生まれ，イマーム大学で教鞭を執っていたフムード・アクラー・シュアイビー（1926/7～2001年）は，9・11事件を支持する声明を出した。そして彼に賛同する一部の過激な説教師たちは，国内のモスクでアル＝カーイダを称賛する主張を繰り返して国内の反米感情を煽った。これを受けて2002年5月，既に釈放されていたハワーリーやアウダといったかつてのサフワの主流がアル＝カーイダを批判する署名を発表したが，逆にシュアイビーの支持者による激しい反論を受けた（Hegghammer 2010：150-151）。サウディアラビアにおける反体制的なイスラーム主義の先駆者といえる彼らだが，新しい過激なイスラーム主義勢力に対して，威光を示す存在とはならなかったのである。

「中道と穏健」のイスラーム

こうした状況下，1995年に脳卒中で倒れたファハド国王（1923～2005年，在位1982～2005年）に代わって政治を取り仕切っていたアブドゥッラー皇太子（1924～2015年，皇太子在任1982～2005年，在位2005～2015年）は，台頭する過激主義にどう対応したのか。

2003年5月，サウディアラビア政府は「思想的対話のための第一回祖国会議」を開き，そこで「中道と穏健」という政策路線を掲げた（中村 2012：195）。この背景には，1つに政府がイスラーム主義勢力への対応として従来の弾圧や追放以外の方法を求めたことがある。この一環で導入されたのが，内務省主導

第7章　サウディアラビアにおけるイスラーム主義の競合

で元アフガニスタン義勇兵や過激活動の容疑者を対象にリハビリテーションを行う「思想矯正プログラム」であった。政府は，アル＝カーイダに所属したメンバーが概ね低学歴であることを背景に，テロ対策における基本方針を「『無知な者』を正しいイスラームに導く」ことと定めた（中村2012）。そして彼らに改悛を

図7-5　世界の様々な宗教団体や公的機関との交流・活動を伝えるKAICIIDのホームページ
出典：http://www.kaiciid.org

促し，政治目的を実現する手段として暴力が行使される事態を防ごうとした。

「中道と穏健」を掲げたもう1つの背景に，サウディアラビア政府が過激主義対策となりうる宗教的立場を模索し始めたことがある。この一環で行われたのが積極的な「宗教間対話」活動である。アブドゥッラー国王は2007年，サウディアラビア国王として初めてローマ教皇と対談した。2008年6月にはマッカでムスリム諸国の代表者たちを招いて「イスラーム世界対話会議」を開き，ムスリム諸国の指導者にユダヤ教・キリスト教という同じセム系一神教との対話を呼びかけた。翌月にスペインの首都マドリードで開かれた「宗教間対話会議」では，仏教の指導者も交えて世界の宗教指導者間での連携が訴えられた。そして2012年には，オーストリア・スペインとともに「アブドゥッラー国王宗教間・文明間対話国際センター」（KAICIID: King Abdullah bin Abdulaziz International Centre for Interreligious and Intercultural Dialogue）を設立した。こうした政府主導の「対話」活動がどれほどの成果を上げたのかはさておき，アブドゥッラー国王は従来の保守的で閉鎖的な「テロリストの温床」というイメージとは異なる，他宗教の指導者と手を携える自国像を国内外にアピールし続けた。

こうしてサウディアラビア政府は，1990～2000年代に起こった過激なイスラーム主義の伸長を一定程度抑えつつ，「テロリスト」を容認しない自国の姿勢を国内外にアピールすることができた。では，「アラブの春」を経てこの状

況がどう変化したのか。

4　サウディアラビアと「アラブの春」

　2010年末のチュニジアに端を発した政変「アラブの春」は，「革命」といったスローガンを伴って拡大する過程で，次第にペルシャ湾岸の王制アラブ諸国，とりわけ首領であるサウディアラビアの体制転換があたかも最終目標であるかのようなムードを一部で醸成した。実際のところ，サウディアラビアは「アラブの春」でどのような影響を受け，またこれにどう対応したのか。

湾岸の防波堤として

　ペルシャ湾岸地域では，1968年に同地域の保護国であったイギリスの撤退宣言を受けて，1971年，既に独立していたクウェートに続き，アラブ首長国連邦（UAE），オマーン，カタール，バハレーンが独立した。この後，1979年2月にペルシャ湾の対岸でパフレヴィー朝が倒れ，代わってシーア派国家イラン・イスラーム共和国が誕生した。さらに同年12月にはソ連がアフガニスタンに軍事介入を行い，1980年にはイランとイラクとの間で戦争が起こった。これらを背景に，湾岸アラブ諸国が連帯して域内の安全保障環境を整備する必要が生じるなか，1981年5月にサウディアラビアと上記5カ国からなる湾岸協力会議（GCC: Gulf Cooperation Council）が設立された。

　「アラブの春」の広がりを受けて，サウディアラビアはGCC諸国への飛び火を強く警戒した。国内では2011年2月，インターネット上で大学教員を中心とした10人のサウディアラビア人が「ウンマ・イスラーム党」の結成を発表し，政党として同グループを認めるよう政府に要求した。また，同年3月11日を「怒りの日」と称してデモを呼びかける運動も同じくインターネット上で見られた。しかしウンマ・イスラーム党のメンバーはほとんどが即座に逮捕され，海外渡航や説教を禁じられた他，同グループも非合法化された。また「怒りの日」に関しても，一部で小規模なデモが起こるにとどまり，むしろサウディアラビアはこれを自国の体制の盤石さを示す機会とすることができた（辻上

2013)。

結果として、GCC内では散発的なデモが起こったものの（図7-6）、体制転換に至るほどの大規模な動きは起きなかった。例外は2011年2月に首都マナーマで7,000人以上ともいわれる人々が抗議活動に加わったバハレーンだが、サウジアラビアは、バハレーン政府の要請を受けてUAEとともに合計1,500人を派兵してデモの鎮圧に協力した。こうしてサウジアラビアは、自国の体制維持はもちろん、湾岸地域を「アラブの春」の防波堤とすることに成功した。

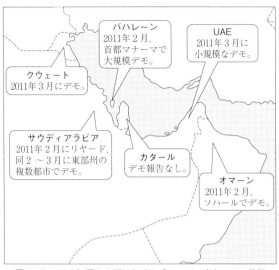

図7-6　GCC加盟6カ国における「アラブの春」のデモ状況
出典：筆者作成。

ムスリム同胞団の伸長

しかしながら、サウジアラビアは「アラブの春」以降、自国を取り巻く安全保障環境が悪化したとの認識を持っている。この1つ目の要因は、ムスリム同胞団の伸長である。エジプトでは2011年2月、フスニー・ムバーラク大統領が市民による退陣要求を飲むかたちで辞任を発表した。これを受けて同胞団が「自由公正党」を結成、2012年6月に党首のムハンマド・ムルスィーが大統領選挙に勝利した（本書第8章参照）。

サウジアラビアは、当初こそ新政権の誕生を祝福する姿勢を見せたが、ムルスィー大統領が域内の同胞団勢力を支援、さらにはイランとの関係修復を目指す動きを見せて以降、エジプトへの姿勢を硬化させた。またこれと並行して、UAEで同胞団メンバーからなる政治運動団体「イスラーフ」が活発化し、カ

第Ⅱ部　世界に広がるイスラーム主義運動

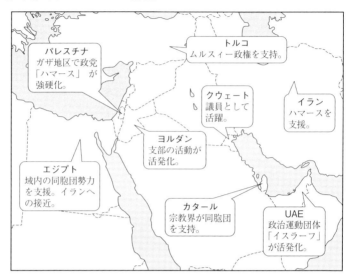

図7-7　ムルスィー政権誕生後の域内におけるムスリム同胞団勢力をめぐる動き
出典：筆者作成。

タールでも同胞団メンバーのイスラーム法学者ユースフ・カラダーウィー（1926年～）がムルスィー政権を支持する旨を述べるなど，GCC内で同胞団が活発化する事態に警戒を示した。

　こうした経緯から，2013年7月にムルスィー大統領が解任され，代わって実権を握ったアブドゥルファッターフ・スィースィー国防相が同胞団排除の政策方針を打ち出した際，サウディアラビア政府はエジプトへの治安協力と経済支援を表明した。そしてエジプト，さらにイスラーフを警戒するUAEとともに2014年3月，同胞団を「テロ組織」に指定して，中東湾岸地域における対同胞団包囲網を築いた。

　この流れを受けて生じたのがカタール騒動である。カタール政府はカラダーウィーを宗教イデオローグとして重宝するなど（Gräf and Skovgaard-Petersen eds. 2009），同胞団メンバーに自国の宗教伝統の担い手としての役割を与えてきた。そしてムルスィー政権の誕生を契機とする同胞団の域内での伸長に伴い，親同胞団姿勢を露わにした。これに対してサウディアラビアはUAE，バハレーンとともに，2014年3月に自国の駐カタール大使を召還し，カタールとの

外交関係の格下げを断行したのである。同年11月には駐カタール大使を戻すことが発表されたものの，後述するように2017年6月にはサウディアラビア・UAE・バハレーン・イエメンがカタールとの国交断絶を発表した。

　政党をはじめとした結社が法律で禁止されているサウディアラビアやUAEにおいて，同胞団は庶民層に浸透して政治運動を起こしうる唯一の存在ともいえよう。2014年6月にスィースィー国防相がエジプト大統領となり，同国で再び同胞団への弾圧が始まったことによって域内での伸長は止まったが，サウディアラビアは依然として同胞団が域内で勢力を取り戻す事態を警戒している。

過激主義の再燃

　安全保障環境が悪化したとの認識の2つ目の要因は，「アラブの春」で周辺諸国が不安定化したのに乗じ，様々な過激イスラーム主義勢力が活性化したことである。とりわけイラク・シリアの両国北部を支配し，2014年6月に「カリフ制国家」を僭称した「イスラーム国」(IS) は，サウード家を「宗教から逸脱した一族」として批判し，殺害を予告するなど，サウディアラビアにとって現実の脅威となった（アトワーン 2015：212）。

　ISは，イラクにおけるアル＝カーイダのスピンアウトといえる存在である（中東調査会イスラーム過激派モニター班編 2015：32-40）。誕生直後より，広大な支配領域と油田の掌握による豊富な資金力から，ISは過去最大の勢力を持つ「テロリスト」とされてきた。この評価が正しいかどうかはさておき，サウディアラビアにとってISは，幾つかの要因から打倒困難な脅威であり続けた。

　まずISは，根城となる領土を持ちつつ，源流であるアル＝カーイダが手法としてきた指揮系統なきネットワークの創造，すなわち現地の「普通の」人々を啓発して行動するよう呼びかける戦略を継承した。このためサウディアラビアは，シリア・イラク両国北部で組織としてのISと戦うよりも，まず自国にISという現象が根づくのを防ぐ必要に迫られたが，現実には国内で爆破攻撃が続いた（表7-3）。

　またISは，イスラームに則った社会形成を行う点でワッハーブ主義との近似性が指摘される。とりわけ重要な共通点は，社会形成の過程で優先的に排除

第Ⅱ部　世界に広がるイスラーム主義運動

表7-3　ISがカリフ制を宣言した2014年6月以降にサウディアラビア国内で起こった主な爆破事件

年月日	地域	概要
2014年7月4日	ナジュラーン州	イエメン国境付近で治安当局に対する自爆攻撃
2015年5月22日	東部州	カティーフのシーア派モスクで自爆攻撃
2015年5月29日	東部州	ダンマームのシーア派モスクで自爆攻撃
2015年7月16日	リヤード州	リヤードで治安当局に対する自爆攻撃
2015年8月7日	アスィール州	アブハーのモスクで自爆攻撃
2015年10月26日	ナジュラーン州	ナジュラーンのモスクで自爆攻撃
2016年1月29日	東部州	アフサー地域のシーア派モスクで自爆攻撃
2016年2月8日	リヤード州	リヤードの市中で自動車爆弾による攻撃
2016年7月4日	マディーナ州	マディーナの預言者モスク付近で自爆攻撃
	東部州	カティーフのシーア派モスクで自爆攻撃
	マッカ州	ジッダのアメリカ総領事館付近で自爆攻撃

出典：筆者作成。

すべき対象が，世俗主義や西洋といった外敵ではなく，シーア派や聖廟参詣といった「異端」，また法学派の権威といった「中世」の伝統という，いわばイスラームの内敵だということであろう（本書第12章参照）。

このためサウディアラビアは，西洋諸国や他のムスリム諸国のように，ISが行っている統治を非人道的で非寛容な，本来のイスラームの姿ではないなどと批判することができなかった。政府は最高ムフティーの声明を通じて，ISを「人類の文明を破壊する，イスラームの最たる敵」と断罪し[13]，海外の多くのメディアはこれをイスラーム世界の盟主によるIS批判の「お墨付き」と捉えた。しかし実際明らかになったのは，「人類の文明」といった普遍的価値を対極に据えたことで，ISをイスラーム，とりわけワッハーブ主義特有の観点からは批判できないという，サウディアラビア宗教界のISに対する認識論的な「弱み」だったといえる[14]。

ワッハーブ主義とISの宗教的立場に関する近似性を背景として，サウディアラビアがISに対する効果的なネガティヴ・キャンペーンを展開できなかったことは，この後の同国へのISの浸透と無関係ではないだろう[15]。サウディアラビア国民の多くは，組織としてのISを支持するかどうかはさておき，ISがシャリーアにのっとっているとの意識を持っているとされる（アトワーン2015：212）。このためか，先述した国内での爆破攻撃の一部はサウディアラビ

ア人によるものであるし,またISに参加している外国人戦闘員には多くのサウディアラビア人がいる。9・11事件後に払拭に努めてきた「テロリストの温床」との汚名を,サウディアラビアは「アラブの春」を経て再び被る事態を迎えたのである。

5 イスラーム主義対策の展望

最後に,これまで述べてきたサウディアラビアにおけるイスラーム主義の歴史的展開の特徴をまとめつつ,同国のイスラーム主義への対応について展望したい。

イスラーム主義の競合

学問や交易の発展を通じてイスラーム世界の「先進地域」となったアラブ・イスラーム地域の多くは,近代以降,西洋諸国による植民地化を経験した。そしてこの間の近代化や独立・建国の過程で,西洋式の教育や政治体制・法制度を導入し,「非宗教」,あるいは「反宗教」と呼ぶべき世俗主義を採用した。これによってエジプトやシリア,またチュニジアなどでは,反体制勢力や少数派としての「イスラーム主義」が誕生するための土壌が形成された。

これに対して,イスラーム世界の「後進地域」であったアラビア半島中部に興ったサウディアラビアは,西洋諸国の直接的な支配を受けることなく,独自の国家建設を進めることができた。この原動力であり推進力となったワッハーブ主義は,イスラームにのっとった社会形成を義務づける,いわば同国の「公式」イスラーム主義といえるものである。このためサウディアラビアでは,独立後に世俗主義を採用した国家で起こった,非宗教的な体制と宗教的なイスラーム主義との競合が,少なくとも20世紀後半までは見られなかった。

しかしながら,1990年代になると,統治王族であるサウード家のあり方,とりわけアメリカとの蜜月関係を背景に,体制の非宗教性を質すという周辺諸国で主流であったイスラーム主義勢力が登場した。本来イスラーム主義を国是としているはずのサウディアラビアで反体制的なイスラーム主義勢力が登場した

こと，さらにこの主たる担い手が公職に就いていた人々，つまり「公式」イスラーム主義者であったことは政府に衝撃を与えた。

こうした「非公式」イスラーム主義勢力に対して，政府はシリアやエジプトで行れたのと同様に活動を規制し，強い態度で臨んだ。しかし，このことがやはりシリアやエジプトと同様，後の過激主義の台頭につながった。1990年代以降に顕在化した過激な「非公式」イスラーム主義勢力の活動は，2000年代にかけて国内各地で爆破事件を起こすなどエスカレートし，この影響が9・11事件として国外に「流出」したことを決定的な理由として，サウディアラビアは「テロリストの温床」としての汚名を被った。2005年に即位したアブドゥッラー国王の対応もあって国内の過激主義勢力は一時沈静化したものの，「アラブの春」以降，サウディアラビアでは再び，「公式」イスラーム主義と「非公式」イスラーム主義の競合に直面している。

「公式」イスラーム主義の役割

こうしたなか，サウディアラビアは「公式」イスラーム主義にこれまでとは異なる役割を与え始めた。建国以来，同国の「公式」イスラーム主義はワッハーブ主義を核として，イスラームに基づいた国家建設と社会形成を主たる役割としてきた。一方，2000年代以降は「中道と穏健」を核とし，「テロリストの温床」という汚名をそそぐことを主たる役割とした。さらに「アラブの春」以降は，周辺諸国との連帯を促進するという新たな役割が「公式」イスラーム主義に期待されている。

この一環として，近年ではワッハーブ主義に代わる「公式」イスラーム主義の名称として，「サラフィー主義」の語を政府主導で用いる向きが強く見られる。サラフィー主義は，イスラーム初期の世代を指す「サラフ」を模範として，クルアーンとスンナのみを典拠とする考えである。この宗教的立場は，通常のスンナ派イスラーム，またワッハーブ主義と基本的な点において同じである。しかし「アラブの春」以降，世俗主義国家のメディアや研究機関のリポートが，新興の政党を含めたイスラーム主義勢力の総称として「サラフィー主義」を用いる──「サラフィー主義団体」「サラフィー主義政党」など──傾向が顕著

になった。これについては，サラフィー主義自体の変化というより，伝える側が，かつての「原理主義」の代替語として「サラフィー主義」を用い始めたのだと考えられるが，いずれにせよ「サラフィー主義」イコール「過激なイスラーム主義組織」との理解も浸透しかねない状況が生まれた。

これを受けて，サウディアラビアでは2011年12月，リヤードで「サラフィー主義——シャリーアによるアプローチと国家の求めるもの」と題した会議が開かれた。同会議のなかで，主催者であるイマーム大学のスライマーン・アブー・ハイル学長は，「(サラフィー主義は) 国籍あるいは様々な違いを超えたムスリムの生活様式，構造であり，疑いなくこの国こそ，言葉と行動においてこの正しい道を歩んでいる」と述べた。[19] この発言からは，サラフィー主義が一部のイスラーム主義勢力の宗教的立場を指す語ではないこと，サラフィー主義がサウディアラビアの「公式」イスラーム主義の核であること，そしてこのことが，サウディアラビアのイスラーム的正統性を証明するにとどまらず，ムスリム諸国間の連帯につながるといった訴えが読み取れる。

サウディアラビアの「公式」イスラーム主義は，ワッハーブ主義の名の下では特殊な宗教的立場を強調した。しかしサラフィー主義の名の下では，同国の普遍的なスンナ派イスラームとしての宗教的立場をアピールするものとして期待されているのである。

対イスラーム主義包囲網を通じた連帯

このように，「アラブの春」以降のサウディアラビアには，自国がイニシアティヴを執ってスンナ派イスラーム諸国の連帯を強化するという思惑が見てとれる。この動きの背景として，2003年のイラク戦争や2011年以降のシリア戦争を経て域内でのプレゼンスを強めているイランへの警戒があるが，同時に「アラブの春」以降に勢力を増した域内のイスラーム主義勢力への警戒も強い。[20]

具体的な連帯のあり方として，2014~2015年には，サウディアラビアがヨルダン・モロッコという同じスンナ派アラブの王制諸国をGCCに加える，あるいはGCCとは別の政治共同体をエジプトと連携して形成するといった動きも伝えられた。[21] これらの案は実現しなかったものの，代わって2015年12月，サウ

ディアラビアは自国主導で34のムスリム諸国からなる「対テロ・イスラーム軍事同盟」の設立を発表した。名称の通り，この同盟は「テロリスト」の撲滅にあたりムスリム諸国間で軍事協力関係を築くことを目指すものだが，各国が可能な方法で何らかの貢献を行うという趣旨に基づき，加盟国に共通の軍事行動を求めるものではない。しかしサウディアラビアにとって重要なのは，34カ国が犠牲を分担することではなく，自国が進める対イスラーム主義包囲網にどの国が支持を示すかを確認することにあると思われる。逆に言えば，どの国が支持を示さないかを見極めることで，自国にとっての敵味方関係を明確化させるものである。

かねてより，サウディアラビアはワッハーブ主義の国外への教宣を目的に，世界のムスリム諸国に財政支援を行ってきた。とりわけ1982～2005年のファハド国王の統治下では，ムスリム諸国の政府および政府機関，イスラーム団体・教育研究機関・モスク，イスラーム協力機構（OIC: Organisation of Islamic Cooperation）加盟国，またパレスチナ難民など，幅広い対象に支援を続けた（中田2001）。一方，近年では先述したエジプト（スィースィー政権）への支援をはじめとして，対ムスリム同胞団包囲網のような治安協力に基づいた連携が目立つ。2015年の軍事同盟参加国のうち，中東地域以外のアジア・アフリカ諸国の多くは，サウディアラビアが近年活発に財政支援を行っている国であり，サウディアラビアとこれら諸国の間で，財政支援と治安協力がある種のバーターにかけられている様子もうかがえる。

先述した，2017年6月のカタールとの断交発表においても同様の動きが見て取れる。サウディアラビアと政治的足並みを揃えるUAEとバハレーン，サウディアラビアから治安・経済協力を受けているエジプトやイエメン，さらに財政支援を受けているアフリカ諸国が，サウディアラビアに続いて，次々とカタールとの外交関係の格下げを発表した。このようにサウディアラビアは，対イスラーム主義包囲網を通じた連帯を，GCCという従来の枠組みを無視して進めており，今後も新たに自国の影響力が強まる安全保障体制を積極的に模索し続けると考えられる。

第7章 サウディアラビアにおけるイスラーム主義の競合

注

(1) 盟約の詳細については中田（1995）および森（2014：5-11）を参照。
(2) イブン・アリーは「シャリーフ」と呼ばれる預言者ムハンマドの末裔（ムハンマドの娘婿アリーの長男ハサンの子孫）で，サウード家のヒジャーズ支配を受けてキプロスに亡命し，最後は現在のヨルダンの首都アンマンで逝去した。
(3) 実際「ワッハーブ主義」は他称であり，サウディアラビア側には「ワッハーブ主義」を自国に対する中傷や批判と捉え，使用を控えるよう国内外に促す向きが強い（高尾 2014：67-69）。
(4) 特に主著『一神論の書』（*Kitāb al-tawhīd*）を参照。
(5) 石油収入による影響が政治・経済・労働などの様々な分野に及ぶことは，いわゆる「資源の呪い」として説明されうる。加えて，当時のサウディアラビア政府に石油管理能力がまったくなかったため，行政機構は相当な混乱に直面したと言われる（ロス 2017：250）。
(6) ムフティーとはファトワーを下すウラマーを指す。最高ムフティーはウラマーとして，国家が任命する公式な最高位の役職であり，しばしば「猊下」（His Eminence/Samāḥa al-Shaykh）との敬称を冠せられる。
(7) このため，ファイサル国王の治世は「シャイフ家衰退の時代」ともいわれる（Stenslie 2012：44）。同国王の意図は宗教界の強化，ひいては政府と宗教界の連携強化とされるが，女子教育の普及などの「開明的」な政策を推進したことが（Kéchichian 2008：117），同国王と宗教界あるいはシャイフ家があたかも対立しているかのような認識につながったと考えられる。
(8) 宗務官庁の業務についてはStenslie (2012) を，特にウラマー機関についてはMouline (2011)，Steinberg (2005) を参照。
(9) 体制を擁護し，宗教権威を通じて反体制勢力を封じることは，公式宗教界の主たる役割の1つである（辻上 2012；森 2001）。
(10) KAICIIDはサウディアラビア，オーストリア，スペイン，ローマ法王庁を中心メンバーとして，ヒンドゥー教，フランシスコ会，スンナ派，シーア派，カトリック，東方正教会，プロテスタント，ユダヤ教，立正佼成会の指導者らが理事として加わっている。
(11) 宗教間対話は同国王の功績として必ずといってよいほど紹介される。これによって同国王は国内外から「開明の王」として評価されることが多いが，一方で女性の自動車運転禁止の継続や国政選挙の不在などから，同国王の「改革」を中途半端なものだったと批判する声もある（"Saudi Arabia's King Abdullah leaves mixed legacy," *BBC News*, 23 Jan. 2015）。サウディアラビア社会の様々な変化やこれに伴う内政課題については，コーデスマン（2012），Haykel, Hegghammer & Lacroix

⑿　イスラーフについては以下を参照。"Rise and fall of Muslim Brotherhood in UAE," *Gulf News*, 13 Apr. 2013, "The Muslim Brotherhood in the Emirates: Anatomy of a crackdown," *Middle East Eye*, 17 Dec. 2015.

⒀　"Islamic State is our top enemy: Saudi mufti," *AlJazeera*, 24 Aug. 2014.

⒁　もっとも，イスラームにはカトリックにおけるローマ教皇・ヴァチカンのような，世界の全信徒に対する共通した権威や統一見解を発布する機関が存在しないため，サウディアラビアの最高ムフティーの声明はムスリムや非ムスリムにとってISを批判する「お墨付き」でも何でもない。とりわけスンナ派イスラーム世界において宗教的な立場に基づく指導者（国）が存在しないことはムスリムの間では常識であり，「文明の衝突」論で知られたアメリカの国際政治学者S. ハンチントンも，「オスマン帝国の没落以来，イスラームにはリーダーシップを行使して，秩序を維持し，規律を正すような中核国家が存在しない」と指摘している（ハンチントン　2000：30）。

⒂　他のムスリム諸国によるIS批判も同様か，あるいはより効果のないものである。これについて中田は，「枝葉末節のあら探しや，本質を偽った詭弁に終始」したものに陥ると評する（中田　2015：191）。

⒃　イギリスの『テレグラフ』誌によれば，ISにはサウディアラビア人戦闘員が2,000人以上とされ，これは国籍別に見てチュニジアに次ぐ第二位の多さである。"Iraq and Syria: How many foreign fighters are fighting for Isil?" *The Telegraph*, 24 Mar. 2016.

⒄　中東諸国の「世俗主義」のあり方については澤江の論考を参照（澤江　2008）。

⒅　通常「初期の世代」とは，預言者ムハンマドに直接従った者を第一世代とする3世代を指す。

⒆　*al-Riyāḍ*, 12, Jan. 2012.

⒇　本章では割愛したが，「アラブの春」以降の同国政府による安全保障環境の整備に向けた強い関心の背景には，イランへの警戒もある。同国のシーア派をめぐる情勢については桜井（2006），Ismail（2016），Matthiesen（2015）を参照。

(21)　"GCC Membership Expansion: Possibilities and Obstacles," *Aljazeera Centre for Studies*, 31 Mar. 2015.

(22)　当初，参加と発表された34カ国はイエメン，エジプト，カタール，ガボン，ギニア，クウェート，コートジボワール，コモロ連合，サウディアラビア，シエラレオネ，ジブチ，スーダン，セネガル，ソマリア，チャド，チュニジア，トーゴ，トルコ，ナイジェリア，ニジェール，パキスタン，バハレーン，パレスチナ，バングラデシュ，ベニン，マリ，マレーシア，モリタニア，モルディヴ，モロッコ，ヨルダン，リビア，レバノン，UAE。なお2016年12月には，これまで中立的立場を貫いてきたオマーンが同軍事同盟への参加を表明した。

⑳ "What's Saudi's new Islamic coalition really up to?" *Al-Monitor*, 22 Dec. 2015.
㉔ 1970年に発足。2011年には「イスラーム諸国会議機構」(Organisation of the Islamic Conference) の名称を用いていた。
㉕ 2017年6月13日時点で，計14カ国がカタールに対して断交ないしは外交関係格下げを発表した。

参考文献

アトワーン，アブドルバーリ（2015）中田考監訳，春日雄宇訳『イスラーム国』集英社。
大塚和夫（2004）『イスラーム主義とは何か』岩波書店。
コーデスマン，アンソニー・H．（2012）中村覚監訳，須藤繁・辻上奈美江訳『21世紀のサウジアラビア――政治・外交・経済・エネルギー戦略の成果と挑戦』明石書店。
桜井啓子（2006）『シーア派――台頭するイスラーム少数派』中央公論新社。
澤江史子（2008）「イスラームと世俗主義」小杉泰・東長靖・林佳世子編『イスラーム世界研究マニュアル』名古屋大学出版会。
高尾賢一郎（2014）「サウジアラビアにおけるサラフィー主義の位置づけ――建国思想，スンナ派正統主義，そしてカウンター・テロリズムへ」『中東研究』520号。
中東調査会イスラーム過激派モニター班編（2015）『「イスラーム国」の生態がわかる45のキーワード』明石書店。
辻上奈美江（2012）「サウディアラビアの体制内権力――王族のパトロネージは社会的亀裂を埋められるか」酒井啓子編『中東政治学』有斐閣。
――――（2013）「湾岸諸国の『アラブの春』――デモの波及，外交そしてビジネスチャンス」日本国際問題研究所編『「アラブの春」の将来』日本国際問題研究所。
中田考（1994）「宣教国家サウディアラビアの対外イスラーム支援」『中東研究』395号。
――――（1995）「ワッハーブ派の政治理念と国家原理――宣教国家サウディアラビアの成立と変質」『オリエント』第38巻第1号。
――――（2001）「サウディアラビアの宗教反体制派」日本国際問題研究所編『サウディ・アラビアの総合的研究』日本国際問題研究所。
――――（2002）『ビンラディンの論理』小学館。
――――（2015）『カリフ制再興――未完のプロジェクト，その歴史・理念・未来』書肆心水。
中村覚（2012）「テロ対策に有効なイスラーム的概念の社会化に関する一考察――サウディアラビアを事例に」吉川元・中村覚編『中東の予防外交』信山社。
ハンチントン，サミュエル（2000）鈴木主税訳『文明の衝突と21世紀の日本』集英社。

第Ⅱ部　世界に広がるイスラーム主義運動

保坂修司（2005）『サウジアラビア——変わりゆく石油王国』岩波書店。
森伸生（2001）「サウディアラビアの体制派宗教勢力」日本国際問題研究所編『サウディ・アラビアの総合的研究』日本国際問題研究所。
――――（2014）『サウディアラビア——二聖都の守護者』山川出版社。
ロス，マイケル・L（2017）松尾昌樹・浜中新吾訳『石油の呪い——国家の発展経路はいかに決定されるか』吉田書店。
al-'Aql, Nāṣir bin 'Abd al-Karīm ed. (2007) *Islāmīya, lā wahhābīya*. (『ワッハーブの徒でなくイスラームの徒』) Riyāḍ: Dār al-Faḍīla.
Al Atawneh, Muhammad (2010) *Wahhābī Islam Facing the Challenges of Modernity: Dār al-Iftā in the Modern Saudi State*. Leiden/Boston: Brill.
b. Bāz, 'Abd al-'Azīz bin 'Abd Allāh (2011) *Sharḥ Kitāb al-tawḥīd*. (『注解「一神論の書」』) Riyāḍ: Maktaba al-Hidāya al-Muḥammadī.
Commins, David (2015) "From Wahhabi to Salafi," Haykel, Bernard, Hegghammer, Thomas and Lacroix, Stephane eds., *Saudi Arabia in Transition: Insights on Social, Political, Economic and Religious Change*. New York: Cambridge University Press, 151-166.
DeLong-Bas, Natana J. (2004) *Wahhabi Islam: from Revival and Reform to Global Jihad*. New York: I.B.Tauris.
Gräf, Bettina and Jacob Skovgaard-Petersen eds. (2009) *Global Mufti: The Phenomenon of Yūsuf Al-Qaraḍāwī*. London: Hurst & Company.
Haykel, Bernard, Thomas Hegghammer and Stéphane Lacroix eds. (2015) *Saudi Arabia in Transition: Insights on Social, Political, Economic and Religious Change*. New York: Cambridge University Press.
Hegghammer, Thomas (2010) *Jihad in Saudi Arabia: Violence and Pan-Islamism since 1979*. Cambridge: Cambridge University Press.
Ismail, Raihan (2016) *Saudi Clerics and Shi'a Islam*. Oxford University Press.
Kéchichian, Joseph A. (2008) *Faysal: Saudi Arabia's King for All Seasons*. Gainesville: University Press of Florida.
――――（2013）*Legal and Political Reforms in Sa'udi Arabia*. London/New York: Routledge.
Lacroix, Stéphane (2005) "Islamo-Liberal Politics in Saudi Arabia," in Paul Aarts and Gerd Nonneman eds., *Saudi Arabia in the Balance: Political Economy, Society, Foreign Affairs*. London: Hurst, 35-56.
――――（2010）*Les islamistes Saoudiens: une insurrection manquée*. (『サウディアラビアのイスラーム主義者——失敗した反乱』) Paris: Presses Universitaires de France.

────── (2011) *Awakening Islam: the Politics of Religious Dissent in Contemporary Saudi Arabia*, G. Holoch (tr.) Cambridge/Massachusetts/London: Harvard University Press.

Matthiesen, Toby (2015) *The Other Saudis: Shiism, Dissent and Sectarianism*. New York: Cambridge University Press.

Mouline, Nabil (2011) *Les Clercs de l'islam: autorité religieuse et pouvoir politique en Arabie Saoudite, XVIIIe — XXIe siècle*. (『イスラームの聖職者──18〜21世紀のサウディアラビアにおける宗教権威と政治権力』) Paris: Presses Universitaires de France.

b. Mu'ammar, Fayṣal b. 'Abd al-Raḥmān, al-Zīd, 'Abd al-Karīm b. 'Abd al-Raḥmān and al-Sulṭān, Fahd b. Sulṭān eds. (2012/H1433) *Mawsūʻa al-Mamlaka al-'Arabīya al-Suʻūdīya* (『サウディアラビア王国百科事典』), Vol. 1, Riyāḍ: Maktaba al-Malik 'Abd al-'Azīz al-Âmma.

Steinberg, Guido (2005) "The Wahhabi Ulama and the Saudi State: 1745 to the Present," in Paul Aarts and Gerd Nonneman eds., *Saudi Arabia in the Balance: Political Economy, Society, Foreign Affairs*. London: Hurst, 11-34.

Stenslie, Stig (2012) *Regime Stability in Saudi Arabia: the Challenge of Succession*. London/New York: Routledge.

第**8**章
エジプトのイスラーム主義は失敗したのか
——ムスリム同胞団の栄枯盛衰——

横田貴之

1　危機に直面するエジプトのイスラーム主義

　中東の地域大国エジプトにおいて，過去100年間で最重要の政治的変容が進行中である。「アラブの春」，民主化，「テロとの戦い」――読者諸賢の頭には，こうした言葉が浮かんだかもしれない。本章で取り上げるのは，エジプト政治を理解する上でもっと重要なことである。それは，イスラーム主義の「失敗」である。

　19世紀後半～20世紀前半，エジプトはムハンマド・アブドゥやラシード・リダーら「マナール派」の活動拠点であり，イスラーム復興運動の一大中心地であった（小杉 1994：123-124）。彼らの残した遺産に立脚し，民衆を動員するイスラーム主義運動として発展したのがムスリム同胞団（以下，「同胞団」と略す）であった。20世紀前半から，同胞団はエジプト最大のイスラーム主義運動として，エジプト政治において大きな存在感を示した。歴代政権下で勢力の浮沈は見られたが，同胞団がエジプト政治で最重要の政治的主体の1つであったことには疑いがない。また，同胞団から派生した，あるいは影響を受けて結成された運動・組織が，穏健・過激を問わず多く誕生し，さらには国境を超えて拡大した。「アラブの春」に伴う「1月25日革命」[1]の後には，同胞団出身のムハンマド・ムルスィーが大統領に就任し，大きな政治的成功を収めた。20世紀以降，同胞団に代表されるイスラーム主義はエジプトでは当たり前の存在であり，エジプト政治を論じる上で不可欠の要素であった。

　しかし，2013年の「6月30日革命」[2]以降，イスラーム主義の存在を前提とす

るエジプト政治という「常識」が揺らいでいる。アブドゥルファッターフ・スィースィー政権下，同胞団に対する苛烈な弾圧が進められ，それに巻き込まれる形で他のイスラーム主義運動も存在感を著しく低下させている。同政権下では，活動を認められている「ヌール党」（光の党）などの政党もあるが，イスラーム主義運動が「公的政治領域」（formal political sphere）からほぼ排除されている。イスラーム主義が政治的に失敗したように見える状況にあるのだ。

　本章の主たる目的は，このエジプトにおける大きな変化を分析することである。すなわち，エジプト政治の重要な構成要素であったイスラーム主義は，政治的に成功を収めたにもかかわらずなぜ失敗へ陥ったのかという問題を論じることである。その際には，同国を代表するイスラーム主義運動である同胞団を中心に考察を進めたい。エジプトにおいて同胞団が果たしてきた役割・歴史は大きく長く，彼らに焦点を定めることで同国のイスラーム主義運動を理解する大枠を示すことが可能である。無論，最近の同胞団らイスラーム主義運動をエジプト政治に位置づけて論じる研究は既に存在する（鈴木 2013；横田 2014a；Milon-Edwards 2016）。本章はそれらを踏まえた上で，さらに同胞団の内情――思想，組織，活動――に一歩踏み込んだ議論を行いたい。なお，本章の議論を始める上で，まず明確にすべき点がある。それは，何をもってイスラーム主義の「失敗」とするのかということである。本章では，「公的政治領域」（Lust-Okar 2005：68, 82-89）からの排除，すなわち公式な政治参加が認められない状態を「失敗」として議論を進めたい。後述するように，同胞団は長年にわたって合法化，すなわち公的政治領域での活動を目指してきた。この組織目標の頓挫は，同胞団にとって致命的失敗といえる。

2　「アラブの春」以前のムスリム同胞団――雌伏

ムスリム同胞団の誕生と発展

　1928年，スエズ運河に面したイスマーイーリーヤ市において，同胞団はハサン・バンナーを中心として設立された。バンナーを最高指導者とする同胞団は，スエズ運河地帯を中心に地域密着型の活動を行った。1932年，本部をカイロに

第8章 エジプトのイスラーム主義は失敗したのか

移した同胞団は，エジプト各地にも支部を設立し，全国規模の組織へ発展した。同胞団は1940年代末には当時人口約2,000万人のエジプトにおいて，約50万人のメンバーと同数の支持者，およそ2,000の支部を擁する同国最大のイスラーム主義運動になったとされる(Mitchell 1969：328)。同胞団の力の源は，多くの民衆を動員できた点にあった。彼らは出版事業，学校運営，医療クリニックでの無料診療，青少年を対象とするボーイスカウトやスポーツクラブ，労働組合や相互扶助組織を通じた社会的弱者支援，会社経営など，多種多様な社会活動に民衆を動員した。

図8-1　ハサン・バンナー
出典：同胞団公式ウェブサイト「同胞団オンライン」

1930年代末，イスラーム法（シャリーア）に基づく統治に向けた政治活動も始まった。1940年代後半には，同胞団では政治活動が優先されるようになり，次第に政府や他の政党・政治勢力との緊張関係が強まった。そうしたなか，当初は「イスラームの外敵」と戦うことを目的に同胞団内で設立された「秘密機関」が，政府要人暗殺など過激な行動を起こすようになった（'Abd al-Halim 1979：210-211)。この結果，1948年に同胞団が政府によって非合法化されると，秘密機関メンバーがマフムード・ファフミー・ヌクラーシー首相を暗殺した。翌年，バンナーはその報復として秘密警察によって暗殺された。

バンナー没後，穏健派のハサン・フダイビーが第二代最高指導者に選出されたが，秘密機関など急進派を抑制することはできなかった。その後，同胞団は内部分裂状態のまま，ナセルら「自由将校団」による1952年のクーデタを迎えた。現在まで続くエジプトの共和制はこのクーデタによって誕生したもので，その後の歴代政権において，軍は支配的政治エリートの中核をなしてゆく。当初，同胞団はナセルら自由将校団が率いる革命評議会と友好関係を持ったが，1954年のナセル暗殺未遂事件を契機に非合法化され，1950年代半ば〜1960年代にナセル政権による激しい弾圧を受けた。この弾圧は，一部の同胞団メンバー

が急進化する契機にもなった。当時の同胞団の代表的イデオローグであるサイイド・クトゥブは獄中で『道標』を著し，イスラームとジャーヒリーヤ（イスラーム以前の「無明」時代）の善悪二元論的な世界認識を示した（小杉・横田 2003：49-56）。ナセル政権はその内容を危険視し，1966年にクトゥブを扇動の罪で処刑した。彼の処刑後，国家への不信を深め，政治的急進化を徹底させた潮流はクトゥブ主義と呼ばれ，その後のイスラーム過激派の思想的根拠となった。

1970年代，ナセルの後を襲ったサーダート大統領は政権基盤の強化を目指し，競合者であるナセル主義者ら左派を抑制するために，イスラーム主義を対抗勢力として利用した。その結果，同胞団の非合法状態は継続したままであったが，その活動の再開が黙認されることとなった。第三代最高指導者ウマル・ティリムサーニーの指導下，同胞団の組織再建が進められた。ティリムサーニーは医療，教育，相互扶助など社会活動の再建に取り組んだ。彼はサーダート政権との協調と非暴力・穏健活動を重視し，既存の法秩序の下で活動を行う合法活動路線を採った。これ以降，同胞団は政権との全面対決の回避と組織存続の優先を基本方針とした。1970年代以降のイスラーム復興の隆盛を背景に，同胞団は着実な組織拡大に成功し，エジプト最大のイスラーム主義運動として復活を遂げた。

また，ティリムサーニーら指導部は，同胞団内のクトゥブ主義者ら急進派を排除すること，そしてバンナー思想の系譜上にクトゥブの思想的遺産を位置付けることに努めた（小杉・横田 2003：56-58）。このため，同胞団の穏健活動に飽き足らない急進派の一部は同胞団を脱退し，「イスラーム集団」や「ジハード団」など過激派に合流した。

ムバーラク政権下のムスリム同胞団

1981年，サーダート大統領がジハード団によって暗殺された後，ムバーラクが大統領に就任した。ムバーラクは権威主義的な政権運営を基本とし，野党や同胞団の政治活動を制限した。国際的には，米国が毎年12億米ドルの軍事支援を行い，彼の統治を支えた。

大統領就任当初，ムバーラクは政治対話に基づく国民的和解を模索したため，野党や同胞団などの活動も活発化した（伊能 1993：156-157）。一定の政治的自由化が進むなか，同胞団は非合法組織のままではあったが，職能組合や人民議会（下院）での選挙にメンバーを無所属候補として擁立することを黙認された。1983年に初めて人民議会選挙に参加した同胞団は448議席中8議席を獲得し，1987年の選挙では36議席を保有する実質的な最大野党となった。同胞団は選挙参加を政治活動の主柱として，公的政治領域での活動に注力した。

1990年代になるとエジプトの政治的自由化は停滞し，同胞団の政治活動も低調となったが，彼らは穏健・合法の活動方針を堅持した。この時期，エジプト経済・財政の行き詰まりを打開すべく，ムバーラク政権はIMFと経済構造調整政策の実施で合意した（山田 2008：120-121）。それに従い，公共サービス・補助金の削減や国営企業の民営化などが進められた。国民生活の悪化で不満が高まるなか，ムバーラクは権威主義的な政権運営によって対応した。また，ムバーラクは同胞団の政治的伸張にも危機感を強め，抑圧的な姿勢に転じた。

2004年に都市部の左派知識人を中心に結成された「キファーヤ運動」が端緒となり（Shorbagy 2007），同胞団や諸野党も参加する大規模な民主化運動が起こった。これにより，ムバーラクの権威主義的な政権運営は一時的に緩和された。こうしたなかで実施された2005年の人民議会選挙で，同胞団は444議席中88議席を獲得する躍進を遂げ，「実質的な最大野党」の面目を躍如した。しかし，この躍進はかえってムバーラクの不安を増大させ，権威主義的な政権運営への回帰の契機となった。翌年以降，ムバーラクは同胞団や民主化運動に対する弾圧を強めた。同胞団は民主化を求めて政権批判を強め，他の野党・反政府運動との連携を深めたが，公的政治領域での活動が抑圧される事態に対して有効な対策をとることができなかった。

ムスリム同胞団の思想

同胞団創設者のバンナーは，イスラームに基づく社会改革を目的に同胞団を設立し，その最終的な目標をイスラーム法施行によるイスラーム国家樹立に定めた。バンナーは，「個人から，家庭，社会，政府へ」という段階的なイス

ラーム化を唱え，政府の掌握という国家のイスラーム化は最終段階で自ずと達成されると考えた（バンナー 2015：104-107）。具体的な方法は明確にされていないが，政権奪取により既存体制をイスラーム法に基づく統治に変革するという意図が見受けられる。

　バンナーの死後，秘密機関の暴力的活動，1950～1960年代のナセル政権の弾圧によって同胞団のイスラーム化の試みは頓挫した。同胞団再建を指導したティリムサーニーは，イスラーム的統治とはイスラーム法を施行する統治であると定義した。彼はその実現を訴えたが，それは政権奪取ではなく，既存支配体制をそのまま承認し得るものといえ，イスラーム法施行の実現のみが目標とされた（飯塚 1993：50-52）。復活以降の同胞団は政府との全面対決を回避し，非暴力・合法活動路線を採用した。これは既存体制内での活動を基本とすることを意味し，奪権ではなく，現行の政治制度のルール内でのイスラーム法施行を要求するものである。その最たる例が，上述の議会選挙への参加であり，議席を獲得した同胞団はイスラーム法の即時実施を求める議会内闘争を強化した（飯塚 1993：59）。

　2000年代，同胞団の政治的主張はイスラーム法施行から民主化要求への変化が次第に見られるようになった。そこでは，エジプト国内問題の解決のために民主化・政治的自由化の実現が最重要課題であるとされ，1990年代まで同胞団が全面的施行を求めていたイスラーム法は，民主主義を正当化する「準拠枠」として新たな位置付けを与えられることとなった。そして，「イスラーム的権威」を準拠枠として，「民主主義的メカニズム」に基づく具体的な諸政策が示された（横田 2010）。こうした変化の理由は次のように考えられる。ムバーラクの権威主義的な政権運営によって，同胞団の政治活動は弾圧を受けた。この苦境を打開するために，政治的自由化を促進することで自らの活動の自由を確保することが最優先とされた。また，民主化は国民一般の要求とも合致し訴求力を持ったため，その後の同胞団は民主化要求を政治活動の中心に据えることになった。

ムスリム同胞団の組織構造

本章では,これまで同胞団の政治活動を中心に議論してきたが,同胞団を論じる上で忘れてはならないのが社会活動である。「包括型」(小杉 1998:114) のイスラーム主義組織である同胞団は政治活動だけでなく,病院経営,出版事業,学校運営,企業経営,相互扶助組織運営など多種多様な社会活動をイスラームの教えに従って行ってきた。図8-2のように,同胞団では社会活動が組織の基礎をなしており,社会活動を通じて構築された支持基盤に依拠して政治活動が行われている。こうした政治活動と社会活動の関係性には,段階主義的なイスラーム化という創設以来の同胞団の基本方針を指摘できる。

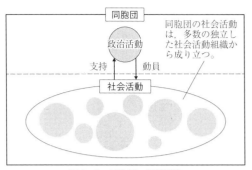

図8-2 同胞団の組織構造
出典:筆者作成。

図8-3 同胞団系病院内に設けられた薬局
出典:筆者撮影。

同胞団の社会活動が創設以降の歴史を有するのに対して,政治活動が本格的に開始されたのは1980年代であった。社会活動は政治活動よりも長い歴史と実績を持っており,それが同胞団の組織構造にも影響を与えている。政治活動と社会活動は同胞団において同規模のものではなく,後者が組織内で大きな発言力を有してきた(横田 2014b:14-21)。サーダート・ムバーラク両政権下で,同胞団の政治活動部門は非合法のままであったが,社会活動部門に属する組織の多くは同胞団本体とは別組織のNGOとして社会問題省に公式登録されていた。彼らの社会活動は公式には同胞団とは別組織とされたが,実際には同胞団の支

図 8-4　同胞団系週刊紙『アラブの地平』の編集会議
出典：筆者撮影。

持基盤を形成した。議会選挙など動員が必要な局面では，同胞団の社会活動が同胞団の政治活動を支えた。また，公共サービスの不足を同胞団の社会活動が補っていたこともあり，政府は政治活動に従事する同胞団メンバーを厳しく取り締まる一方で，社会活動は抑圧の対象外という事態もしばしば見られた（横田 2006：168-169）。

　ムバーラク政権下，同胞団は公的政治領域での活動を厳しく制限されていたが，組織としてより重要な社会活動は公式な認可を受け，比較的自由な活動を享受していた。このことは，同胞団が政権との全面対決に乗り出すことを躊躇させる要因となった。つまり，政治活動が苛烈な弾圧を受けたとしても，同胞団にとっては組織の基盤をなす社会活動が健在であればこそ，組織存続と将来的展望を保つことが可能であった。それゆえ，権威主義的なムバーラク政権下で，同胞団は穏健・合法的な活動を基本方針とする忍従路線をとった。

3　「1月25日革命」がムスリム同胞団にもたらした僥倖――好機

「1月25日革命」によるムバーラク政権の崩壊

　「1月25日革命」は，同胞団にとって起死回生の好機であった。実はこの「革命」直前の同胞団は，ムバーラク政権の弾圧によって政治活動が行き詰まる「ジリ貧」状態にあった。それまで政治活動を牽引してきた改革派が行き詰まりの責任を事実上問われる形で退き，2010年の最高指導者選挙を通じて保守派が指導部を掌握した。内向き志向の強い保守派指導部の下，同胞団は現状維持に汲々とし，妙手を打つことができずにいた（横田 2014b：20-21）。

　この行き詰まりを打開したのが，「1月25日革命」によるムバーラク政権の崩壊であった。「1月25日革命」を先導したのは同胞団ではなく，新たに登場

した青年運動であった。なお，青年運動は単一の運動ではなく，様々な青年組織によって形成された大きな政治的潮流を指す。青年運動が「革命」を先導できた背景には，ムバーラク政権末期の国民生活の急激な悪化があった。外資導入に依存するムバーラクの経済政策は貧富の差を拡大させていたが，2008年の世界金融危機はエジプトの経済成長を鈍化させ，国民生活を圧迫した（横田2014a：8-9）。また，世界的な食糧危機も相俟って，食料品など生活必需品の高騰・不足が生じ，各地で生活改善を求める抗議活動が頻発した。エジプト最大の繊維産業都市マハッラ・クブラー市では，2006年頃から生活改善を求める労働争議が頻発した（Beinin 2007）。2008年，青年層を中心とする「4月6日運動」は同市の労働争議を支援するストライキを呼び掛け，それは各地で決行された。これを端緒に，エジプト各地で青年運動に先導された様々な抗議運動が拡大した。2010年の人民議会選挙では，政権による選挙介入や不正が行われたため，青年運動は選挙などの制度内政治による政権交代ではなく，路上抗議運動による大統領辞任を模索し始めた。

　2011年1月25日，青年運動は国民の不満に応じて大規模な反政府デモを呼びかけた。その結果，100万ともいわれる民衆がムバーラク辞任を求めて，カイロ市中心部のタハリール広場へ詰めかけた。反政府デモの成功を受けて，政権との全面的対決に慎重であった同胞団も抗議運動への合流を決定した。同胞団にとって，ムバーラク政権打倒は組織の利益にも合致するものであり，政権崩壊後のエジプト政治での発言力の確保を考えれば抗議運動への合流は妥当な判断であった。同胞団は組織を挙げてデモへの参加を呼び掛けたため，抗議運動へ参加する民衆は急増した。抗議運動の拡大を前に，ムバーラクは事態収拾の術を失った。最終的には，エジプト軍が見限ったことにより，さらには最大の支援国の米国オバマ政権が政権交代を実質的に認める冷淡な姿勢を示したこともあり（本書第4章を参照），ムバーラクは大統領職を辞任した。

　「1月25日革命」で重要なのは，抗議運動参加者はムバーラク辞任という単純明快な要求を掲げ，国民規模の抗議運動に直面した軍などの政治エリートはムバーラクとの共倒れを回避するよう行動したということである。すなわち，この「革命」で失脚したのはムバーラクと与党「国民民主党」幹部ら側近であ

り，それ以外の政治エリートは温存されたままであった。この「革命」で同胞団はエジプト政治における存在感を増したが，軍を中心とする支配的政治エリートの構成は「革命」前とさほど変わらぬものであった。

軍政下でのムスリム同胞団の政治的台頭

ムバーラク政権崩壊後，ムハンマド・タンターウィー国防相を議長とする軍最高評議会が民政移管までの暫定統治を担った。この暫定統治下では，軍など既存の政治エリートの権益保持が試みられた一方，同胞団や青年運動諸組織など「1月25日革命」で活躍した政治的主体には活動の自由が基本的に認められた。軍最高評議会による軍政下で民政移管が進められ，その過程として国政選挙が実施された。しかし，「革命」を牽引した青年運動のなかには「4月6日運動」のように，「革命完遂」を求めて選挙参加を拒んだ組織が多かった。他方，同胞団は，たとえ革命が未完であっても，選挙によって正統性が保障された民主的体制を構築し，自らを公式政治領域のなかに位置づけることを目指した。そのため，軍最高評議会が主導する憲法改正作業に賛同するなど，民政移管に協力した（横田 2012：36-37）。

同胞団は軍と良好な関係を維持しつつ，傘下政党の設立に努めた。2011年2月，同胞団最高指導者ムハンマド・バディーウは「自由公正党」を設立する意向を明らかにした。6月，自由公正党は正式に認可された。後に大統領に就任するムルスィーは同胞団指導部内の序列では中堅幹部であったが，人民議会議員などの政治経験を評価されて党首に就いた。同胞団が政党設立へ迅速に動いた理由は，1954年以来の非合法状態があった。歴代政権は，同胞団の政治的台頭を抑制するために彼らを非合法状態に置き，合法性を付与することと同義の政党設立を認めなかった。同胞団は社会活動を通じて形成された支持基盤を政治的動員力へ転化してきたが，非合法の同胞団は支持基盤の受け皿となる政党を持てず，社会的活動と政治活動を完全な形で結合できなかった。政党設立への最大の障壁であったムバーラク政権崩壊を受け，同胞団は自由公正党を設立し，その支持基盤を政治活動に公に結び付けた。

実際に，同胞団は2011～12年の人民議会選挙で躍進した。長年の宿願を果た

した同胞団は，強力な動員力と資金力を背景に国政選挙で躍進を遂げた。自由公正党は公選議席（498議席）のうち213議席を獲得し，人民議会で第一党の座を確保した。2012年のシューラー議会（上院）選挙でも，自由公正党で，公選議席（270議席）の約60％を持つ第一党になった。同胞団は「イスラーム的統治の実現」を掲げて選挙に臨んだが，このことはメンバーや従来の支持者以外の国民を選挙での投票行動へ動員することにも寄与した。というのも，「1月25日革命」を先導した青年運動や既存の政治エリートが新たな政治理念や方針を示すことができなかったのに対して，同胞団は「イスラーム的統治」という理念に由来するクリーンさを国民へ示し，それをこれまでの政治経験によって裏づけられたのである。また，他のイスラーム主義政党も選挙で躍進した。サラフィー主義者を中心とするヌール党もイスラーム的価値を前面に押し出した選挙戦略を成功させ，両院で第二党の座を占めた。ヌール党はアレキサンドリアを拠点とする慈善活動団体「サラフィーのダアワ」（呼びかけ）を母体として2011年5月に設立された政党で，同胞団よりも保守的なイスラーム主義運動とされる（Hamid 2014：13-14）[3]。軍最高評議会の統治下で実施された国政選挙は概ね民主的な選挙であり，自由公正党やヌール党は支持基盤に依存する動員が可能であった。民政移管を進めたい軍最高評議会と，選挙を通じた政治的台頭を望むイスラーム主義運動の利害は一致していた。他方，「革命」を先導した青年運動諸組織は分裂状態に陥ったため選挙戦を効率的に戦うことができず，政治的発言力を著しく低下させた。

ムルスィー政権の成立

「1月25日革命」後の民政移管の総仕上げとして行われたのが，2012年5～6月の大統領選挙であった。同胞団はムルスィーを大統領候補として擁立した。決選投票で51.7％を得票したムルスィーがアフマド・シャフィーク元首相を僅差で破り，大統領に就任した。大統領に当選したムルスィーはエジプト国民向けの演説で，尊厳と社会的公正の実現を約束し，軍事国家でも宗教国家でもない「市民的国家」として立憲制・共和制を堅持することを誓った。また，「国民が正統性の根源」であり，「全国民の大統領」であると強調した。

第Ⅱ部　世界に広がるイスラーム主義運動

図8-5　ムハンマド・ムルスィー
出典：ウィキペディア。

　ムルスィーが当選を果たした理由は次のように考えられる。第一に，彼は同胞団の強力な支援を全面的に受けることができた。2011〜2012年の議会選挙でも同様であるが，同胞団メンバー・支持者が中心となり，戸別訪問や小規模集会などの「ドブ板選挙」が行われたという。長年にわたって同胞団が構築してきた支持基盤，そして同胞団の組織力と資金力が選挙戦を支えた。第二に，「1月25日革命」直後という選挙のタイミングであった。ムルスィーは選挙期間中，イスラーム色の強い主張を行うとともに，旧政権関係者らを反革命勢力として批判した。「革命」の熱気が残存するなか，ムバーラク政権最後の首相であるシャフィークを「革命」の敵役として，「革命擁護」対「反革命」の構図を描いた。これにより，同胞団は従来の支持層だけでなく，浮動票を集約することにも成功した。

　他方，同胞団の躍進を懸念した軍最高評議会は，最高憲法裁判所による人民議会選挙の違憲判決を受けて，2012年6月に人民議会を解散し，新たな人民議会が発足するまで軍最高評議会が立法権を行使する旨を含む「憲法宣言」を発表した。これに対して，ムルスィーは対決姿勢を強めた。同年8月，ムルスィーはタンターウィー国防相ら軍幹部の更迭を発表し，スィースィー将軍を国防相に任命した。この結果，ムルスィーは名実ともに行政権を掌握するとともに，軍最高評議会が執行していた立法権をも握った。同年末には，同胞団らイスラーム主義勢力が主導する制憲委員会によって起草された新憲法が制定された。2013年3月には，同胞団自体がNGOとして正式登録され，同胞団は合法的地位の獲得に成功した。「1月25日」という僥倖を巧みに捉えた同胞団は，長年の「冬」を終え，「春」を迎えた。

第8章　エジプトのイスラーム主義は失敗したのか

4　「6月30日革命」が同胞団にもたらした危機――転落

ムルスィー政権の失政

　「1月25日革命」後の同胞団は，ムルスィー政権を誕生させるなど，創設以来で最大の政治的成功を収めた。しかし，その成功は長くは続かなかった。同胞団の転落の要因となったのは，ムルスィー政権の政治・経済における失政であった。

　政治的な失政では，対話や協調に基づく機能的な民主主義を実践できなかったことが大きい。全エジプト国民の大統領になると宣言したムルスィーであったが，結果的に独善的とも言える政権運営に陥った。長年にわたって選挙を通じた政治活動を優先してきた同胞団は，選挙の勝利を国民に由来する正統性を担保する最大の事由と考えていた。そのため，選挙で勝利した同胞団は「数の論理」を背景とする政権運営を行い，反対派との対話を軽視した。たとえば，2012年11月，ムルスィーは新憲法起草に際して，旧来の政治エリートが主流を占める司法機関の憲法制定プロセスへの介入を回避するために，大統領権限が司法権に優越するという「憲法宣言」を発表した。最終的に同宣言は撤回されたが，このような対話を拒否するムルスィーの強権的姿勢は反ムルスィー・反同胞団の世論を強めた。

　諸野党や青年運動諸組織は，ムルスィーの強権的姿勢を不満としてボイコットを選択した。このため，ムルスィー政権は同胞団や少数の友好政党に依存せざるを得ず，「身内」に迎合する政策を進めた（本書第2章も参照）[6]。その結果，反対派との対立はますます深まり，エジプト政治の分極化が進んだ。また，ムルスィー政権を支える自由公正党も，当初はキリスト教徒活動家のラフィーク・ハビーブを副党首に任命するなど柔軟な姿勢を示したが，ハビーブの脱退などもあって徐々に排他的な性格を強めた。同党が包括的な政権政党へ発展できなかったことも，政権の独善的運営を促したと考えられる。

　さらに重要なのは，ムルスィー政権や同胞団が軍の力を読み違えたことである。「1月25日革命」は軍を中心とする支配的政治エリートの構成をほぼ変え

ることがなかった。しかし，国政選挙での度重なる勝利を経験したムルスィーや同胞団は，軍を上回る支持と正統性を国民から得られたと考えたように思われる。たとえば，ムルスィーは就任当日にカイロ大学で行った演説において，「［政府］諸機関は自らの役割に戻る。偉大なる軍は祖国防衛・国境管理という最重要の役割に再び身を捧げ，憲法が定める下で他機関と協力するだろう」と述べ，軍の役割の制限を示唆した。「1月25日革命」によって軍が支える権威主義体制が崩壊し，軍の影響力が低下したという虚像にムルスィーはとらわれていたと考えられる（横田 2014a：15-16）。支配的政治エリートの中核として隠然たる力を保持し続けてきた軍の力を過小評価していたといえる。実際に，ムルスィーはタンターウィー更迭に成功したが，その後も軍の自立性と既得権益はそのまま温存されていた。

　ムルスィー政権の経済面での失政による国民生活の悪化も反同胞団の世論を強めた。ムルスィーが掲げた国民生活改善のための「百日計画」は多くが未達成に終わり，彼は国民の要求に応じることができなかった。「1月25日革命」後の政情不安は観光業やFDIの低迷など外貨収入の減少を招き，エジプト・ポンド安に伴って食料・燃料など輸入必需品の価格上昇や不足が生じた。エジプトは食料・燃料などの必需品を輸入に頼っており，通貨安は輸入品の不足・価格高騰を招いた。また，外貨不足改善のために国際通貨基金（IMF）からの支援融資を実現しようにも，ムルスィーはその受け入れ条件となるであろう経済・財政改革に乗り出すことができなかった。選挙を通じた国民の支持を正統性の根拠とするムルスィーにとって，国民に痛みを強いる補助金削減や公務員の首切りは選択肢となり得なかったのだ。ムルスィー政権は治安・経済対策において結果的に無為無策となってしまい，国民の不満の高まりは生活改善を求める労働争議や路上抗議運動を誘発し，反ムルスィーの世論が急速に強まった。

失墜するムスリム同胞団

　2013年になると，ムルスィー政権の失政に対して，彼の辞任や大統領選挙の再実施を求める声がエジプトで次第に強まった。しかし，ムルスィーや同胞団は，選挙に基づく正統性を主張してこうした要求を拒絶した。このため，世論

の分極化がさらに深刻化し、エジプトは政治的な麻痺状態に陥った。なお、この対立・分極化はあくまでも同胞団を母体とするムルスィーの政権運営の是非を巡るものであり、イスラーム主義と世俗主義の間のイデオロギー対立ではなかった（横田 2014a：16）。

こうしたなか、ムルスィー政権に幻滅した都市部の青年活動家によって「タマッルド」（反抗）と呼ばれる抗議運動が結成された。タマッルドは政治・経済の停滞など諸悪の根源はムルスィー政権と同胞団にあるとして、ムルスィー辞任を求める2,200万人分の署名を集めた。タマッルドは緩やかな組織構造を持つ開放的な運動であり、反ムルスィー・反同胞団の様々な組織や個人の加入を受け入れたため急激に拡大した（横田 2016：233-235）。ムバーラク政権末期と同じく選挙などの制度内政治による政権交代が望めないなか、2013年6月30日にタマッルドはタハリール広場で大規模な抗議デモを成功させた。同胞団などムルスィー支持派もデモや集会で対抗したため、エジプト国内で混乱が広まった。

この混乱のなかで権力を掌握したのは、スィースィー国防相が率いるエジプト軍であった。スィースィーは、抗議デモの拡大に伴って政権から距離をとり、ムルスィーへ事態収拾を求める最後通牒を行った。だが、ムルスィーはこれを軍の不当介入と批判し、選挙に基づく自らの正統性を主張した。結局、7月3日に軍はクーデタを決行し、ムルスィーの大統領解任と憲法停止を発表した。反ムルスィー・反同胞団の民衆は歓喜をもってこの政変を「6月30日革命」と呼び、軍の行動を賞賛した。軍は自らの既得権益を損なう可能性があるムルスィー政権打倒の機会を虎視眈々と待ち、「タマッルド」が先導した反ムルスィー世論が高まるなかで国民の要望に応じる形で奪権に成功した。なお、この「革命」以前から徐々に同胞団と距離を置いていたヌール党は、クーデタを支持する立場を鮮明にした。

強まる退陣要求にもかかわらず、ムルスィーが下野しなかった理由は次のように考えられる。第一に、政権および同胞団での最終的な意思決定者／機関が不明確であった。確かにムルスィーは大統領として行政権を掌握していた。しかし、同胞団には彼よりも序列が上位のメンバーが多数存在し、「金庫番」を

図8-6 「6月30日革命」で焼け落ちた同胞団本部
出典:筆者撮影。

務める副最高指導者ハイラト・シャーティルが同胞団で最大の実力者とみなされていた。このため,ムルスィーは独断で重要な政治的決断ができなかった。さらに,当時の同胞団指導部は,内向き志向で政治経験の乏しい保守派が有力だったため,急速な世論の変化へ効率的に対処できなかった。第二に,同胞団の組織構造は政権獲得後も大きな変化がなかった。同胞団はそれまでと同様に社会活動を中心に据え,メンバーと支持者への利益配分を重視していた。つまり,同胞団はエジプト国民を利益享受者とする包括的な政権政党になることができなかった。確かに自由公正党は同胞団とは別組織として設立され,党員は同胞団を形式的に脱退したが,同党と同胞団の線引きは曖昧なままであり,ほぼ同一視されていた。第三に,同胞団はサンクコスト(埋没費用)にとらわれ,過去数十年の苦難を経てようやく獲得した政治的成果を放棄する決断ができなかった。[10] もし軍の最後通告に従って下野したとしても,混乱の責任から免れるとは考え難く,その後の選挙でも2011~2012年のような勝利を望むことはできなかった。下野後の政治的後退を懸念する同胞団内の声は優勢だったであろう。第四に,ムルスィー政権と同胞団が主張する選挙での勝利という正統性が彼らにとっては揺るぎないものであったが,多くのエジプト国民にとっては決してそうではなかった。国民にとっては選挙結果よりも,その後に生活を保障する政治を行うことの方が正統性を担保する上で重要であった。正統性を過信しすぎたムルスィーと同胞団は,民主的選挙で成立した政権に対して軍がクーデタを決行するとは考えていなかったように見受けられる。

第**8**章　エジプトのイスラーム主義は失敗したのか

「6月30日革命」による没落

　ムルスィー政権の崩壊後，軍の主導下で発足した暫定政権が民政移管を進めた。この政権は最高憲法裁判所長官アドリー・マンスールを長とする文民政権だったが，実際は軍を代表するスィースィー国防相が実権を握る軍政であった。暫定政権は同胞団に対する厳しい抑圧政策をとり，ムルスィーだけでなくバディーウら幹部の大量逮捕や資産凍結を行った。同胞団の抗議デモや集会に対しても厳しい姿勢で臨み，2013年8月にカイロ市内で強行された抗議運動に対する強制排除では，同胞団メンバーを中心に多数の死傷者が生じた。軍・暫定政権の厳しい取り締まりによって，同胞団の抗議活動は急速に縮小した。指導部の大量逮捕は同胞団の指揮系統の寸断を招き，組織運営も危機的な状況になった。同胞団の危機をさらに深刻化したのが，軍・暫定政権による同胞団の再「非合法化」の試みであった。2013年9月，カイロ緊急審判法廷は，同胞団および関連組織の活動禁止と資産凍結を命じる判決を下した。暫定政権は同年10月に同胞団のNGO資格を剥奪し，12月に同胞団を「テロ組織」に指定した。こうして同胞団はほぼ完全に公的政治領域から排除された。

　2014年6月，スィースィーが大統領に就任した。スィースィー政権は堅調な支持率を背景に，抑圧政策による同胞団の政治的排除を堅持した。スィースィーは大統領選挙への出馬演説において，「我々（エジプト国民）はテロリストや生活・安全・治安の破壊を目論む党派の脅威に曝されている」と述べた。[11] この「テロリスト」という言葉は，同胞団をまず念頭に置いている。スィースィーは同胞団から祖国を救済したという「功績」をしばしば繰り返し，政権の正統性の主柱としているのである。

　「6月30日革命」以降，同胞団は一連の措置によって合法性を喪失し，公的政治領域での活動を再び禁じられることとなった。同胞団にとっては政治活動の致命的失敗である。クーデタ直後から，同胞団はムルスィーの復権要求を堅持し，同胞団を中心とする「正統性を守る国民連合」は路上での抗議活動を行ったが，目立った成果を収めることができなかった。また，指導部の大量逮捕によって，組織運営もままならない状態に陥った。

5　失敗したのはイスラーム主義なのかムスリム同胞団なのか──挫折

潮流化するムスリム同胞団

　スィースィー政権による抑圧下，同胞団は組織存続をかけた生存戦略を強いられている（Milton-Edwards 2016：51-52）。公的政治領域での活動を禁止された同胞団は政治活動から撤退し，組織基盤である社会活動の維持を優先する生存戦略を選択した。ムルスィー政権崩壊からしばらくの間，同胞団の再非合法化は実際には政治活動の非合法化のみにとどまり，社会活動，特に医療奉仕や相互扶助組織などの慈善活動は同胞団とは無関係の別組織という名目で実質的に黙認された（横田 2014c：39）。つまり，同胞団は組織存亡の危機をある程度は回避できていた。同胞団は組織の柱である社会活動を温存することで力を維持しつつ，政治的機会が再び訪れるのを待つ戦略をとったのである。

　しかし，2015年以降，同胞団の社会活動に対して政府が介入する事例が多く見られた。ムルスィー政権で地方開発相を務めたアムル・ダッラーグによると，同胞団系の医療機関で現場スタッフは以前のままであっても，運営幹部が総入れ替えされている事例が多くなっている。なかには政府関係者によって直接的に運営されている病院もあるらしい[12]。社会活動が切り崩されることは，同胞団に深刻な影響を与える事態である。これまでの歴代政権下，同胞団は政治活動が弾圧を受けたとしても，社会活動の継続により組織基盤を温存できた。しかし，政府による抑圧政策が社会活動にまで及べば，将来的な復活のための基盤を喪失することになりかねない。これは同胞団にとって創設以来最大の危機となっている。

　こうした事態について，同胞団は「潮流」（tayyār）化することで危機を乗り越えようとしているとダッラーグは説明する。彼によると，エジプトにおいて同胞団の活動は厳しく制限されている。そのため，同胞団メンバーは組織的な活動を表立ってするのではなく，同胞団思想を堅持しつつ個人単位で状況に応じた活動を行う。その際には，身を守るために同胞団メンバーであることを秘匿することも，地下に潜伏することもありうる。エジプト社会において，組織

的な同胞団の活動は目にすることはできないが，同胞団メンバーは確かに存在し続け，時期の到来を待ち続けている。名の知れた幹部メンバーではなく，同胞団の将来を担う若手・中堅のメンバーが潮流としての同胞団の中心的役割を担いつつある。かつて筆者はムバーラク政権下の同胞団を「思潮」と表現したが（横田 2006：88-92），政治的な失敗を経た同胞団は再びこの状態に回帰しつつある。スィースィー政権下の同胞団にとっては，潮流への回帰が生存戦略となっている。これは，明らかに政治的失敗がもたらした帰結ではあるが，単なる敗北や「地下化」と割り切るのは早急であろう。というのも，エジプト社会には依然として一定数の同胞団メンバー・支持者が存在すると考えられ，さらに潮流化は同胞団にとってナセルやムバーラクの治世下ですでに経験済みの戦略でもある。今後は，同胞団が生存戦略として採用する潮流化を中長期的に観察する必要があろう。

　他方，現在の同胞団は政権による弾圧によって組織が疲弊状態にあり，その指揮系統は寸断されている。政治活動の停止に伴い，社会活動部門と指導部からなる多数派の穏健派と，暴力的な活動による政治目標の達成も辞さない一部青年メンバーを中心とする急進派とに同胞団は分裂しつつある（Fahmi 2015）。穏健派は暴力的な活動を公式に否定し，合法的活動を堅持する姿勢を示している。しかし，急進派は現状に行き詰まりを感じてさらに先鋭化しつつある。今後は一層の潮流化に伴って各メンバーの自立性がますます強まると考えられるため，両者間の亀裂の深刻化も懸念される。

2つの「革命」を経たエジプトのイスラーム主義

　「1月25日革命」と「6月30日革命」を経たエジプトにおいて，同胞団は公的政治領域から排除され，そして組織存亡の危機に陥っている。こうした事態に鑑みれば，同胞団の掲げてきたイスラーム主義は挫折，あるいは失敗したといえよう。エジプトにおけるイスラーム主義に目を向けてみると，同胞団の失敗と軌を一にするかのようにイスラーム主義運動全般の低迷を観察できる。同胞団と協力関係にあった「ワサト（中道）党」や「建設発展党」などイスラーム主義政党の党勢は著しく衰えている。「6月30日革命」を切り抜けたヌール

党も，2015年の議会選挙において11議席（公選568議席）のみの獲得に終わっており，世俗主義者たちによる解党を求める訴訟や指導部の分裂もあって組織存続も危うい。

　こうしたエジプトにおけるイスラーム主義運動の低迷は，端的に言えば同胞団の失敗の巻き添えともいえる。2つの「革命」を経て，同胞団の掲げるイスラーム主義は失敗した。それはバンナー思想に見られるように，個人・家庭・社会・政府へと段階的に進むイスラーム主義のモデルであり，具体的には社会活動に基づく政治活動の実践であった。同胞団はバンナー期から約90年間にわたってエジプトのイスラーム主義を先導・代表しており，他のイスラーム主義運動の多くはこの「同胞団的なイスラーム主義」のモデルにならってきた。しかし，スィースィー政権下の同胞団は公的政治領域からほぼ完全に排除され，同胞団が掲げてきたイスラーム主義は挫折した。2つの「革命」を経た同胞団は，社会・家庭・個人の段階へと活動を後退させ，さらには潮流化も指摘される事態になっている。

　つまり，エジプトで失敗したのは同胞団，あるいは彼らの掲げるイスラーム主義であった。この失敗はその大きな影響力ゆえに同胞団のみにとどまらず，同胞団のイスラーム主義のモデルに準拠してきた他のイスラーム主義運動をも巻き込む失敗となったのだ。それゆえ，エジプトにおいてはイスラーム主義が失敗したかのように見えている。他方，上述したように，エジプト国内には依然として同胞団メンバー・支持者が一定数存在していることは否めず，将来的には同胞団のイスラーム主義が復活する可能性もある。また，同胞団が掲げてきたイスラーム主義とは異なる新たなイスラーム主義が他の運動組織から生み出されることも考えられる。イスラーム主義を論じる際には，一組織の成功／失敗を考察するのに加えて，さらに広くイスラーム主義のイデオロギーや担い手に対して目を向ける必要があるだろう。

注

(1)　2011年2月11日のホスニー・ムバーラク政権崩壊をもたらした政変。大規模反政府デモが開始された日にちなみ，エジプトでは「1月25日革命」と呼ばれる。

第**8**章　エジプトのイスラーム主義は失敗したのか

(2) 2013年7月3日のムルスィー政権崩壊をもたらした政変で，エジプトでは大規模反政府デモが開始された日にちなみ，「6月30日革命」と呼ばれることが多い。なお，同胞団支持者らはクーデタと呼んでいる。日本では「事実上のクーデタ」と呼ばれることが多い。

(3) ヌール党についてさらに詳しくは，同党の公式フェイスブックを参照（https://www.facebook.com/AlnourPartyOfficialPage/　2017年7月14日閲覧）。

(4) 2012年6月14日の最高憲法裁判所の司法判断によれば，人民議会選挙の比例代表制と選挙区制との併用が，憲法の定める法の下での平等を犯しているとされた。比例代表制選挙には政党単位でしか登録できず，無所属候補の参政権を侵害しているとされた。

(5) 憲法宣言とは，新憲法が制定されるまで憲法に代わる効力を持つとされる声明や文書である。「1月25日革命」後，軍最高評議会議長や大統領によってしばしば発せられた。

(6) たとえば，協力関係にある建設発展党幹部のルクソール県知事への任命や，彼らの求めるアルコール販売規制やビーチでの女性用水着の規制の検討などが行われた。

(7) http://www.ikhwanweb.com/article.php?id = 30156（2017年7月15日閲覧）。また，同胞団広報担当ジハード・ハッダードは，軍の政治介入に関する質問に対して，「タンターウィー更迭後の軍は政治的行動を取っていない。選挙による民主主義が成立した以上，今後も軍が政治的役割を果たすことは考えにくい」と楽観的な見通しを語った（2013年2月28日，筆者によるインタビュー）。

(8) ムルスィーは治安，交通，食糧，公衆衛生，エネルギー供給の5分野に関する「百日計画」を示した。計画進捗状況を示す「ムルスィー・メーター」がウェブサイト上に設けられるなど，国民の関心も高かった（http://morsimeter.com/en 2017年7月3日参照）。

(9) 2013年7月2日付のエジプト世論調査センターの世論調査によると，回答者の63%がムルスィー政権下での生活悪化を認めている（http://www.baseera.com.eg/pdf_poll_file_en/ One%20year%20of%20Morsi%20and%20the%20Brotherhood's%20rule%20Poll%20-%20en.pdf　2015年10月3日閲覧）。

(10) たとえば，同胞団主導の国土開発事業「ナフダ計画」の幹部イハーブ・フーリーらは，これまでの困難な活動を背景とする政権獲得は民意によるものであり，決して譲ることのできない事実であると主張した（2013年2月28日，筆者によるインタビュー）。

(11) エジプト軍運営フェイスブックで閲覧可能（https://www.facebook.com/Egy.Army.Spox/posts/456639144467073　2017年7月3日閲覧）。

(12) 筆者によるインタビュー（2017年2月23日）。

(13) 2014年5月22日付のピュー・リサーチ・センターの調査によれば，同胞団に対

201

する支持率は，2013年に63％，2014年に38％であった（http://www.pewglobal.org/2014/05/22/one-year-after-morsis-ouster-divides-persist-on-el-sisi-muslim-brotherhood/ 2017年7月25日閲覧）。

参考文献

飯塚正人（1993）「現代エジプトにおける2つの『イスラーム国家』論」伊能武次編『中東諸国における政治経済変動の諸相』アジア経済研究所，47-71頁。

伊能武次（1993）『エジプトの現代政治』朔北社。

小杉泰（1994）『現代中東とイスラーム政治』昭和堂。

―――（1998）『イスラーム世界』筑摩書房。

―――・横田貴之（2003）「行動の思想，思想の実践」小松久男・小杉泰編『現代イスラーム思想と政治運動』東京大学出版会，39-62頁。

鈴木恵美（2013）『エジプト革命――軍とムスリム同胞団，そして若者たち』中央公論新社。

バンナー，ハサン（2015）北澤義之・髙岡豊・横田貴之編訳『ムスリム同胞団の思想――ハサン・バンナー論考集』（上）岩波書店。

山田俊一（2008）「経済発展と貧困削減――ムバーラク・プログラムを中心に」山田俊一編『エジプトの政治経済改革』アジア経済研究所，115-151頁。

横田貴之（2006）『現代エジプトにおけるイスラームと大衆運動』ナカニシヤ出版。

―――（2010）「エジプト・ムスリム同胞団とイスラーム法施行問題」『二十世紀研究』第11号，1-22頁。

―――（2012）「イスラーム主義運動は何を目指しているのか――エジプト・ムスリム同胞団を中心に」『海外事情』第60巻3号，31-44頁。

―――（2014a）「エジプト――2つの「革命」がもたらした虚像の再考」青山弘之編『「アラブの心臓」に何が起きているのか――現代中東の実像』岩波書店，1-28頁。

―――（2014b）「ムバーラク政権によるムスリム同胞団のコオプテーションの再考」『アジア経済』第55巻第1号，9-27頁。

―――（2014c）「スィースィー体制へ向かうエジプト――権威主義体制の再構築とムスリム同胞団の政治的排除」『海外事情』第62巻5号，32-46頁。

―――（2016）「エジプトにおける2つの『革命』と社会運動」酒井啓子編『途上国における軍・政治権力・市民社会――21世紀の「新しい」政軍関係』晃洋書房，222-241頁。

'Abd al-Ḥalīm, Maḥmūd (1979) al-Ikhwān al-Muslimūn: Aḥdāth Ṣanaʻat al-Tārīkh ,Ru'ya min al-Dākhil, Vol. 1, Alexandria: Dar al-Daʻwa.（ムスリム同胞団――歴史を作った出来事）

第**8**章 エジプトのイスラーム主義は失敗したのか

Beinin, Joel (2007) "The Militancy of Mahalla al-Kubra," *Middle East Report Online*, September 29 (http://www.merip.org/mero/mero092907 accessed June 10, 2014)

Fahmi, Georges (2015) "The Struggle for the Leadership of Egypt's Muslim Brotherhood," *Carnegie Endowments for International Peace*. (http://carnegie-mec.org/2015/07/14/struggle-for-leadership-of-egypt-s-muslim-brotherhood-pub-60678 accessed on December 1, 2016).

Hamid, Shadi (2014) *Temptations of Power: Islamists and Illiberal Democracy in a New Middle East*. New York: Oxford University Press.

Lust-Okar, Ellen (2005) *Structuring Conflict in the Arab World: Incumbents, Opponents, and Institutions*. Cambridge: Cambridge University Press.

Milton-Edwards, Beverley (2016) *The Muslim Brotherhood: the Arab Spring and its Future Face*. London & New York: Routledge.

Mitchell, Richard P. (1969) *The Society of the Muslim Brothers*. London: Oxford University Press.

Shorbagy, Mohamed (2007) "Understanding Kefaya, the New Politics in Egypt," *Arab Studies Quarterly* 29 (1), 39-60.

Wickham, Carrie Rosefsky (2013) *The Muslim Brotherhood: Evolution of an Islamist Movement*. Princeton and Oxford: Princeton University Press.

Yokota, Takayuki (2017) "Egyptian Politics and the Crisis of the Muslim Brotherhood since 2013," *Kyoto Bulletin of Islamic Area Studies* 10：19-31.

第9章
革命後のチュニジアが見せた2つの顔
―― 民主化とテロリズム ――

白谷　望

1　「アラブの春」のきっかけとなったチュニジア

　2010年末以降アラブ諸国に大きな政治変動のうねりをもたらす発端となったチュニジアは，その民主化移行プロセスに対して，成功事例と評されることが多い。紆余曲折を経てではあったものの，2014年1月には新憲法が制定され，同年10月には国民代表議会選挙，11〜12月には大統領選挙を実施し，「アラブの春」後の民主化プロセスはこれで一応の完了を見せた。また，2015年12月には，4つの市民団体によって構成される「チュニジア国民対話カルテット」が，民主化への過渡期にあった同国において，民主主義の建設に積極的な役割を果たしたことを評価され，ノーベル平和賞を受賞した[1]。

　その一方で，2015年以降，国内でのテロ事件が連続して起きている。2015年3月18日には，首都チュニスのバルドー博物館で観光客を狙った襲撃事件が発生し，邦人を含む23人の犠牲者を出した。また同年7月4日には，スーサ地方のビーチ・リゾートで観光客が襲撃される事件が起き，39名が死亡した。観光客を狙った事件ではないものの，同年11月には大統領警護隊を乗せたバスが爆発する事件が起き，またアルジェリアとの国境に近い西部の山岳地帯ではテロ行為が活発化している。さらに，2014年以降イラクから内戦の続くシリアにかけて台頭した「イスラーム国」(IS) への最大の戦闘員送り出し国としての側面も無視できない。革命後のチュニジアが見せたこうした2つの顔は，どのようにして理解できるだろうか。

　ここで改めて「アラブの春」のきっかけを振り返ってみたい。それは，同国

南西部の町シディ・ブーズィードでの出来事であった。2010年12月，1人の青年が営業許可なく路上に露店を広げていたところ，警官に見咎められ，平手打ちを食らい，強制的に退去させられた。その後，彼は自らに火を放って自殺した。この事件は，SNSやメディアで繰り返し取り上げられたことから，全国各地で反政府デモを誘発し，2011年1月にはベン・アリー大統領の亡命と革命へと発展した。この政権転覆の影響はまたたく間に周辺のアラブ諸国に波及し，その翌月には，29年間の長きにわたり大統領職にあったエジプトのムバーラク政権が崩壊した。さらに，イエメンやバハレーン，リビア，シリアでも民衆デモが起き，リビアでは，半年間の激しい衝突ののち，NATO（北大西洋条約機構）軍の空爆に後押しされた反体制勢力が，40年以上続いていたカダフィー政権を倒した。

　チュニジアの政変の特徴は，イデオロギー性を排除して，あらゆる層の国民がデモや抗議活動に参加したことであり，この特徴はエジプトの「1月25日革命」にも受け継がれた。中東各国における「反体制派」の代名詞とも言えるイスラーム主義組織は，この政変では表舞台に出てこなかった。既存のイデオロギーを完全に排することで，「ベン・アリー大統領退陣」という目的の下にすべての国民が団結できたことが，「革命」成功の大きな要因であることは疑う余地がない（白谷 2012）。

　しかし，突出した指導者なき「革命」後の制憲議会選挙で勝利したのは，ベン・アリー政権下で非合法化されていたイスラーム主義政党「ナフダ党」(Hizb al-Nahḍa/Parti de la Renaissance) であった。しかし，打倒したものが大きければ，その後の課題もまた大きい。ナフダ党主導で行われた憲法の根本的見直しは，当初の予定から大きく遅れ，その間に国内ではナフダ党支持派と世俗派政党支持派で大きな亀裂が露呈した。また，前政権から引き継いだ問題である失業対策や地域格差の是正，そして革命後に悪化した経済状況・治安状況への対応など，チュニジアが抱えた課題はきわめて厳しく，ナフダ党はそれらに適切に対応することができなかった。その結果，新憲法制定後の2014年10月に行われた人民議会選挙では，ナフダ党は世俗派政党に敗れ，その政権党としての立場を失った。

本章では、革命後のチュニジアが見せた2つの顔——民主化と増加するテロリズム——を、2011年に表舞台に返り咲いたイスラーム主義政党「ナフダ党」に注目して考察する。上記の通り、チュニジアでは、革命後イスラーム主義勢力と世俗派勢力との対立が顕著となり、またこうした国内の政治領域から零れ落ちた若者らが国内外でテロ活動に走っている。これは、ナフダ党の政治運営の政治的・戦略的失敗によるものだったのか。そもそも、ナフダ党は革命後のチュニジア政治にどのような影響を与えたのか。本章を通じて、これらの問いに答えたい。

2　革命以前のイスラーム主義運動——政教分離政策と弾圧

ブルギーバによる政教分離政策

1956年にフランスから独立したチュニジアでは、ハビーブ・ブルギーバ初代大統領の下、フランス第三共和政の政教分離政策(ライシテ)にならった宗教政策が進められた。ブルギーバは、チュニジア社会の近代化はイスラームの伝統との完全な断絶によってのみ実現できる、と確信していた政治家であった(私市 2004：75)。彼は、3度の政令を通じて、伝統的なイスラーム制度の抜本的な改革に取り組んだ。そこでは、まずハブース(ワクフ)制というイスラーム土地所有制度が廃止され、またイスラームには基づかない新たな身分法が採択された。加えて、ザイトゥーナ・マドラサのイスラーム教育機関を廃止することにより、ウラマーの権威の中核を解体した。

しかし、こうした環境の下でも、1970年代頃からイスラーム主義運動が台頭した。その要因は複数あるが、同国におけるイスラーム主義運動の萌芽の時期は、他のアラブ諸国同様、1967年の第三次中東戦争でアラブが大敗北を喫したことによるアラブ民族主義への失望感と、イスラーム思想への期待が高まった時期であった。この時期からチュニジア政府は、左翼勢力を排除するためにイスラームを利用しようとし、1970年には「クルアーン保護協会」[2]を設立、高校や大学内にマルクス主義に対抗する勢力を育てようとした(私市 2004：80)。また、こうした外的要因に加え、ブルギーバ体制下でイスラーム主義運動を出

現させた内的要因もある。これは何よりも，独立運動を主導したナショナリストによる独立後の西欧近代化の方針が不徹底であったこと，そしてその政策とチュニジアの文化的・社会的基盤との間に存在する矛盾を彼らが十分に理解していなかったことである（Jourchi 1999）。

ブルギーバの下で進めてられてきた世俗化，近代化，およびそれに続く経済政策の失敗は，社会的・経済的・地域間格差という形で，社会に様々な歪を生んでいた。このような社会状況の後押しを受けて，1981年に誕生したのが，ナフダ党の前身である「イスラーム志向運動」（Ḥaraka al-Ittijāh al-Islāmī/Mouvement de la tendance islamiste）である。

イスラーム主義者らによる活動は，1986年に政府がIMFの構造調整プログラムを受け入れたことをきっかけに，一気に活発化した。イスラーム志向運動は，政府が「西側にすり寄って国を外国に売っている」と主張し，職にあぶれる学生や不満を持つ労働者を取り込みながら，勢力を拡大していった（Entelis 2004：238）。体制側も，イスラーム主義運動を危険分子とみて，この頃から弾圧を強めていくようになる。1981年7月18日には，現ナフダ党党首のガンヌーシーを含むイスラーム志向運動の幹部や活動家ら200人が逮捕され，その活動は禁止された。その後も，様々な暴力事件に際して，イスラーム主義者らが逮捕されていった。

ベン・アリーによるナフダ党への弾圧

しかし，1987年11月7日，無血クーデタによって大統領に就任したベン・アリーは，12月に大統領恩赦令を出し，イスラーム志向運動メンバー608人とその他の活動家を釈放した。ベン・アリーは，ブルギーバ体制における社会的・政治的不安定を改善しようとした。そして，翌年の4月26日，チュニジア議会は新政党法を採択した。この政党法は，「いかなる政党も，特定の宗教，言語，民族，地域に，その理念，目的，行動，計画を依拠することはできない」という規定を含んでいた。そのためガンヌーシーは，この政党法に沿うかたちでイスラーム志向運動の合法化を試み，1989年には「イスラーム」を冠していた組織名を「ナフダ党」と改名した（Tamimi 2001：70）。

第9章 革命後のチュニジアが見せた2つの顔

　1988年11月7日には，あらゆる政治運動，政党，組合の代表がカルタゴ宮殿に集められ，国民統合が侵害されるような脅威に晒された場合，国家的な政治共同体は「人権に優越する」という「国民協約」(al-Mithāq al-Waṭanī/le Pacte National) が締結された（福富 2011：100）。国民協約の締結は，イスラーム主義運動のヴィジョンに同情したからではなく，「政治的傘の外では内部にいるより大きな潜在的脅威をなすと信じていた」（パーキンズ 2015：259）からであった。「国民協約」によるイスラームとイスラーム主義者に関する規定は，イスラームが国家の宗教であることの再確認，穏健なイスラーム主義に対する容認の姿勢，イスラームの名による破壊行為に対する厳しい法的処罰，という3つの内容から成り立っていた（私市 2004：145）。この国民協約に基づき，1987年11月のクーデタから2年間は，ベン・アリー体制とイスラーム主義者は協調的で安定した関係を続けた。

　この期間，国家はイスラーム主義者に対してきわめて温和な姿勢で臨んだ。たとえば，独立後の世俗化政策によって廃止されていたザイトゥーナ・モスクの教育機関の再開を決定した。また，1988年5月には，約7年間獄中にあったガンヌーシーが大統領恩赦令を受けて釈放された。そして，1989年には国政選挙が実施され，ナフダ党は正式に合法化はされなかったものの，そのメンバーが無所属として立候補することは認められた。しかし，ベン・アリー体制とイスラーム主義者らの蜜月関係は長くは続かず，チュニジアにおけるイスラーム主義運動は1990年以降，急速に衰退することになる。

　上記の通り，1989年選挙ではナフダ党員は無所属での参加を認められ，都市下層の青年層を主な支持基盤に，15％近くの票を獲得したにもかかわらず，不正選挙のために1人の当選者も出さなかった（Sadiki 2012）。この選挙で，ナフダ党員の無所属候補者らは，チュニジア人のアイデンティティとして「アラブ・イスラーム」を選挙ポスターや演説会で強調し，動員力を拡大していった。しかし，ベン・アリーが党首を務める「立憲民主連合」（RCD）は，イスラーム主義者の勢力拡大に危機感を抱き，政治と宗教を混同しているとして彼らを非難した（私市 2004：187）。

　また，ナフダ党員の選挙に際する強気の姿勢が，世論を二分した。ナフダの

姿勢は上記「国民協約」に背き，非寛容で保守的なイスラーム政党だとみなす空気，そして不安感が漂いはじめたのである（私市 2004：189）。投票の結果は，RCDが79.5％の票を獲得して圧勝，ナフダは14％の票を得たものの，比例代表ではないため議席はすべてRCDによって占められた（141議席）。この選挙結果を正当化の理由とし，RCDはイスラーム主義勢力に対して毅然たる処置をとろうとし，他方のイスラーム主義者は体制に対する敵対を公言し，不正選挙であったとして政府を非難しはじめた（私市 2004：189-190；Pargeter 2016：190）。こうして89年の国政選挙は，体制とイスラーム主義者の間の緊張を高めるきっかけとなったのである（Tamimi 2001：70）。

　この選挙結果をきっかけに，ナフダ党指導部内における対立も起きた。既にガンヌーシーが獄中にあるときから，党の実質的な代表は，サーディク・シュルーウが務めていた。選挙の翌月，彼の指導下で非公開の党大会がスファックスにて開催されたが，そこでのスローガンは，「力なくして政治なし」であった（私市 2004：190）。ナフダ党幹部たちは，政治的手段による目標の実現が困難とみるや，武力によってそれを実現しようとする軍事的戦略を考えはじめていた。

　それでもなお，1990年夏まで，体制はガンヌーシーを含むイスラーム主義勢力の指導者と政治的対話を続けていた。しかし，同年8月に湾岸戦争が起こると，イスラーム主義勢力は大衆の支持を取り戻し，デモや集会によって体制批判を強めた（私市 2004：193）。こうした体制批判はエスカレートしていき，1990年にはクーデタの企てが明るみになり，1991年にはイスラーム主義者がRCDのチュニス本部を襲撃するという事件が起きた。これが，ベン・アリー体制とイスラーム主義者らの関係を修復不可能とする決定打となった。体制側は，「攻撃は最大の防御なり」というスローガンを掲げて弾圧を強化し，イスラーム主義組織の活動家の逮捕や印刷機の没収，あらゆる形態のデモの禁止に打って出た（私市 2004：193）。この後，ナフダ党関係者の一斉検挙が行われ，短期間に6,000～8,000人が逮捕された。こうして，ナフダ党はベン・アリー政権下で非合法化され，党首ガンヌーシーはロンドンへの政治亡命を余儀なくされたのであった。

3　政権党としての返り咲きと選挙での敗退

制憲議会選挙と憲法草案作成

　2011年のジャスミン革命でベン・アリーが亡命し，歓喜のムードに包まれたチュニジアでまず着手されたのが，前大統領時代の遺産の清算と今後の国家方針を決定する政治改革であり，その第一歩として，新たな憲法を制定する制憲議会選挙が実施されることとなった。チュニジアでは革命後，合法政党の数が急増し，前政権下では9つしか認められていなかった政党が，制憲議会選挙前には公認を受けたものだけでも100を超えた。最終的には，約60の政党が実際に候補者を擁立し，それらにおよそ1,400人の独立系候補者を合わせると，この選挙に際する総候補者数は1万1,000人を超えた。こうして2011年10月23日に実施された制憲議会選挙だが，その投票率は当初，90～95％に上るのではないかとの予想もされていたものの，実際には54.1％となった[3]。

　この選挙では，ナフダ党がどれだけ躍進するかが大きな注目を集めた。同党は，ガンヌーシーが亡命先のロンドンから帰国したことを契機として，2011年3月に合法政党として復活した。その後のナフダ党の活動は目覚ましく，草の根レベルでの組織化と選挙キャンペーンが進められた。これに対し，他の政党は警戒心を抱き，新たな憲法におけるイスラームの位置付け，人権や女性の法的地位などを争点に，ナフダ党との間で選挙戦を展開した（岩崎 2012：46）。最終的な選挙結果は，多くの事前調査で予想されていた通り，ナフダ党が得票率37％，217議席の内89議席を獲得して，晴れて第一党となった。比例代表選挙で4割近くの支持を獲得していることを考えると，これは大勝利であったと言えよう。その後，ナフダ党は，中道左派の「共和国のための会議」（Mu'tamar min ajl al-Jumhūrīya/Congrès pour la République）[4]（第二党，29議席），そして社会民主主義を標榜する「民主フォーラム」（正式名称：労働と自由のための民主フォーラム，al-Takattul al-Dīmuqrāṭī min ajl al-'Amal wa al-Ḥurriyya/Forum démocratique pour le travail et les libertés）[5]（第四党，21議席）[6]という，イデオロギーを異にする2政党とともに3頭制（トロイカ）と呼ばれる政権を発足した。このナフダ

党を中心としたトロイカ政権は，チュニジアが独立以降，長く独裁政権を経験した後，新しく民主化を進めていく不安定な移行期にあって，挙国一致でまた国民の合意形成を優先して権力の分散を図り，政権運営を図るという意味では，1つの重要な選択であったと高く評価できる（鷹木 2016：200）。

かくして，この制憲議会によって，憲法草案作成作業が開始されたわけだが，当初は2011年10月までに完成予定であった新憲法は，議論の難航により，その期限が度々延長された。とりわけ大きな争点となったのは，①シャリーアの位置づけと，②政治体制のあり方，という根本的な2つの問題に集約できる（白谷 2012）。

制憲議会がまず取り組んだのは，同国にとって最も慎重を要する問題であり，新憲法の基礎となる憲法序文における「チュニジア国民のアイデンティティ」と，宗教の位置づけに関する議論であった。第2節で論じたように，独立後のチュニジアはアラブ諸国のなかでも極端な「政教分離政策」や「世俗主義（ライシテ）」を推し進めてきた国家である。こうした政策の効果は，現在のチュニジアにおける女性の社会進出や教育水準の高さに反映され，一定程度の評価を受けている。しかし，ナフダ党が選挙で勝利したことにより，同党がシャリーアをチュニジア共和国憲法の法的源泉とすることを目指すのかという点に関心が集まった。

このトピックに関しては，ナフダ党内部で立場が分かれた。前政権下で苛烈な弾圧を身をもって体験したガンヌーシーは，党綱領を公表する選挙前演説において，ナフダ党はシャリーアの施行を追求せず，同国におけるイスラームの位置づけに関しては，1975年憲法第1条の「チュニジアは，自由で独立した主権国家である。その宗教はイスラームであり，言語はアラビア語，その政治体制は共和国である」という表現で満足であると述べている[7]。

しかし，選挙後にナフダ党内部で作成された憲法草案では，シャリーアは，「司法における諸法源の1つである」であると記載されていた[8]。また，ナフダ党「議員グループ」代表のサフビー・アティーグが他の党員や支持者らとともに街頭演説を行った際，「シャリーアはすべての司法における最高法源である」と述べ[9]，波紋を呼んだ。そして，こうしたナフダ党幹部の間での足並みのずれが社会にまで波及し，シャリーアをめぐる賛成・反対双方の立場の国民が，そ

第**9**章　革命後のチュニジアが見せた2つの顔

れぞれデモを開始したのである。さらに,連立与党を構成する民主フォーラムのベン・ジャアファル党首は,シャリーアを希求する政党との連立から離脱すると発言するなど,連立与党内部でも混乱が起きた。

　こうした状況を収拾すべく,ナフダ党は,シャリーアを新憲法に盛り込むことに反対すると正式に発表した。この決定は,ナフダ党内のシューラー議会によって下されたものであり,党内投票で120人のうち80人が憲法へのシャリーアの記載に反対したのであった。同党議員によると,この決定には以下の幾つかの要因がある。①シャリーアの意味（何をシャリーアとするか）は様々であり,司法や国民の解釈において,憲法序文に曖昧さを残さないため。②チュニジアが現在抱える様々な政治問題と比較した際,シャリーアに関する議論はさほど重要ではないと判断したため。③シャリーアが盛り込まれることによって,世俗主義政党の拒否を招くため。④シャリーアを法源としなくとも,イスラームとは矛盾なき民主主義を実現することが可能であることを世界に示すため。この決定からは,ナフダ党幹部の半数以上が,晴れて獲得した合法政党,そして政権党としての立場から,当時の最優先課題を挙国一致での新たな国家づくりであり,また連立パートナーとの関係維持としていたことがわかる。

　ナフダ党のこの決定によって,新憲法におけるシャリーアをめぐる議論は一応の終焉を迎えた。しかしその後は,同国における政治体制のあり方という新たな課題が浮上し,この議論は完全なる袋小路に入ってしまう。ナフダ党が議院内閣制を支持する姿勢を示す一方で,他の政党は大統領制の採用を主張し,双方が一歩も譲らないことから膠着状態に陥ったのである。ナフダ党は制憲議会選挙以前から,大統領制を廃止し,議院内閣制を支持する姿勢を貫いてきた。国民からの直接選挙によって選出される大統領制は,議院内閣制に比べて政治権力が一個人に集中する可能性が高いことから,チュニジアは今後,権力が制限されている首相を中心とした議院内閣制を採用すべきであるというのが,ナフダ党の基本的な主張であった。

　一方で,ともに連立を組む「共和国のための会議」や「民主フォーラム」は,大統領制の継続を支持した。彼らは,大統領制を採用することにより,逆に一個人が政府を掌握するという状況を防ぐことができるという主張を展開した。

213

当時暫定大統領を務めていたマルズーキーも，ナフダ党の主張する議院内閣制に否定的な姿勢を示した。この議論に対して，一時は制憲議会内立法・行政委員会のウマル・シャトウィー委員長が国民投票の可能性を示唆する一幕もあったものの，最終的には，連立与党間の話し合いにより，議院内閣制と大統領制の混合型が採用される方針であることが発表された。

野党指導者の暗殺事件と社会の二分化

憲法草案作成が行き詰まりを見せるなか，2013年2月6日の早朝，野党指導者のショークリ・ベルイードが，自宅前で何者かによって銃殺された。ショークリ・ベルイードは，ベン・アリー前政権を批判してきた人物であり，また当時の野党の中心的存在である「民主愛国党」党首を務め，ナフダ党政権を厳しく追及し，国民の人気が高かった。暗殺される前日にも，テレビのインタビューで，民主愛国党の党会議をナフダ党党員らが妨害したとして，ナフダ党を批判していた。後に「イスラーム国」のチュニジア人構成員がこの暗殺事件の首謀者であることを動画で発表したが，事件直後には政治的暴力の蔓延に適切な対応をとっていなかったとして，ナフダ党への批判が集中した。民主愛国党は，他の3党とともに野党連合「国民戦線ブロック」を形成しており，それらのメンバーが中心となって，事件直後から全国各地で大規模なデモを行った。これらの政党は，トロイカ政権打倒のスローガンを掲げ，内務大臣らの免職を求めデモを行った。また，この暗殺はナフダ党によって仕組まれたものであるとして，政府を批判した。ナフダ党は事件への関与を全面的に否定し，ショークリ・ベルイードへの追悼の意を示したものの，事態の収拾には長い時間を要した。

野党による批判は，主に政治的暴力の蔓延に対するトロイカ政権の無力に向けられた。革命後のチュニジアは，深刻な治安の悪化に悩まされていた。ベルイード暗殺事件に加え，チュニス近郊の都市マルケーザで行われた美術展の展示物がイスラームの教えに反するとされ破壊された事件（2012年6月），アメリカで撮影された「イスラーム冒涜映画」に抗議する米大使館・アメリカンスクール前のデモと治安当局により死者4名を出した事件（2012年9月），サラ

第**9**章　革命後のチュニジアが見せた2つの顔

フィー主義[12]組織「アンサール・シャリーア」（詳細は後述）のカイラワーンにおける全体集会が，これを禁止する政府の警告にもかかわらず決行され，治安部隊と衝突した事件（2013年5月），アルジェリアとの国境部のシャアーンビー山脈における，イスラーム過激派勢力によるとみられる爆発事件（2013年5～7月）など，サラフィー主義者による暴力事件の増加に有効な対策を打ち出せないトロイカ政権に批判が集まったのである（渡邊 2013：67-69）。

　またベルイード暗殺事件を契機として，野党以外にも，トロイカ政権の政治運営に不満を抱えていた数千人の国民が，首都チュニスの大通りや内務省前でデモを行った。デモ隊は，難航する新憲法作成作業だけでなく，一向に改善しない社会経済問題に対する憤りを政府に向けた。また，チュニスのナフダ党本部をはじめ，全国各地の同党事務所がデモ隊によって襲撃された。大統領や首相，制憲議会議長はそれぞれ緊急会見を開き，事態の収束を図ったものの，チュニジア全土に拡大したデモを鎮めることはできず，集団礼拝日である金曜（2月9日）に行われたショークリ・ベルイードの葬儀当日にも，首都チュニスを中心に大規模なデモが行われた。

　この事件は，またしてもナフダ党内部の亀裂，そして連立与党間の不和を顕在化させた。ナフダ党幹部であり，当時首相の座に就いていたハマーディー・ジバーリーが，内閣を解散し，テクノクラートによる実務的内閣を設置する計画を発表したのである。この決断は，同国の混乱や国民の不満を緩和するためには，大統領選挙と国政選挙を一刻も早く実施する必要があるとの判断に基づくものであった。しかし，ジバーリーの計画が党内部で決議されたものではなかったことから，党首ガンヌーシー[13]をはじめ党内から反対意見が相次いだ。また，ともに連立を組む2党からも疑問の声があがった。一方で，それまでのナフダ党の政権運営を痛烈に批判してきた野党は，同計画を歓迎し，選挙の早期実施を求めた。また，憲法草案の作成中でありながら，首相がこうした決定を下すことができる権限を有するかなど，政治学者や法学者などを中心とした論争を巻き起こした。

　こうした間も，野党やナフダ党主導の政治運営に不満を抱く国民らによってデモやストライキが継続された。一方で，ナフダ党支持者らもこうした動きに

反発する形でデモを組織するなど，チュニジア全土で収拾がつかない状況となった。その後，党内で幾度も話し合いが行われ，ジバーリーの提示したテクノクラート内閣の実施の是非に関してシューラー議会で投票が行われ，同計画は正式に棄却された。しかしジバーリーは，首相職を辞任した。

テクノクラート内閣の発足と世俗派政党の台頭

　そして，ナフダ党率いる第二次暫定内閣が発足した。新内閣は，それまでの連立を基礎としつつも，野党との連立交渉を積極的に行い，少しでも亀裂を軽減しようと試みたものの，交渉は失敗に終わった。新たな連立パートナーを確保することができなかったナフダ党は，前内閣と同様の構成メンバーで，再度内閣改造に関する協議を行った。最終的に，トロイカを構成する 3 党に閣僚ポストが割り振られたが，新内閣では，政党に所属しないテクノクラートが14の閣僚ポストに任命され，ナフダ党が大きく譲歩する形となった。実務的内閣の発足というジバーリーの提案が，野党との交渉決裂によって実行に移されたのである。内務大臣をはじめ，外務，防衛，法務大臣などの主要ポストには，テクノクラートが就任した。これらの人事から，ナフダ党は，大きく妥協してもこれ以上の混乱をできる限り回避したいと考えていたことがわかる。

　閣僚リストが発表された際，同内閣の今後の優先課題が 4 つ提示された。第一は，政治的なヴィジョンの明確化と，次期選挙を自由・公正・透明なものにするために最適な環境を築くことである。第二に，治安の回復と，犯罪や暴力との戦いが挙げられ，国家全域において，治安と安全を実現していくことが強調された。第三の課題は，国内政治と雇用の促進，物価上昇への対応である。そして，最後の第四の課題として，民主的改革の手続きと，汚職との戦いの継続が挙げられた。

　しかし，2013年 7 月25日に，またしても野党指導者の暗殺事件が起きた。「イスラーム国」のチュニジア人構成員が後に関与を発表した，ムハンマド・ブラーフミー暗殺事件である。この事件を受け，第二次ナフダ党政権の無所属閣僚の 1 人である教育大臣のサーリム・ラブヤドが辞任を表明した（La Presse de Tunisie 2013）。ラブヤドの辞職の背景には，彼が暗殺されたブラーフミーと

同じ政治連合「進歩愛国主義潮流」に所属していたことが関係したと見られる。

このように,革命から2013年までは,ナフダ党内部の対立,連立与党内の対立,そして与野党間の対立が複雑に絡み合い,民主化移行の第一歩となる新憲法の制定も行き詰まりを見せていた。こうした混迷状況に追い打ちをかけたのが,経済と治安状況の悪化である。革命後のチュニジアは,国際収支の悪化や海外からの投資の減少などの問題に苦しんでいた。また,2回の野党指導者暗殺事件に加え,サラフィー主義者が関与しているとされる事件が相次いで起きていた。これらの問題に有効な対策を打ち出せないトロイカ政権に対して,非難が集まるようになった。

こうした状況のなか,国内の政治勢力図にも変化が現れた。革命直後には,100を超える政党が誕生し,また既存政党も新たな政治勢力も,各々の組織の改編や強化に努め,選挙に臨んだ。しかし,これらの新勢力は,「政党政治」という文化が根付いていない地域で,政変を機に新たに組織化されたものであり,国民からは「どの政党も目標が明確でない」「それぞれの違いがわからない」という声が上がるなど,各々の主張の不鮮明さが指摘されていた（白谷 2011：18-19）。

特に,野党勢力は分散的な状況にあった。制憲議会選挙後にも,多くの政党が合法化された。しかし,こうした野党を1つにまとめ,ナフダ党に対抗する新たな政治勢力を築こうとする動きが現れたのである。その中心に立ったのが,旧体制下で要職を歴任した経験を持つベージー・カーイド・セブスィーであり,2014年末に大統領となった人物である。彼は2012年6月に,「ニダア・トゥーニス」（チュニジアの呼び掛けの意,Haraka Nidā' Tūnis/Appel de la Tunisie）の結党を発表した。セブスィーは,この発表のなかで,同政党が国民の統一,そして散在的状況にある諸野党の調整を目的としていることを強調した。

4 チュニジアが見せた新たな2つの顔

民主化移行プロセス

ブラーフミー暗殺事件を受け,新憲法起草にかかわる審議は一時中断されて

いたものの，2014年1月には晴れて新憲法が施行された。次の作業は，新憲法を基に国家を主導するリーダーらの選出となった。2014年10月26日には，人民議会選挙が実施された。この選挙では，政権政党であるイスラーム主義系政党の「ナフダ党」と，世俗派政党「ニダア・トゥーニス党」のどちらかの勝利が予想されていた。これは，2人の野党指導者の暗殺事件をきっかけとして顕在化したチュニジア社会の亀裂を直接的に反映していた。実際に，多くの世俗派野党が，この選挙までにニダア・トゥーニス党に合流している。結果は先述の通り，ニダア・トゥーニス党が総投票数の38％ほどを獲得し，217議席中83議席で第一党となった。そして，革命以降，政権政党として政治運営を行ってきたナフダ党は，31％の得票率でニダア・トゥーニス党に次いで第二党となり，68議席を獲得した。

次いで，11月，12月には大統領選挙が行われたが，ナフダ党は「国の安定のため」辞退した。この選挙では，セブスィーが得票率55.68％で勝利し，一方で当時の大統領であったマルズーキーは，44.32％の得票率であった。ニダア・トゥーニスは人民議会選挙と大統領選挙の双方で勝利したことにより，世俗派勢力の確固とした足場を提供することになった。他方で，開票作業が進み，セブスィーの勝利が確実となった22日早朝，チュニジア南東部で地中海に面するガベス県ハマーで，若者を中心とする数百人の住民らが，タイヤなどを燃やすなどして，セブスィーの勝利に対して抗議デモを行った。この暴動を受け，警察官や治安部隊が出動し，道路を一時封鎖，デモ隊に向かって催涙弾を投げ込むなどの対応を行った。デモ隊は，「旧体制，反対！」と叫びながら抗議活動を行っており，同地域の商店は一時的にすべて閉ざされる状況となった。

両選挙の結果は，革命直後のナフダ党の台頭・躍進から政治運営を大きく軌道修正する形となった。革命後のナフダ党主導の政治運営は，ナフダ党支持者を中心とする勢力と，旧体制メンバーを中心とした世俗派勢力の間の根深い亀裂を浮き彫りにした。しかし，この選挙でこれらの亀裂が修復されたわけではなく，選挙結果を見ても，セブスィーの支持基盤が首都チュニスをはじめとする北東部・都市部である一方で，マルズーキーは南西部・アルジェリア国境地域で支持を得ており，それぞれの支持が地域的に大きく二極化していることが

わかる。

　新大統領となったセブスィーは1月5日，旧体制にて要職を歴任した経験を持つハビーブ・アッスィードを首相として任命した。アッスィードは，ベン・アリー政権下で2001年から2003年まで農業大臣補佐（2002年以降，「農業・環境・水資源大臣補佐」と名称が変更）などを務めた人物である。ニダア・トゥーニスは，この人事の最大の理由をアッスィードの「独立」的立場だと述べている。これは，過去に要職を歴任した経験を持つものの，いかなる政党にも属さない政治家を首相とすることにより，当時のチュニジア政界における深い亀裂を埋める効果を期待してのものだと考えられる。また，アッスィードは，旧ベン・アリー体制下では農業関連の要職に就いていたが，ナフダ党政権下では，ジバーリーの下で治安問題担当顧問を務めていた。そのため，国内メディアは，この任命が，チュニジアが直面している2つの主要課題である①治安の確保と②経済の回復を最重要視した結果であると報道した。

　2014年を通じたこれらの一連の作業によって，革命後の民主化プロセスは一応の完了を見せた。そして，本章の冒頭で述べた通り，2015年12月には，4つの市民団体によって構成される「チュニジア国民対話カルテット」が，民主化への過渡期にあった同国において，民主主義の建設に積極的な役割を果たしたことを評価され，ノーベル平和賞を受賞した。「チュニジア国民対話カルテット」の主な業績は，与党と野党の対立が制憲議会の解散にまで発展しかけた2013年の政治的危機において，激しく争う政党の関係を調整し，憲法制定と次期選挙までの道のりをアジェンダ化した「ロードマップ」を各政党に受け入れさせ，憲法制定議会の解散による革命後の移行プロセスの挫折を回避したことである（渡邊 2016：24）。ノーベル賞選考においては，こうした調整が，政治団体ではなく，民間団体（市民団体）に担われたという事実も高く評価された（渡邊 2016：24）。このように，民主化移行プロセスが完了する頃には，ナフダ党は2011年に政権党となった時のような勢いを失っていた。

国内外で増加するテロリズム

　しかしながら，民主化移行が進んでいる期間を通じ，政治的不安定，とりわ

け治安状況の悪化は止まらなかった。それが明るみに出たのが，ニダア・トゥーニス政権発足直後の2015年1月18日に起きた国立バルドー博物館での襲撃事件である。チュニジア政府の発表によると，この事件で外国人観光客20人を含む23人が死亡した。セブスィー大統領は仏テレビの取材に対し，今回の実行犯が，過激派組織「アンサール・シャリーア」と繋がりがあると指摘した。

　チュニジア国内で最も活発に活動を行っていたイスラーム過激派組織が，セブスィー大統領によってこの事件の実行犯であると指摘された「アンサール・シャリーア」である。「アラブの春」後，恩赦によって多くの政治犯が釈放されたことにより，過激派の活動が顕在化したが，その中核にいたのが，革命後に結成された「アンサール・シャリーア」であった。2012年5月にカイラワーンのウクバ・ブン・ナーフィウ大モスク前の広場で同組織が開催した決起集会には，およそ5,000人のシンパを集めたと言われている。この組織自体は，その公式見解において「チュニジアはダアワの地であり，ジハードの地ではない」と述べているものの，同組織をチュニジアにおける「サラフィー・ジハード主義」の代表格であると見る論者が多い[16]。その活動は主にチュニジア国内であり，先述の通り政府によって様々な事件への関与が指摘されていた。

　こうしたイスラーム過激派組織の活動が顕在化してからは，国内での治安当局による取り締まりが非常に厳しく行われてきた。とりわけ2013年以降は，全国各地で過激派の細胞組織が幾つも摘発，解体されており，「アンサール・シャリーア」の国内拠点はほぼ壊滅させられたという見解が強い。そして，チュニジア人テロリストは隣国のリビアやアルジェリア，そしてイラク・シリアに流出し，その主な活動は国外に移され，国内では完全に潜伏期間に入っていると言われていた。隣国では，2013年11月のアルジェリア南部のイナメナス・ガスプラント人質事件や，2015年1月のリビアの首都トリポリでの高級ホテル襲撃事件において，その実行犯にチュニジア人が含まれていることが確認されている。こうした状況を受け，2014年のチュニジア大統領選挙の際には，テロ行為などを警戒した政府が，選挙期間中リビアとの国境を3日間封鎖するという措置をとっていた。

　しかし，国内における政治的暴力事件は，これだけでは終わらなかった。

第9章　革命後のチュニジアが見せた2つの顔

2015年7月にはスーサのビーチ・リゾートで観光客襲撃事件が起き，同年11月には大統領警護隊を乗せたバスが爆発する事件が起きた。その他にも，2014年5月には，ベン・ジッドゥー内相の自宅が襲撃される事件が起き，「イスラーム的マグリブ諸国のアル＝カーイダ」（AQIM）が犯行声明を発表した。チュニジア西部の山岳地帯（とりわけカスリーン県）を活動拠点とする「ウクバ・ブン・ナーフィウ旅団」に関しては，2014年夏頃から声明の発表などが活発化しており，2014年7月にはシャアーンビー山でチュニジア軍14人を殺害したとされている。また，2011年以降政治機能が完全に麻痺している隣国リビアの問題も危惧されている。チュニジアとリビアの国境では，密輸団やリビアで軍事訓練を受けた武装勢力戦闘員の往来が指摘されており，チュニジア政府はリビアとの国境に壁を建設し，出国税を導入するなどして，危険分子の国内への流入を防ごうとしている。

　また，このような国内の治安悪化以上に深刻となっているのが，「イスラーム国」への参加等，チュニジアから国外の武装勢力に参加する若者の問題である。Soufan Groupの2015年の報告によると，シリアやイラクで活動する外国人戦闘員のうち，公式発表で約6,000人，非公式推計では約7,000人がチュニジアから送り込まれており，チュニジアは世界最大の戦闘員送り出し国となっている。(17)チュニジアにおいて，多くの若者が過激派ネットワークに勧誘されているわけだが，その活動に参加する主な要因として，経済状況の悪化や依然として高い失業率が挙げられる。同国では，革命から6年経った現在でも失業率が15.3％，高学歴者の失業率は30％に上り(18)，とりわけ地方において失業問題が深刻となっている。事実，イスラーム過激派組織への勧誘は内陸部を中心に行われており，過激派組織に参加する者も内陸部出身者が多いと言われている。つまり，一応の完了を見せた民主化ではあるが，それを揺るがしかねない危険分子をチュニジア社会は未だ内包しており，その根本的な解決には，社会経済状況の改善が必要不可欠なのである。

5　イスラーム主義運動から見るチュニジアの課題

　以上で見てきた通り，ベン・アリー期に非合法化されていたナフダ党は，ジャスミン革命を経て，公的領域への政治参加を果たし，制憲議会選挙を通じて政権党となった。しかし，こうして台頭したナフダ党を待ち受けていたのは，同党を取り巻く三重の対立・亀裂であった。第一の亀裂は，ナフダ党内部の対立である。合法政党，そして政権党となったナフダ党の内部では，とりわけ新憲法制定作業において足並みの乱れが露呈した。憲法におけるシャリーアの位置づけや，ジバーリー首相による党派主義を越えた「テクノクラート内閣」案に関する議論が，それを映し出している。しかしながら，トロイカ政権成立後のチュニジアの政党政治が，分裂と新党結成が繰り返される混乱状況に陥るなか，ナフダ党は例外的に組織の分裂を経験していない。合法政党としての経験の少なさが，足並みの乱れと同時に，ナフダ党に慎重な姿勢を取らせている。また2016年5月の党大会では，組織の政治部門と宗教（ダアワ）部門を分離することが決定された。政治運営の失敗と2014年選挙での敗退から，ナフダ党は政党としての生き残りや今後の発展，そして他の政治組織との関係を考慮し，こうした組織改革など，彼らを取り巻く環境に柔軟に対応できる組織構造を築こうとしている。

　第二は，連立与党を構成する政党間の対立である。トロイカ政権は，イスラーム主義政党と2つの中道左派政党という，イデオロギーを異にした政党間で組まれていた。だが，憲法におけるシャリーアの位置づけに関する議論を除き，彼らの対立は所謂「イスラーム主義」対「世俗主義」というイデオロギー対立の形をとっておらず，それらは政治運営方針やポスト配分をめぐる意見の相違であった。こうした点に関しても，ナフダ党は積極的に意見の調整を行い，時には譲歩して足並みを揃えるなど，プラグマティックな姿勢を示している。

　最後の対立は，二度の野党指導者暗殺を契機として顕在化した，国内を二分するイスラーム主義勢力と「ニダア・トゥーニス」率いる世俗派勢力との政争である。ナフダ党が2014年選挙で世俗政党に敗北した経緯は上述の通りだが，

第**9**章　革命後のチュニジアが見せた2つの顔

その後発足した内閣は，挙国一致内閣となっており，第二位の議席数を獲得したナフダ党も同内閣に参加している。政権党の座を退いても尚，ナフダ党を痛烈に非難してきたニダア・トゥーニス主導の政治運営に参加する姿勢は，上記2つのレベルの対立・亀裂への対応と同じく，総じてプラグマティックなものである。こうしたナフダ党の柔軟性が，チュニジアが民主化に成功した1つの要因となったことは間違いないだろう。

しかしながら，革命後のチュニジアが見せたもう1つの顔，すなわち公的な政治領域から零れ落ち，テロ行為に走る若者たちの存在を無視することはできない。ナフダ党をはじめ，革命後の歴代政府は，常にその最優先課題の1つとして治安の回復を掲げて対策を強化し，過激派の思想に傾倒する者らを弾圧・排除するよう努めてきた。チュニジアから送り出されるイスラーム国戦闘員の上記の数は，同国の民主化移行プロセス完了後の数字であるが，民主化を進めてきた革命以降の政府による治安対策の1つの成果と言えるかもしれない。すなわち，彼らを「チュニジアの政治に参加させないこと」こそが，民主化移行の成功の要因のカギとなっているのである。

───────

注
(1)　ノーベル平和賞を受賞したのは，「チュニジア国民対話カルテット」(Tunisian National Dialogue Quartet）と呼ばれるチュニジアの民間4団体である。この4団体とは，チュニジアの労働組合の全国組織である「チュニジア労働総同盟」(Union générale tunisienne du travail：UGTT)，経営者の組織である「チュニジア産業・商業・手工業同盟」(Union tunisienne de l'industrie, du commerce et de l'artisanat：UTICA)，「チュニジア全国弁護士連盟」(Ordre national des avocats de Tunisie)，「チュニジア人権連盟」(Ligue tunisienne de défense des droits de l'homme）である。
(2)　1970年，宗務省によって創設された組織で，ザイトゥーナ出身の宗教指導者たちが参加した。本来は宗教・道徳の教育や啓蒙が中心で，高校や大学におけるセミナーや講演会を実施したり，モスクの建設資金を集めたりした。エジプトのムスリム同胞団の思想に近く，またパキスタンの「ジャマーアテ・イスラーミー」の創始者マウドゥーディーの思想などの影響も受けていた。
(3)　ここでの投票率とは，①「自発的登録者」(2011年7月11日から8月14日の1カ

⑶ 月の登録期間に登録した者）と，②「自動的登録者」（登録期間に登録しなかった者専用の投票場所において投票した者）の合計登録者数を，18歳以上人口で割った比率である。詳細は，Mission d'Observation Électorale de l'Union Européenne, Tunisie. Rapport Final, Annexe, p.3（http://www.eueom.eu）および岩崎（2012：47）。

⑷ 「共和国のための議会」のナフダ党に対する立場については，例えば以下を参照。"Moncef Marzouki, la Transgression en Politique," Arabsthink.com ウェブサイト, 10 November 2011（http://arabsthink.com）および岩崎（2012：47）。

⑸ 「民主フォーラム」は，Ettakatol の呼称で知られている。党と党の政権公約に関しては，党のウェブサイト（http://www.ettakatol.org）および http://partitunisien.blogspot.jp を参照のこと。

⑹ 選挙結果の詳細，とりわけ地方ごとの結果に関しては，岩崎（2012）を参照のこと。

⑺ ガンヌーシーは，選挙後2月末の記者会見で，現在のチュニジアにおける宗教の貧困状況を指摘し，こうした状況が「宗教や我々の祖先（サラフ）の名を用いた［誤った］暴力行為を生み出してしまっている」と述べた。この発言は，革命後，サラフィー主義勢力の拡大が問題視されている同国の社会情勢を背景としたものである。また，「同国の独立運動やその後の世俗主義政策を率いたブルギーバ元大統領でさえも，クルアーンやスンナに反した憲法改正を，躊躇なく推進することはできなかった」と述べ，新憲法における宗教の位置付けに関しては，今後一定の時間と一層の議論が必要であると主張している。

⑻ Duncan Pickard, "The Current Status of Constitution Making in Tunisia," carnegieendowment.org ウェブサイト, 19 April 2012（http://carnegieendowment.org/2012/04/19/current-status-of-constitution-making-in-tunisia/ah1s）。

⑼ また，アティーグは，2月28日の制憲議会の本会議でも，「新憲法では，チュニジアにおけるアラブ・イスラーム関係を強化し，その法規定はクルアーンやスンナに反する形で制定されるべきではない」と主張した。また，「宗教と政治の分離は，イスラームやその歴史において異質な考え方である」と述べ，独立以降の同国におけるイスラーム政策を批判している。

⑽ Duncan Pickard, "The Current Status of Constitution Making in Tunisia," carnegieendowment.org ウェブサイト, 19 April 2012（http://carnegieendowment.org/2012/04/19/current-status-of-constitution-making-in-tunisia/ah1s）。

⑾ マルズーキーは7月，フランスのテレビ局「France 24」のインタビューに応じ，「チュニジア国民が，各制度の利点を抽出した新たな民主的政治体制を採用することを願っている。この体制は，議院内閣制でも大統領制でもなく，独裁政治への逆戻りから同国を守る新たな政治体制である」と述べている。そして，「大統領と政

府の長という2カ所で,行政の権力を分散することが好ましい」との見解を示した。
⑿　現在のチュニジアで「サラフィー主義」とは,ナフダ党などの案件で合法的な活動を志向するイスラーム主義の諸潮流とは一線を画し,シャリーアの実現,民主主義やナショナリズムの否定などを思想的特徴とする諸グループを指す(渡邊2013:65)。サラフィー主義は世界的な現象でもあり,様々な潮流を内包しているが,行動手段として平和主義を貫く潮流と区別して,「サラフィー・ジハード主義」と呼ぶことがある。アルジェリア,マリなどで活動する「イスラーム的マグリブ諸国のアルカーイダ」は,サラフィー・ジハード主義の集団である。
⒀　ジバーリーの内閣総入れ替え案は,当時の連立政権内の亀裂に端を発していると言われている。この亀裂は,イスラーム主義政党である政権政党のナフダ党と,他の2つの世俗主義系政党の間の方向性の違いによるものであり,どちらもその姿勢を譲らないことから,ナフダ党以外の政党が近日中に連立から離脱するのではないかとの予想もあった。こうした亀裂は数カ月前から顕在化しており,実際に,連立与党の各党間で内閣改造に向けた協議が数週間ほど行われていた。
⒁　2014年1月に施行された新憲法の規定により,11月23日に行われた大統領選挙第一回投票で過半数を獲得した候補者がいない場合には,上位2名によって決選投票を実施することになっており,第一回目の投票において得票率39.46%で第一位となった「ニダア・トゥーニス」の党首ベージー・カイード・セブスィーと,得票率33.43%で第二位の「共和国会議」党党首であり現大統領のムハンマド・モンセフ・マルズーキーが決選投票に臨んだ。新憲法には,選挙で選出される大統領の任期は5年であり,再選は2回までと明記されている。
⒂　選挙結果の詳細は,岩崎(2015)を参照のこと。
⒃　サラフィー主義者によるものとされる一連の事件については,若桑(2013)を参照のこと。
⒄　The Soufan Group "Foreign Fighters An updated Assessment of the Flow of Foreign Fighters into Syria and Iraq"(New York: Soufan Group, 2015) p. 9.
⒅　チュニジア国家統計局の2017年の統計(http://www.ins.tn/en/themes/emploi#1909)。

参考文献
岩崎えり奈(2012)「チュニジアの革命と地域——2011年制憲議会選挙結果をもとに」『中東研究』515号,45-54頁。
―――(2015)「チュニジアの2014年選挙と地域」『中東研究』524号,76-94頁。
私市正年(2004)『北アフリカ・イスラーム主義運動の歴史』白水社。
白谷望(2011)「チュニジア——いまだ不透明な政治体制の枠組み」『季刊アラブ』137号,18-19頁。

第Ⅱ部　世界に広がるイスラーム主義運動

─── （2012）「『ジャスミン革命』から2年──チュニジアにおける民主化の現状」『海外事情』第60巻第12号，50-63頁。
鷹木恵子（2016）『チュニジア革命と民主化──人類学的プロセス・ドキュメンテーションの試み』明石書店。
パーキンズ，ケネス（2015）『チュニジア近現代史』風行社。
福富満久（2011）『中東・北アフリカの体制崩壊と民主化──MENA市民革命のゆくえ』岩波書店。
若桑遼（2013）「革命後のチュニジアにおける『サラフィー主義』の伸長」『中東研究』第517号：36-43頁。
渡邊祥子（2013）「革命後チュニジアの政治的不安定」『アフリカレポート』51号，63-78頁。
─── （2016）「チュニジア4団体のノーベル平和賞受賞」『中東レビュー』3号，23-26頁。
Burgat, François (1988) *L'islamisme au Maghreb*. Paris: Karthala.
Entelis, John P. (2004) "L'héritage contradictoire de Bourguiba : modernization et intolérance politique," in Michel Camau and Vincent Geisser eds., *Habib Bourguiba, La Trace et l'héritage*. Paris : Karthala.
Jourchi, Salaheddine (1999) "Authenticity, Modernity and the Islamic Movement in Tunisia," in Roel Meijer ed., *Cosmopolitanism, Identity and Authoritarianism in the Middle East*. Richmond: Surrey.
Khudsen, Are and Basem Ezbidi (2014) *Popular Protest in the New Middle East: Islamism and Post-Islamist Politics*. London: I.B.Tauris.
Lamchichi, Abderrahim (1989) *Islam et contestation au Maghreb*. Paris: L'Harmattan.
Pargeter, Alison (2016) *Return to the Shadows: The Muslim Brotherhood and An-Nahda since the Arab Spring*. London: Saqi Books.
La Presse de Tunisie (2013) "Gouvernement : Salem Labyedh Claque la porte", 19 Juillet.
Rivetti, Paola and Rosita Di Peri (2015) *Change and Continuity before and after the Arab Uprisings: Morocco, Tunisia, and Egypt*. London : Routledge.
Sadiki, Larbi (2012) "Bin Ali's Tunisia: Democracy by Non-democratic Means", *British Society for Middle Eastern Studies* 29(1): 57-78.
Tamimi, Azzam (2001) *Rachid Ghannouchi: A Democrat within Islamism*. New York: Oxford University Press.
Tozy, Mohammed (1993) "Islam and the State," in William Zartman and William Mark Habeeb ed., *Polity and Society in Contemporary North Africa*. Boulder: Westview Press.

Willis, Michael J.（2014）*Politics and Power in the Maghreb: Algeria, Tunisia, and Morocco from Independence to the Arab Spring* New York, NY: C Hurst & Co.

第10章
シリアにおけるイスラーム主義の栄枯盛衰
―― 「今世紀最大の人道危機」を遡る ――

高尾賢一郎

1　現代シリア黎明期の担い手

　第一次世界大戦でオスマン帝国（1299～1922年）が敗れたことで，長く同国の版図に組み込まれてきたシリアは，イギリス・フランス・ロシアの間で1916年に結ばれたサイクス・ピコ協定，フランス・オスマン帝国との間で1920年に結ばれたセーヴル条約に基づき，同年にフランスの委任統治領となった。本章では，これを端緒とする現代シリアの歴史のなかでイスラーム主義がどう伸張・衰退したかについて論じる。その上で，「アラブの春」を経てイスラーム主義がシリア戦争の一要因となっている背景について説明する。まずは，現代シリアの黎明期において，新たな国家形成を担うどのような勢力が登場したのかについて概観したい。

アラブ民族主義の台頭

　ウマイヤ朝（661～750年）以来のイスラーム史を有するシリアでは，セルジューク朝以降にスンナ派イスラーム政権が続き，伝統スンナ派諸学に通じたウラマー（イスラーム学者）が諸都市で影響力を持った。とりわけオスマン帝国下，彼らは地主や商人として経済基盤を持ちつつ，知識人として社会で尊崇を集める名望家として活躍した（森山 2014）。しかし，第一次世界大戦の前後から西洋式の世俗教育の導入や，そのための教育機関の設立が進められ，次第に名望家たちの社会的影響力は低下した。そして彼らに代わって，中・下流階層に該当する手工業者，地方商人，移民の出身者を中心とする新しい宗教エリー

229

第Ⅱ部　世界に広がるイスラーム主義運動

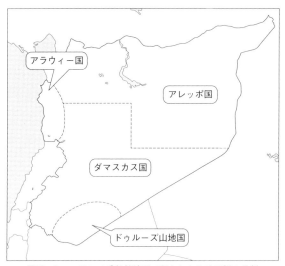

図10-1　フランス委任統治下で行われたシリア領の分割
出典：筆者作成。

ト層が誕生した[2]。

　彼らのなかにはシリア独立を目指してフランスとの武装闘争の道を選んだ者もいたが（Khoury 1987），こうした運動は一部の諸都市にとどまった。この遠因の1つとして挙げられるのが，フランスによる分割統治である。フランスは1920～21年にシリアをダマスカス国，アレッポ国，ドゥルーズ山地国，アラウィー国の4つに分割した（図10-1）。このうちドゥルーズ山地国とアラウィー国は，イスラームの少数派であるドゥルーズ派とアラウィー派の集住地域である。フランスは彼らに一定の政治的自治を与え，都市で起こったスンナ派ウラマーによる運動がシリア全土に波及する事態を防いだ。

　こうした状況下，ウラマーやイスラームに代わり，シリア統一・独立の原動力として期待されたのがアラブ民族主義である。1916～18年，アラビア半島北西部のヒジャーズ地方を統治していたマッカ太守，フサイン・イブン・アリー（1853～1931年）[3]が，連合国側のイギリスの協力の下，オスマン帝国に対する反乱を起こした（「アラブの反乱」）。そして彼はヒジャーズ地方と現ヨルダン・シリア領を含むアラブ国家の建設を企てて，北に進軍した（図10-2）。これ以降，20世紀に興ったアラブ民族による広域的な連帯・独立を目指す動きを，一般にアラブ民族主義（汎アラブ主義，アラブ主義，アラブ・ナショナリズム）と呼ぶ。

　アラブ軍は各地をオスマン帝国から解放し，イブン・アリーはヒジャーズ王国（1916～24年），彼の息子ファイサル・イブン・フサイン（1883～1933年）はダ

第10章 シリアにおけるイスラーム主義の栄枯盛衰

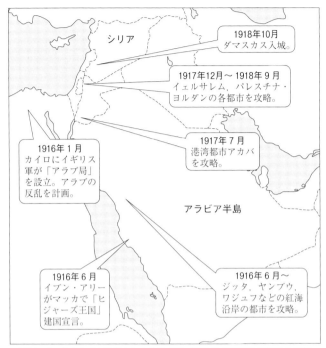

図10-2 「アラブの反乱」におけるアラブ軍のアラビア半島縦断の推移
出典：筆者作成。

マスカスに建設されたシリア・アラブ王国（1920年）という，新たに誕生したアラブ国家の初代国王に即位した。しかし，裏で結ばれていた冒頭のサイクス・ピコ協定とセーヴル条約に基づき，シリア・アラブ王国はわずか4カ月ほどでフランス委任統治領となり，ヒジャーズ王国もアラビア半島中部から来たサウード家によって滅ぼされた。

結果として，当時のアラブ民族主義は短期間で挫折したことになるが，この経験は後のシリアにおいて，アラブ民族主義が現代シリアの国家アイデンティティとなるための土壌を形成した（Hinnebusch 2001：18）。少数派の間で教育が広がるのに伴い，アラブ民族主義が若い世代の間に浸透し始めたのである。

第Ⅱ部　世界に広がるイスラーム主義運動

アラブ民族主義の旗手たち

　この若い世代を代表するのが，ザキー・アルスーズィー（1900～68年），ミーシェール・アフラク（1910～89年），サラーフッディーン・ビータール（1912～80年）の3人である。彼らはいずれもパリのソルボンヌ大学に留学し，共産主義に傾倒する過程でナショナリズムに目覚め，独立後のシリアにおいてアラブ民族主義を牽引した。

　ラタキアのアラウィー派の家庭に生まれたアルスーズィーは，1930年の帰国後，アンタキヤ（現トルコ領）で教師を務めた。このかたわら，アラブ民族主義の啓発活動を開始した彼は，1938年にダマスカスに拠点を移して政治団体「アラブ・バアス党」を結成した。ダマスカスのギリシア正教会の家庭に生まれたアフラクも1932年に帰国して教師を務めた後，1940年頃からアラブ民族主義を掲げる政治運動（「アラブ再興運動」）を開始した。そしてこれに協力したのが，ダマスカスのスンナ派商人の家庭に生まれたビータールである。彼も1935年の帰国後に教師を務め，アフラクとともに1947年，アラブ・バアス党を正式な政党として発足させた。

　興味深いのは，3人の宗教ないしは宗派がそれぞれ異なる点である。このことは，アラブ民族主義が宗教・宗派の壁を超えた連帯を目指すものであったことを示唆している。1953年にアラブ・バアス党は，ハマー出身で弁護士のアクラム・フーラーニー（1912～96年）が結成した「アラブ社会党」と合併して「アラブ・バアス社会主義党」，すなわち現在のバアス党となった。

　もっとも，アラブ民族主義の担い手はバアス党だけではない。独立からバアス党体制が確立する1963年までの間，シリアではフスニー・ザイーム（1894～49年）やアディーブ・シーシャクリー（1909～64年）といったアラブ民族主義を掲げた軍将校によるクーデタが相次ぎ，1958年には同じくアラブ民族主義を掲げたエジプトとシリアが合併して「アラブ連合共和国」が誕生した。この合併国家はあらゆる政党を非合法化し，体制の強化を図ったが，高まるバアス党のプレゼンスもあって1961年に再び2国に分裂し，同年に現在のシリア・アラブ共和国が誕生した（表10-1）。

第10章 シリアにおけるイスラーム主義の栄枯盛衰

表10-1 フランス委任統治後のシリア国家の推移

年	国 名	出来事
1946	シリア共和国	フランスから独立
1949		ザイームのクーデタ
1951		シーシャクリーのクーデタ
1958	アラブ連合共和国	エジプトとの国家連合
1961	シリア・アラブ共和国	エジプトとの連合解消
1963		バアス党のクーデタ
1971		H・アサド政権の誕生
2000		B・アサド政権の誕生

出典：筆者作成。

ムスリム同胞団の登場

アラブ民族主義が影響力の裾野を広げ始めた1940年代，イスラーム主義もムスリム同胞団という組織として顕在化した。シリアにおける同胞団創設者であるムスタファー・スィバーイー（1915～64年）は，同国中部の都市ヒムスに生まれ，幼少期よりモスクで説教師を務めていた父をはじめとする複数のウラマーの下で教育を受けた。そして1933年にカイロにあるスンナ派イスラーム教育の名門アズハル学院で学び，イスラーム法学の博士号を取得するなど，伝統的なウラマーとしての道を歩んだ。

一方，彼はエジプトで2人のイスラーム主義者に薫陶を受けた。1人は雑誌『マナール』（灯台）を発行してサラフィー主義の啓発活動に勤しんだシリア人，ラシード・リダー（1865～1935年）である。スィバーイーはリダーが設立した「ダアワ・イルシャード（教宣・善導）学院」を度々訪れ，彼が取り組んでいた教育活動や出版活動に関わった（末近 2005：158）。もう1人は，リダーの影響を受けてムスリム同胞団を設立したエジプト人，ハサン・バンナーである。スィバーイーは同胞団に参加して彼との親交を深め，イスラームに基づいた社会正義の実現とそのための政治参加という考えに共感した。

この2人をなぞるように，スィバーイーは1941年の帰国後，イスラームの普及を目的とした教育・政治活動を開始した。同年に「アラブ学院」をダマスカスに設立して学長を務め，また1945年からシリア大学（現在のダマスカス大学）の法学部で教鞭を執り，1955年には同大学にイスラーム法（シャリーア）学部

を設立して初代学部長を務めた。そしてアレッポやヒムスで設立された青年ムスリムからなるイスラーム団体を統合し，1940年代末にシリアのムスリム同胞団を設立したのである。

　1946年の独立以降，シリアは軍事クーデタやエジプトとの国家連合があったものの，基本的には民主政治の時代を迎えていた。これを背景に，同胞団もスィバーイーの下で選挙を通じた国政参加を試みた。(5) 1947年に行われた初めての議会選挙では3人の候補を当選させ，1949年には政党「イスラーム社会主義戦線」を結成し，スィバーイーを含めた9人を議会に送り込んだ。彼は政策綱領のなかで，アラブ統一，民主主義，イスラームに基づく社会正義の実現という3つの軸を示している（末近 2005：188-189）。アラブ統一については，独立国家シリアのアイデンティティとしてアラブ民族主義を掲げつつ，1948年のイスラエル誕生に伴うパレスチナ問題の解決のために，周辺アラブ諸国が連携する必要性を訴えた。民主主義については，間接的な支配を含め，植民地主義が周辺諸国に残っていた当時，新しく誕生したシリアが大衆の意志によって形成されることの重要性を訴えた。

　これらの活動指針の基盤と位置づけられたのがイスラームである。スィバーイーは，イスラームを最も公正に社会正義を実現する宗教とする理解に基づき，自身が委員の1人を務めた1950年の「憲法委員会」において，議会にイスラームの国教化を提案した。これにあたり彼は，イスラームを国教としつつ，他宗教・宗派を公平に扱うことを主張したが，国内のキリスト教勢力，また世俗主義を掲げるバアス党からの反対によって退けられた（末近 2005：191-195）。他にも彼は，社会におけるイスラーム的価値の実現のために様々な政策提言を行ったが，(6) 多くはザイームやシーシャクリーの世俗主義政権下で退けられ，同胞団自体も弾圧にあうなど，次第に政治活動を縮小させた。そして1963年，ライバル関係にあったバアス党が政権を獲得したことで，同胞団を取り巻く政治状況はさらに厳しいものとなっていく。

2　ムスリム同胞団とバアス党

　ムスリム同胞団は政治参加という目的は果たしたものの，政界での権力獲得はならなかった。しかしながら，指導者を務めたスィバーイー個人は，教鞭を執っていたダマスカス大学のシャリーア学部で，後にシリアのイスラーム主義を担う人材を育てるなど，大きな足跡を残した。こうした新しい世代からなる同胞団と，政治実権を担ったバアス党が，1960年代以降に激しい対立に突入する。

世代交代

　1960年代，スィバーイーに代わって同胞団の新たな活動を率いた人物として，サイード・ハウワー（1935～89年）が挙げられる。シリア中部の都市ハマーの商人の家庭に生まれたハウワーは，イスラーム主義色の強い学校で学んだ。そしてエジプトに留学してハサン・バンナーと親交を持ち，帰国後はスィバーイーの知り合いであったハマーのウラマー，ムハンマド・ハーミド（1910～69年）に師事した。これをきっかけに1953年，ハウワーは同胞団に参加し，さらに1956年にはスィバーイーが学部長を務めるダマスカス大学のシャリーア学部に入学するなど，次第に同胞団の中核への道を歩んでいった（Weismann 1993, 1997）。

　1961年の大学卒業後，ハウワーは故郷であるハマーで教職に就き，以降は同市を活動拠点とした。1963年に政権党となったバアス党がイスラーム色を排した政策を打ち出そうとしたことを受け，翌1964年には国内各都市で同胞団による抗議運動が起こった。とりわけハマーでは同胞団メンバーと政府軍との激しい衝突が起こり，ハウワーはこれに参加していた。

　同胞団のこうした武装路線は必ずしも組織全体の方針ではなかった。同胞団は病床に伏しがちとなったスィバーイーに代わり，1957年からイサーム・アッタール（1927年～）が指揮を執っていた。1964年のハマーでの蜂起以降，バアス党とのこれ以上の武力衝突を避けようとするアッタールに対し，ハマーをは

じめとした北部諸都市の支部は武装路線の継続を訴え（小杉 2006：269），この結果，ハマー支部は同胞団の急進派の牙城となった。また，バアス党内部でも若い急進派の党員の台頭が見られ，創設者の1人であるアフラクはこれを批判したが逆に指導部内での孤立を深め，1966年に追放されてしまう。

　同胞団とバアス党の双方で世代交代が起こるなか，同胞団にはマルワーン・ハディード（1934～76年），バアス党にはサラーフ・ジャディード（1926～93年）という，新たな急進派の指導者が現れた。ハウワー同様，ハマー出身でムハンマド・ハーミドに師事したハディードは，1964年のハマーでの蜂起を指揮した人物の1人である。1966年，当局の手を逃れるためハウワーがサウディアラビアに逃亡したことで，同胞団はハディードの影響下でますます武装路線を強めた。一方，バアス党のジャディードも，反体制勢力への弾圧の一環で他の政党を禁止し，バアス党体制の一層の基盤強化を図った。こうした世代交代を経て，シリアは同胞団とバアス党との熾烈な戦いの時代を迎える。

同胞団の過激化

　1964年のハマーでの蜂起にあたり，マルワーン・ハディードは若者を集めて「ムハンマド大隊」という武装集団を組織し，これは後に「戦闘前線」と名を改めた。1971年にハーフィズ・アサド（1930～2000年）が大統領に就任した頃，戦闘前線は暗殺を主たる方法として再びバアス党との戦いを開始した。そして1976年に戦闘前線のメンバーが諜報機関の幹部を暗殺したことを受けて，同大統領はハディードを拘束し，彼はこのまま獄中死した。[7]

　しかしハディードは，殉教者として後世のイスラーム主義者に影響を与え続けた。1976年以降，国内では彼を支持していた同胞団メンバーによるバアス党員やキリスト教徒の暗殺が横行した。標的とされたのは軍人，政治家，大学教員，官僚，医者，外国人技術者，宗教者など幅広く，このなかには多くのアラウィー派が含まれていた。シリアのアラウィー派は10世紀頃に形成されたシーア派の分流で，地中海東岸に位置するラタキア周辺の山岳地帯を拠点とする（菊地 2013）。オスマン帝国時代より彼らは異端分派とみなされ，第一次世界大戦では「使い捨て」の歩兵として前線に投入されるなど「二等市民」のごとく

扱われてきた（ムバイヤド 2016：56-59）。しかし彼らは，委任統治下でフランスにより自治と領土，職と教育，さらに武器と軍事訓練を提供された。1946年にシリアが独立する頃，アラウィー派には教養の高い軍人家系の伝統が根づいており，H・アサドをはじめ，1950〜1960年代にバアス党で世代交代が起こった際に権勢を振るったのは，まさにこの軍人家系のアラウィー派だったのである。[8]

1979年，戦闘前線はバアス党内にメンバーを送り込み，アレッポの軍事訓練所でアラウィー派の兵士数十名を射殺した。この事件は国内に同胞団の凶行ぶりを知らしめた。これに対し，H・アサド大統領以上に強硬な反応を示したのが，軍将校で防衛隊を指揮していた弟のリフアト・アサド（1937年〜）である。彼は地方軍隊や学生に武器を与え，すべての国民に対し，政府とともにムスリム同胞団と戦うよう求めた。防衛隊は1980年にラタキアやアレッポ周辺の同胞団の拠点に軍を送り込み，多数のメンバーを殺害した。報復として同胞団は，ダマスカスの政府・軍施設の周辺で，一般市民をも巻き込む爆弾による攻撃を継続し，H・アサド大統領の暗殺を試みたが失敗した。これを受けて同大統領は，同胞団に参加した者を死罪とする1980年法律第49号を可決させた（Batau 1999：273）。

同胞団の敗北と逃走

両勢力にとって決戦と呼ぶべき出来事が，1982年2月にハマーで起こった暴動である。戦闘前線のメンバーが3日未明に政府軍を攻撃した。ハマーに潜んでいた同胞団メンバーが市内のモスクに明かりを点け，拡声器で人々に決起を呼びかけた。彼らは政府機関の建物を襲撃し，アラウィー派の兵士を多数殺害した。そして夜明け前には，ハマーが「バアス党の支配から解放された」と宣言した。

これを受けてH・アサド大統領は，防衛隊からの増員も含めた大規模な軍隊をハマーに送り，市街地を破壊しながらイスラーム主義者の掃討を進めた。そして同月28日，政府はハマーが「ムスリム同胞団から解放された」と宣言した。政府側の死者は1,500人ほど，同胞団側の死者は一般市民を含む数万人ともいわれている（Batau 1999：274；Van Dam 1979）。同大統領はダマスカスの議会付

近で，集まった市民に対して高々と勝利宣言を発表した。

　武装活動の拠点であったハマーでの敗北を受けて，同胞団のメンバーは周辺国に避難するか，あるいは国内に潜み続けた者は内部で責任を押しつけあうなどした。これによって同胞団は疲弊し，何よりも組織を立て直すための人材や資金を失った。そんな同胞団メンバーをアフガニスタンに招き入れたのが，パレスチナ出身のアブドゥッラー・アッザーム（1941～89年）である。

　アッザームは，1950年代にエジプトのムスリム同胞団に参加した後，1960年代にダマスカス大学のシャリーア学部で学んだ。彼はこの間，1964年のハマーでの同胞団の敗北を受けて当局から逃れたイスラーム主義者を匿うなど，ダマスカスで地下活動に従事していた。この後はサウディアラビアで働いたものの1979年に国外追放となり，アフガニスタンにわたって当時同国に侵攻していたソ連軍と戦う義勇兵となった。これ以降，アフガニスタンを活動拠点としたアッザームは，シリアをはじめ，各国から逃れてきたイスラーム主義者をアフガニスタンに招き入れた。そして彼らに高給を与え，軍事訓練を提供した（ムバイヤド 2016：78-84）。なお，このなかにはサウディアラビア出身のウサーマ・ビン・ラーディン（1957～2011年）もいた。

H・アサド大統領とイスラーム

　さて，イスラーム主義者が海外に潜伏していた間，シリア国内はどのような状況にあったのか。ここで体制側のイスラーム主義への対応について確認しておきたい。

　16歳でバアス党員となり，18歳で士官学校生となったH・アサドは，1963年のバアス党によるクーデタの中心人物の1人であった。バアス党政権下で国防大臣や空軍司令官を務めた彼は，1967年の第三次中東戦争でゴラン高原を失ったことにより強硬な政策を進めようとするサラーフ・ジャディードらと対立する穏健派の筆頭として政争を制し，1971年に大統領となった。

　H・アサド大統領に関しては，特にハマーでの同胞団殲滅作戦を背景に，かたくなにイスラームを拒んだ独裁者とみなされることが多い。しかし現実の彼は慎重で，注意深く飴と鞭を使い分ける人物であった。権力掌握以降，彼はス

第10章 シリアにおけるイスラーム主義の栄枯盛衰

ンナ派イスラームの指導者らと協力関係を築くことに努めた。これはシリアの安定的な統治を行いつつ，スンナ派イスラーム勢力である同胞団を孤立させるためであった。

この一環として，H・アサド大統領は1971年，議会の評議員に最高ムフティーであったアフマド・クフターロー，アレッポのムフティーを務めていたムハンマド・ハーキム，ウマイヤ・モスクの説教師であるアブー・ファラジュといったスンナ派の顔役を加えた。彼らは，スィバーイーをはじめとした同胞団の古い，穏健な世代と交流があったが，1960年代以降の同胞団の武装路線には反対の立場にあった。

また1980年，スンナ派の名望家の出身であるアブドゥッラウーフ・カスム（1932年〜）を首相に任命し，内閣やバアス党地方支部におけるスンナ派の割合を増やした。自身の帰属であるアラウィー派を必ずしも優先しない利益配分を行うことで，国内の多数派であるスンナ派の支持を集めようとしたのである。さらに，1970年代に宗教教師やモスクの説教師などの賃金，またモスクの建設に充当する予算の引き上げを度々行った（Batau 1999：260）他，毎年のラマダーン月において，自身が断食明けの食事をスンナ派，シーア派，アラウィー派の顔役らと合同でとることを習わしとした。

こうしてH・アサド大統領は，自身がスンナ派に親和的な姿勢を採っていることをアピールし続け，スンナ派の指導者らもバアス党政権の変化を歓迎した。なお以上の措置は，同胞団の掃討後の統治も見据えたものだったといえる。同大統領は穏健な，政治に対して静観主義を採るスンナ派指導者を擁立し，彼らをイスラーム主義に取って代わるシリアの「公式」なイスラームの看板にしようとした（Khatib 2011：89-90）。これにあたり白羽の矢が立ったのが，先述したアフマド・クフターローと，ムハンマド・サイード・ラマダーン・ブーティーという，現代シリアを代表する2人のウラマーである。では，この2人はどのような経歴・思想の持ち主で，H・アサド大統領といかなる関係を築いたのか。

3 アフマド・クフターロー——「公式」イスラームを担った新しい名望家

アフマド・クフターロー（1915～2004年）の名は，主として1964年から逝去までの約40年間，シリアの最高ムフティーを務めたことによって知られている。バアス党の権力掌握の翌年から国内の最高位の宗教職を務めたことで，彼については現代シリア屈指の官製学者と見る向きが強い。しかし，最高ムフティーを務めたというだけでは，彼がどのような才能でもってH・アサド大統領との協力関係を築いたのかが見えてこない。この点について，クフターローの思想・活動の経歴を通して説明したい。

教育者・社会活動家として

アフマド・クフターローは，祖父ムーサーと父アミーンの時代にダマスカスに移住したクルド人の家系に属する。一家は1894年，現在のシリア北東部ハサカ県からダマスカス北東部のカシオン山麓にあるルクヌッディーン地区に移住した。移住後間もなく，ムーサーは同地区のアブー・ヌール・モスクで教育活動を開始し，逝去後は息子のアミーンが引き継いだ。当時まだ若かったアミーンは，ダマスカスの碩学たちに師事し，このうちの1人であったスーフィー教団の指導者イーサー・クルディー（1831～1912年）の後継者となった。そして彼から引き継いだ教育活動をアブー・ヌール・モスクで一括して行うことで，同モスクを多彩な学派の弟子が集う場所とした。

こうしたアミーンの活動は，1938年にアブー・ヌール・モスクの教育活動を引き継いだクフターローに大きな影響を与えた。1つは同モスクを自身のあらゆる活動拠点として発展させること，もう1つは多様な学派を受け入れる反党派主義の思想を自身の教育理念の柱とすることである。クフターローは同モスクをクルアーンやハディース，スーフィズムや法学といったあらゆるイスラーム諸学を学べる場所とし，この結果，彼は「スーフィズムの真理，イスラーム法の知識，若者の意志を一手に集めた新しい思想を提示する」存在として（Habash 1996：51），ダマスカスおよび周辺各地の要人から講義の依頼を受ける

第10章　シリアにおけるイスラーム主義の栄枯盛衰

など、スンナ派イスラームの若き指導者として頭角をあらわした。

父から継いだ教育活動を本格化させた1940年代、クフターローはアブー・ヌール・モスクをより戦略的な教宣機関とすべく、改革に着手した。同モスクはイスラーム諸学の弟子だけでなく、政治家などの社会指導者が出入りする社交場となり、同モスクで育った一部の弟子は、ダマスカス周辺に宗教指導者や社会指導者として派遣された。フランスの委任統治後半から戦後の混乱期にかけて、クフターローは自身のモスクが今後のシリア社会を担う人物を輩出する場となることを目指したのである。

図10-3　アブー・ヌール・モスク。併設されたアフマド・クフターロー財団側の外観
出典：筆者撮影。

また1950年代、クフターローは交流のあるダマスカスのウラマーたちの支援を受けて、アブー・ヌール・モスクに貧困者支援を行う公益法人団体「アンサール慈善協会」を併設した。こうした社会貢献活動を通じ、アブー・ヌール・モスクは世俗主義国家、特にバアス党政権下において例外的にプレゼンスを強めた宗教組織となり、これはクフターローにダマスカスの名士としての名声を与えることにも寄与した（高尾 2011）。

スーフィー教団の導師として

イーサー・クルディーの後継者であったアミーンは、スーフィー教団の1つで導師（シャイフ）を務めていた。息子のクフターローはアブー・ヌール・モスクでの教育活動を引き継いだ際、この導師としての免状も父から受け取っている。つまり、スーフィズムは彼の宗教指導者としての経歴における出発点の1つといえる。しかしながら、彼のスーフィズム思想が直接に彼とバアス党とを結び付けたわけではない。むしろ彼は、先述した反党派主義の教育理念に基づいて、スーフィズムの独自性を控えることに努め、自身のスーフィーとして

の側面を目立たなくさせた経緯を持つ(Takao 2011)。

　一方、組織としてのスーフィー教団(タリーカ)は別である。既に述べたように、クフターローはアブー・ヌール・モスクを通じて教育者・活動家としての名声を得てきたが、これは彼の教団の拡大やプレゼンス強化にも大きく寄与した。当時、彼の活動はまだスーフィー教団のものとして強くは認識されていなかったが、これが1960年代以降に変化する。先述の通り、彼は1938年に教団を継いでいるが、彼をめぐる初期の研究ではこの教団の形成時期を1960～1970年代とする理解が主流であった(De Jong 1985：594-595, 600-601；Luizard 1996：364；Zisser 2005：50-51)。

　この背景には、当時の研究が彼の経歴の詳細に踏み込んでいなかったこともあるが、それ以上に、彼の教団が1960～1970年代にバアス党政権の政策を後押ししたと評価されたことがある。教団は当時、ベイルート、トリポリ、サイダーといった隣国レバノンの諸都市で、スポーツ・クラブやスイミング・プールを運営するなどの活動を展開し、特に女性や子供を対象として現地の人々との交流を図った。こうした活動の拡大を背景にクフターローの教団は社会において顕在化するわけだが、これは同時に、レバノンで敵対国イスラエルを制してプレゼンスを強めるという、シリア政府の外交政策の一環としても評価されうる。バアス党政権が誕生し、最高ムフティーに就任し、H・アサドが大統領に就任した時期、クフターローが教団の活動を通じてバアス党との協力関係を築いたという見方である。

「公式」イスラームの顔役として

　最後に、クフターローとムスリム同胞団との関係に触れたい。父アミーンが逝去して間もなく、クフターローは「シャーム・ウラマー協会」に加わった。同協会はダマスカスと近郊のウラマーをメンバーとして1938年に設立された団体で、イスラーム諸学、数学、地理学、外国語などの教育活動や、スポーツ振興に励んでいた。

　協会はまた、1944年に結成された「ウラマー連盟」の前身の1つとしても知られる。同連盟はクフターローの他、スーフィー教団のメンバーであったムハ

ンマド・アブー・ハイル・ミーダーニー（1875〜1961年），オスマン帝国時代にダマスカスの地方ムフティーを務めていたイブラーヒーム・ガラーイーニー（1884〜1958年）によって設立され，クフターローは副議長を務めた。ウラマー連盟は同胞団の系列団体として，独立後の同組織の選挙活動に協力していた。[11]

しかしながら，同胞団の政治活動が停滞し始めるのと反比例するかのように，クフターローは1950年代以降，宗教教師や地方ムフティーなどの公式な宗教職を歴任し，個人として宗教指導者の出世街道を歩んでいく。この絶頂が，バアス党の政権掌握の翌1964年の最高ムフティー就任である。国内最高位の宗教職に任命された彼は，パレスチナ問題の解決のために周辺諸国との連帯が必要という観点から，アラブ民族主義を掲げるバアス党を支持し，また国内の安定的な統一という観点から，同胞団の暴力行為を批判するバアス党に賛同した。

H・アサド大統領にとって，ウラマーとしての素養を持ち，慈善活動などを通して名士としての地位も築いていたクフターローは，イスラーム主義に取って代わる「公式」イスラームの担い手として充分な人材といえた。さらに，彼がかつて同胞団と共闘関係にあり，現在は同組織の武装路線に反対しているということは，同胞団の孤立を狙う同大統領にとって都合が良かった。クフターローはH・アサド大統領との蜜月関係を築き，その一種の対価として，政府当局が国内のモスクでの活動を監視・規制するなか，アブー・ヌール・モスクでますます宗教活動を活発化させることができたのである。[12]

4　ラマダーン・ブーティー——反イスラーム主義の思想的旗手

「公式」イスラームの担い手として白羽の矢が立ったもう1人のウラマー，ムハンマド・サイード・ラマダーン・ブーティー（1929〜2013年）について紹介しよう。ムフティーのような公職には就いていなかったものの，国営テレビ放送の説教番組などで活躍していた彼は，シリア国内でクフターローと人気を二分するウラマーであった。

第Ⅱ部　世界に広がるイスラーム主義運動

ムスリム同胞団との関係

　ブーティーは現在のトルコ南東部，シリアとイラク両国との国境に近い町，ジャズィーラ・イブン・ウマルにあるジルカという村に生まれた，クルド人のウラマー家系の出身である。ジャズィーラ・イブン・ウマルはクルド語でブーテーンと呼ばれ，「ブーティー」との呼び名はこれに因んでいる。

　ブーティーの一家は1934年，ダマスカスのルクヌッディーン地区へ移住した。幼少時，彼はイスラーム法学者である父ムッラー・ラマダーン・ブーティー（1888~1990年）の下でイスラーム諸学の教育を受けた。父ムッラーは，当時フランス委任統治領であったシリア国内で進められていた西欧化・世俗化政策に反対する立場から，クフターローたちが設立した先述のウラマー連盟に関わっていた。

　父の影響を受けつつ，ブーティーは当時のダマスカスで保守派のウラマーの代表格として知られていたハサン・ハバンナカ（1908~78年）に師事した。ハバンナカは委任統治下のダマスカスでフランスへの抵抗運動に参加しつつ，1946年に私塾「タウジーフ・イスラーミー」（イスラームの導き）を設立してイスラーム諸学の普及と教育に取り組み，ブーティーをはじめとした多くのウラマーを輩出した。そしてシリア独立後も，シーシャクリー政権の世俗主義政策に反対し，バアス党体制が確立するまでの間，国内における反体制ウラマーの象徴的な存在となった（Pierret 2011：66-67）。[13]

　ハバンナカの下で学んだ後，ブーティーはカイロのアズハル学院に留学した。そして帰国後はダマスカス大学シャリーア学部の助手に就き，1977~1983年の間，同学部長を務めた。同大学のシャリーア学部といえば，同胞団の指導者であったムスタファー・スィバーイーが1956年に学部長に就任していた。ブーティーにとって同学部とのかかわりは，彼のウラマーとしての学問的素養を証明すると同時に，スィバーイーと彼との親近性を示していたともいえる。父ムッラーやハバンナカといった反世俗主義のウラマーの下で学んだ経歴と合わせ，ブーティーをめぐっては，新しい世代を代表する反体制ウラマーというイメージが自ずと強まった。

　しかしながら，実のところブーティーと同胞団との繋がりは強いものとは言

第**10**章　シリアにおけるイスラーム主義の栄枯盛衰

えなかった。この大きな理由として，ブーティーが，イスラームはあらゆる政治勢力を「統合する共通の要素」であるべきだとする考えに基づき，「イスラーム」の名の下で人々が反体制的な政治活動に従事すること，とりわけ武装行動を起こすことには反対していたことが挙げられる（Pierret 2011：102）。反体制色を帯びたウラマーとの交流を背景に，自身もその先鋒の1人とみなされていた彼であったが，特に1970年代以降，同胞団の活動が暗殺や爆破と過激化するのに伴い，次第に同胞団関係者との距離をとり始めた。

「サラフィー主義」に基づいた批判

　ムフティーのような公職に就いていないが，言論界で自身の見解を述べる機会を多く有していた多筆家のブーティーは，幾つかの主著のなかで，自身がなぜ同胞団に反対するかを説明している。このうちの1冊，『サラフィー主義——イスラームに学派が存在しなかった祝福された時代』を例にとってみよう。

　「サラフィー主義」とは，イスラーム初期の世代を意味する「サラフ」が「サラフィー」と形容詞化した後，主義主張を表す接尾辞が付加されたことで抽象名詞化したアラビア語である。一般的に同語が意味するのは，サラフに倣う，つまりサラフの時代にはなかった慣習（ビドア）を禁じ，クルアーンとスンナのみを典拠として生きるという考えである。

　もちろんブーティーは，スンナ派ムスリムの基本的な考えに基づき，サラフに倣うというあり方を肯定する。ただし，彼はサラフが後代のムスリムよりも優れている理由について，彼らが預言者ムハンマドの至近にいたことで彼から祝福を受けたという点を強調する（Būṭī 1998：224）。したがって，サラフに倣うというのは，サウディアラビアのようにサラフが過ごしたビドアのない社会を再現することでも，アフガーニーやアブドゥ，またリダーなどの世俗教育を受けたモダニストのように，近代科学をイスラームと両立可能なものとすることでもなく（序章参照），サラフが受けた祝福を限りなく同様に享受することを指す。これはサラフが授かった祝福のうち，内容が変わったり損なわれたりすることなく継承されうるテキスト，すなわちクルアーンとスンナのみを受容し，そこに回帰することを意味する（Būṭī 1998：55-56）。

245

この考えを踏まえてブーティーは、サラフィー主義者と称する、あるいは称される人々が、「預言者に従え」というクルアーンの命令を、「サラフィー主義という名の一派を作ること」と誤って解釈しているのだと批判する。彼によれば、サラフに倣うことはあくまでもテキスト理解の一環として預言者を模すことに限られ、預言者に付き従うサラフに追従することに固執するのは、先人のいなかったサラフには見られなかったビドアとなる。この理解に基づき、彼は同胞団に代表される政治イデオロギーとしてのサラフィー主義を、個々人に端を発したスローガンで、自らが生み出した標語を自らの源流とする行為、つまり自らを自らの徒とし、自らを学派とする党派主義の一種だとして糾弾した（Būṭī 1998：232-233）。

親バアス党政権への転身

以上のブーティーのサラフィー主義理解に関して、同胞団、あるいはイスラーム主義に関連してとりわけ重要な点は、サラフィー主義とは信仰者個人としてのあり方を説くもので、これをイスラーム世界の新しい思想潮流や、社会統治の規則にしようとするのは邪道だ、という考えである。つまりサラフィー主義——ムスリムにとっての正しい信仰のあり方——はあくまで個々人の内面にとどまるもので、これを既存の社会の変革や新しい社会の建設を志向するものへと昇華させてはならない。

この考えを、クルアーンとスンナを典拠に良き信徒として生きることを優先する、という文字通りの意味として捉えることはもちろん可能である。しかし同時に、いわゆる「ノンポリ」が正しい信仰のあり方だ、との主張もここには見てとれる。ならばこの訴えが、H・アサド大統領が「公式」イスラームに求めた要件の1つである、政治への不関与を反映したものだと判断することも可能である。

先述したように、1970年代以降、バアス党と同胞団の対立が激化する過程で、ブーティーは徐々に同胞団との関わりを弱めていった。これを背景にH・アサド大統領は1979年、バアス党員が同胞団の襲撃によって殺害された際に、情報省を通してブーティーに同胞団を非難する声明を国営放送で発表するよう要請

第**10**章　シリアにおけるイスラーム主義の栄枯盛衰

し，彼はこれを受諾した。さらに1982年，ハマーで同胞団が暴動を起こした際にも同胞団の行動を批判し，H・アサド大統領の掲げた過激なイスラーム主義との戦いを支持する声明を発表した。こうした政府当局への協力によって，ブーティーに関しては反世俗主義の先鋒に立つウラマーというイメージが完全に失われた (Christmann 1998：152-153)。なおこのことについては，師であるハバンナカも，ブーティーのウラマーとしての資質を讃えつつ，彼の親バアス党への転身を嘆いている (Pierret 2011：105)。

　ウラマー連盟を通じて同胞団に関わるも，バアス党政権が確立して以降は親体制に転身したというブーティーの経歴は，クフターローと通じる部分が多い。[15] 彼の場合，クフターローと比べると同胞団に関わっていた時期が長く，また転身の時期が遅かったわけだが，このことがバアス党にとっては，同胞団の武装活動を批判する上では好都合であったと考えられる。政府が批判するのはイスラームではなく同胞団の過激な行動であるとの認識を世間に浸透させたいH・アサド大統領にとって，武装活動を機に同胞団との関係を絶ったブーティーは，政府のイスラーム主義対策に正当性を与える格好の人材といえた。

　このようにH・アサド大統領は，宗教権威としての威光を備え，政治的にはノンポリな2人のウラマーを，バアス党のスポークスマンとして抱え込むことに成功した。そして，イスラーム主義を排除するがイスラームは尊重するという統治者像をアピールしたのである。

5　長く厳しい「アラブの春」

　2010年末のチュニジアに端を発した「アラブの春」の余波として，シリアでは2011年春から大規模な抗議運動が起こった。政府は事態の沈静化に努めたが，同年末には反体制勢力との戦争に突入し，「今世紀最大の人道危機」と呼ばれる惨状に繋がっている。これに先立つこと約10年前，シリアでは2000年にH・アサド大統領が逝去し，次男のバッシャール・アサド (1956年～) が大統領に就任した。2000年代のシリア国内，さらに周辺諸国の情勢の変化が，シリアにおける「アラブの春」にどのような影響を与えたのか。

B・アサド大統領と「アラブの春」前夜

「ジュムルーキーヤ」，つまり共和制における世襲によって大統領に就任したB・アサド大統領は[16]，父とは異なる開明的な統治者像をアピールした。選挙制度の見直し，政治犯への大規模な恩赦，民間の新聞・雑誌発行を奨励するメディアの規制緩和，部分的市場経済の導入の検討といった様々な改革の気運を国内にもたらし，これらは「ダマスカスの春」とも呼ばれた。

一方，同大統領は父同様に巧みに飴と鞭を使い分けることで体制基盤の強化を目指した。また父H・アサドは，イスラエルとの軍事関係において優位に立つべく，同国と競合関係にあるレバノンのヒズブッラーやパレスチナ諸派を支援してきたが，これを踏襲する一環として，1997年以来シリア国内で活動していたパレスチナの「イスラーム抵抗運動」（ハマース）の幹部，ハーリド・マシュアル政治局長（1956年〜）にモスクでの説教の機会を与えるなどした（図10-4）。

こうしたなか，イスラーム主義は何らかの復権の機会を見出したのか。たとえばロンドンに活動拠点を移したムスリム同胞団は，離散した指導部層を集めてシリア政府への改革要求を行った。さらにバアス党政権から離反した政治グループなどとともに「シリア国民救済戦線」を結成し，シリアの政権交代を訴えた（末近 2013：183-184）。1982年のハマーでの敗北以来，シリアの同胞団が久々に反体制活動に取り組んだことになる。しかしながら，シリアに拠点を持たない同胞団の訴えは国内に特段の影響をもたらすことなく，シリア国民救済戦線も2009年に同胞団が脱退したことで瓦解した。同胞団の活動再開は皮肉にもB・アサド新体制の盤石さを示す機会となったのである。

一方，イスラーム主義をめぐってB・アサド大統領に難しい舵取りを迫ったのは，2003年のイラク戦争であった。シリア政府は2001年の米国同時多発テロ（9・11事件）の後，アフガニスタンに渡航したシリア人の情報をアメリカ連邦捜査局（FBI）に提供するなどの協力を行った。しかし2003年のアメリカによる隣国イラクへの侵攻を機にこの協力関係は崩れた。シリア政府はイラク国内でのアメリカのプレゼンス強化を防ぐために，国外追放となっていた元同胞団メンバーの帰国を認め，収監中の同メンバーを釈放し，1963年以来ムスタ

第10章　シリアにおけるイスラーム主義の栄枯盛衰

ファー・スィバーイーの著作に科されていた発禁処分を解除するなど、国内でイスラーム主義を鼓舞した。そして不当な侵略でムスリムを蹂躙するアメリカを許すまじ、という反米ムードを国内で醸成し、これを政府への国民の支持の一助とすることに努めた。

図10-4　ダマスカスのアブー・ヌール・モスクで講演するマシュアル（2007年11月）
出典：筆者撮影。

またシリア政府は、より直接的なアメリカへの対抗策として、米軍と戦うために自国民がイラクに密航するのを奨励した。同胞を助けるため、あるいは割りの良い稼ぎを求めてイラクに渡航する自国民を見逃すことで、シリア政府は、自ら鼓舞したイスラーム主義者の受け皿に自国がなるのを避けつつ、イラクでアメリカがプレゼンスを強化する事態を止めようとしたのである（ムバイヤド 2016：92-98）。

しかしながら、こうした半ば公認の密航を果たした義勇兵や出稼ぎ労働者といった、主に短期のイラク滞在を念頭に置いた人々とは別に、2004年以降、現地に武装拠点を築くべく、資金や武器とともにシリアからイラクに密航する人々が現れた（中東調査会イスラーム過激派モニター班 2015）。そして1980年代以降にアフガニスタンに渡航したシリア人イスラーム主義者同様、「アラブの春」による混乱に乗じ、彼らもシリアに帰還することになる。

乱立する「反体制勢力」

シリアにおける「アラブの春」は、デモを行う市民とこれを封じようとする政府という構図から、次第にバアス党政権の転覆を目指す反体制勢力とこれを殲滅しようとする政府軍という構図に変わった。そして2012年6月、国際社会はシリアが事実上の「内戦」状態にあると認識した。これに対してB・アサド大統領は、シリアが迎えているのは「内戦」ではなく「戦争」だと主張した。

この意図は，シリア政府が自国の一般市民を虐殺しているとの反体制勢力や諸外国による主張に対し，政府が戦っているのは「アラブの春」に乗じて政権転覆を狙う「テロリスト」だと国内外に訴えることにあった。双方の食い違う主張は，一方が100％正しく，他方が100％誤りだといえるものではないが，いずれにしても「シリア戦争」をめぐっては当初，政府軍が戦っている「反体制勢力」とは一体誰なのかという問題がつきまとった。

　実際のところ，反体制勢力のなかには世間が考える「一般市民」，つまり戦闘経験のない労働者やノンポリ，また自身が品行方正に振る舞って満足する程度の信仰を持った人々には該当しない人物がいた。2011年夏に代表的な反体制勢力として認識された「自由シリア軍」は，政府軍を離反した元将校たちが率いる諸派の総称である。またこれと競い合う形で「シャーム自由人イスラーム運動」や「イスラーム大隊」といった勢力が生まれたが，彼らの中枢はイスラーム主義者であった。これら2つの勢力は，2013年11月に「イスラーム戦線」として合流した。

　反体制派の間でイスラーム主義勢力が台頭した背景には，自由シリア軍の中枢が世俗主義者であったことを受けて，政府が受刑中のイスラーム主義者を釈放し，反体制勢力同士の潰し合いを狙ったことがある。しかし歴史を遡れば，2003年のイラク戦争を機にシリア政府が国内でイスラーム主義を鼓舞したこと，さらに1982年のハマーでの同胞団敗北以降にシリアを離れたイスラーム主義者が海外で力を蓄えて故郷に舞い戻ってきたことがある。

　シリア人の元同胞団メンバーにとって，「アラブの春」は故郷でのバアス党政権との戦いにおける，またとない捲土重来の機会となった。先述のとおり，1982年のハマーでの敗北を受けて，シリアのイスラーム主義者の一部はアフガニスタンに渡航した。彼らを受け入れたアブドゥッラー・アッザームは1989年に暗殺されたが，戦闘前線の元メンバーであるアブー・ムスアブ（1958年～）とアブー・ハーリド（1963～2014年）という2人のシリア人が新たな戦闘部隊を設立した。アブー・ムスアブは，アッザームの逝去後にウサーマ・ビン・ラーディンの下で活動し，その後はターリバーンの指導者ムッラー・ムハンマド・ウマル（1960～2013年）に師事するなど，幅広い人脈を築いた。また，イ

スラーム主義の著作を読み漁っていた彼は，自身も多くの著作をものし，すべてのムスリムが組織ではなく個人として武器をとることを呼びかけた。またアブー・ハーリドはシリアで2005年に拘束されたが釈放され，上述したシャーム自由人イスラーム運動を設立した。

　乱立する反体制勢力間の競合を最初に飛び出したのは，2012年1月に設立を宣言した「ヌスラ戦線」（2016年7月に「シャーム征服戦線」と改称）である。ヌスラ戦線はアブー・ムスアブの薫陶を直接ないしは間接的に受けた人々からなる。中心的な設立者であるアブー・ムハンマド・ジャウラーニー（1974年～）は，シリア北東部のダイルッザウルの出身で，2005年にイラクに渡航してアル＝カーイダに加わった。そしてビン・ラーディン逝去後のアル＝カーイダの指導者であるアイマン・ザワーヒリー（1951年～）に忠誠の誓いを立て，シリアにおけるアル＝カーイダ支部として活動を開始した。

　ヌスラ戦線は武器を用いてダイルッザウル，アレッポ，イドリブといったシリア北部の諸都市を支配した。ジャウラーニーは支配地域で公共サービスを提供する部署を設けるなど人心掌握に長け，メディア・軍事戦略にも精通していた。間もなくヌスラ戦線は自由シリア軍の人員を吸収するなどして，最大規模の反体制勢力となった。

「イスラーム国」（IS）の登場

　シリアにおけるアル＝カーイダ支部ということで，ヌスラ戦線はシリアにとっての外患と思われるかもしれない。しかし同組織の背景には1960～1980年代のバアス党とムスリム同胞団の戦いがあった。2013年にはハマーを拠点とする系列組織「マルワーン・ハディード部隊」が設立されたが，これが先述した同胞団の強硬派の1人で，1964年のハマーでの蜂起を指揮した人物の名にちなんでいることは明らかである。「アラブの春」以降のシリアにおけるイスラーム主義勢力の台頭は，1982年以降に海外に離散したイスラーム主義の逆輸入とも呼べる現象である。

　実際，ヌスラ戦線の思想的基礎ともいえるアブー・ムスアブは，ハマーでの同胞団の敗北を自らの武装闘争の原点と位置づけ，弟子たちにもこのことを諭

し続けた。この結果，彼に薫陶を受けた人々が設立したヌスラ戦線は，市街地での爆破攻撃，政府軍兵士やキリスト教徒の誘拐・殺害など，往年の同胞団の凶行を思わせる活動を続けた。こうしたなか，支配地域の住民からの支持を失い始めたヌスラ戦線に代わって台頭したのが「イスラーム国」（IS: "Islamic State"）である。

　ISは，9・11事件後にイラクに流入したアル＝カーイダのスピンアウトといえる存在である。イラク人で首領のアブー・バクル・バグダーディー（1971年〜）のもと，2011年以降はシリアに活動拠点を移し，2014年6月にイラクに大攻勢を仕掛けてイラク・シリア両国北部を支配する武装組織を旗揚げした[19]（表10-2）。そしてダイルッザウルやラッカといった諸都市をヌスラ戦線から奪ってシリア北東部で影響力を強め，シリア戦争における最大の反体制勢力としての地位を築くばかりか，世界で最も強大な「テロリスト」集団とも称された。

　ISが登場したのは，一連のシリアでの騒乱が抗議運動から内戦となり，拡大する内戦が西側諸国・ロシア・湾岸アラブ諸国の代理戦争となり，そして化学兵器の使用などを背景に国連が介入する国際問題へと移ったタイミングである（黒木 2016：153-158）。ヌスラ戦線と異なり，ISはシリアにおけるイスラーム主義の歴史と直接的な繋がりを持っていない。またアル＝カーイダのスピンアウトといっても，ビン・ラーディンのように反米思想を前面に押し出すことはない。彼らの目的は，イスラーム共同体の指導者である「カリフ」を擁立し，この統治の下に世界のムスリムを招き入れ，シャリーアに基づいた正しいムスリム社会を形成することである（高尾 2015）。

　ここでいう正しいムスリム社会とは，預言者ムハンマドと彼の教友が生きた時代を理想とするスンナ派至上主義に基づいており，シーア派のような他宗派や聖廟参詣といった地域の習慣，法学派の権威といった中世の伝統は拒絶される（第12章参照）。このため，ISから見たバアス党政権は，イスラーム的観点から見た政策の良し悪しもあるが，B・アサド大統領をはじめ，中核を占めているアラウィー派が「異端」であることが，同政権と戦う上での大義としては強調されている。この点，ISにはバアス党との戦いにおける必然性が与えられ，

第**10**章　シリアにおけるイスラーム主義の栄枯盛衰

表10-2　「イスラーム国」の変遷

年　月	名　　称	概　　要
1999年頃	タウヒード・ワ・ジハード（一神教とジハード）団	ザルカーウィーがヨルダンで設立したとされる小規模な集団
2004年10月	二大河の国のアル＝カーイダ	ザルカーウィーがアル＝カーイダの指導者ビン・ラーディンに忠誠を誓い改称
2006年1月	イラクのムジャーヒドゥーン諸問評議会	「二大河の国のアル＝カーイダ」とイラクの武装勢力諸派との連合
2006年10月	イラクのイスラーム国	イラク中部・西部を領土として設立宣言
2013年4月	イラクとシャームのイスラーム国	シリア戦争に介入するなかで改称
2014年6月	イスラーム国	イラク北部を支配し，カリフ制国家樹立を宣言する際に改称

出典：中東調査会イスラーム過激派モニター班（2015）をもとに筆者作成。

バアス党にとっては交渉が不可能な相手といえよう。

シリアが直面している困難

　ISが登場して間もなく，シリアから数百万人規模の難民が発生し，国内では市民の生活区域への爆撃が続くなど，「今世紀最大の人道危機」とも呼ばれる惨状が生まれた。とりわけ，世界に「テロ」を撒き散らすISの壊滅を優先したいアメリカ，イランと結託するB・アサド政権の壊滅を優先したいサウディアラビアをはじめとする湾岸アラブ諸国の一部に加え，B・アサド政権への支援を通じてシリアにおける権益を守ろうとするロシアが2015年夏頃から本格的な軍事介入を開始したことを受けて，シリア騒乱は出口のない袋小路に迷い込んだ。こうしたなか，メディアが伝える「誰でも良いから戦争を止めて」というシリア市民の声は，疑いなく本音であろう。しかしながら，介入する諸外国のなかに戦争を止めるのが，つまりこの戦争を制するのが「誰でも良い」と思っている国はない。市民による民主化要求運動「アラブの春」は，シリアにおいてもはや市民の声が届かない大国間のパワー・ゲームとなった。

　シリアが大国だけでなく，過激なイスラーム主義者の集団にとっての「草刈り場」となっていることに関して，ISが登場した意味は小さくない。カリフが統治するムスリム社会の形成という大義は，既存の国家や国境の概念を無視する点において，反秩序的で破壊的な野望に思われる。一方でそれは，すべて

のムスリムが夢想することが可能な，認識論的には否定しがたい理想——実現のためにどのような手段を用い，どのような手順を踏むのかはさておき——でもある。このため，世界の一部のムスリムを魅了し，実際に彼らの足をイラク・シリアにまで運ばせている。外国人戦闘員の真意は様々だが，なかには神話の世界に身を投じることを夢想している人物がいる。たとえばシリアからアフガニスタンやイラクにわたったイスラーム主義者を，マッカで迫害を受けてマディーナに移住（ヒジュラ）した預言者ムハンマドと彼の教友たちに重ね合わせる人がいる。また，彼らをアフガニスタンで受け入れたアブドゥッラー・アッザームを，預言者ムハンマド一行をマディーナで受け入れた援助者たち（アンサール）とみなしてたたえる人もいる。ISに参加した人々の一部は，自らをイスラームの防衛のために戦う戦士（ムジャーヒディーン）と位置付けて，自身の行動を正当化している。

　過激なイスラーム主義者の中核は頻繁な世代交代を繰り返してきた。アッザームは1989年に，ビン・ラーディンは2011年に死亡したが，彼らの薫陶を受けたアブー・ムスアブとアブー・ハーリドが新たな武装闘争の基礎を築いた。アブー・ムスアブは2005年に拘束され，アブー・ハーリドも2014年に死亡したが，ジャウラーニーやバグダーディーという新しい指導者が世に現れた。これに対して，バアス党政権側に目を向ければ，1970年代以降に「公式」イスラームを担ったウラマーたちは姿を消している。クフターローは2004年に逝去し，ブーティーも2013年にダマスカスのモスクで講義をしている最中，反体制勢力の爆弾攻撃によって殺害された。かつての同胞団との戦いと異なり，イスラーム主義勢力に代わる宗教権威を欠いたまま[20]，バアス党政権には純粋な軍事的オプションだけが残されている。「戦争を止めてくれ」と訴える市民が現時点でバアス党政権や介入国から受けている返答はただ1つ，「そのために戦争をしているのだ」である。

注
(1) この経緯を整理した簡便なものとして黒木（2013）を参照。
(2) 現代シリアの政教関係を専門とするT・ピエレは，フランス委任統治以降に現れ，

第 **10** 章　シリアにおけるイスラーム主義の栄枯盛衰

　　新たにイスラーム教育機関の設立に携わった「創設者シャイフたち」(cheikhs fondateurs) を中心に，現代シリアにおけるスンナ派ウラマーの新しい系譜が形成されたと指摘する (Pierret 2011：44)。
(3)　マッカでは13世紀頃より，預言者ムハンマドの子孫がオスマン帝国に総督 (マッカ太守) として任命され，半ば独立した支配圏が形成されてきた。
(4)　サウード家はヒジャーズ王国を吸収し，1932年に現在のサウディアラビア王国の建設を宣言した (本書第7章参照)。
(5)　この点，エジプトとシリアの同胞団は誕生時の政治状況を大きく異にする。エジプトは同胞団が誕生した1920年代末，エジプト王国 (1922〜1953年) として独立していたものの，ムハンマド・アリー朝 (1805〜1953年) の事実的な支配，さらにイギリスの間接的な支配を受けていた。このため同胞団は反体制勢力と位置づけられ，1948年に政府の転覆を図っているとの容疑で非合法化され，翌年にはバンナーも暗殺された (本書第8章参照)。
(6)　女性が公共の場で身体の線を隠すために重ね着することや，若い女性に人気のあったポップ・シンガー，ファーリド・アトラシュの楽曲集の発禁を求めるなど，イスラームの価値観にのっとった様々な風紀の取り締まりを訴えた (ムバイヤド 2016：50)。
(7)　1964年のハマーでの蜂起の際，当時のアミーン・ハーフィズ大統領は，蜂起を企てた同胞団メンバーの殲滅を命じ，このときにハディードも逮捕された。しかし当時，ハディードの存在はそう重要視されず，数カ月後には釈放された。これについてハーフィズ大統領は後年，政府が当初ハディードを過剰に警戒していたと語っている (ムバイヤド 2016：60)。
(8)　オスマン帝国からバアス党政権下までのシリアにおけるアラウィー派について詳述したものとして，バランシュの研究がある (Balanche 2006)。
(9)　L・ステンベリはアミーンとクフターローの繋がりに言及し，彼の教団が1960〜1970年代に形成されたとする認識に異を唱えた (Stenberg 1999)。
(10)　H・アサド大統領の時代，シリアは1976年に，内戦中のレバノンに軍事介入を行い，撤退する2005年までの間，イスラエルのレバノンへの干渉を警戒してきた (Hinnebusch 2014：223-224)。
(11)　なおクフターロー自身は同胞団に参加しなかった。
(12)　同胞団がモスクをイスラーム主義の思想教育・軍事訓練の場としていたことによる。
(13)　1963年にバアス党政権が誕生して以降，ハバンナカの活動は制限され，私塾も閉鎖された。
(14)　サラフィー主義の詳細な展開・分類については Bonnefoy (2009)，Gauvain (2013)，Meijer (2009) などを参照。

⒂ 実際、学問的素養とH・アサド大統領との親密な関係から、クフターローの晩年、彼の後を継いでブーティーが最高ムフティーになるとの予想が流布していた。しかし現実には約１年の空位期間を経て、前アレッポ県ムフティーであったアフマド・バドルッディーン・ハスーンが同職に任命された。
⒃ ジュムルーキーヤとは、アラビア語で共和制を意味する「ジュムフーリーヤ」と王政を意味する「マラキーヤ」をかけ合わせた造語。
⒄ "Syria in civil war, U. N. official says," *Reuters*, June 13, 2012.
⒅ これはアブドゥッラー・アッザームに倣った戦略で、ビン・ラーディンもこれを継承した。アブー・ムスアブの著作の多くはインターネット上で無料公開されている。なかでも2004年12月に配信され、英語にも翻訳された『世界でのイスラーム復興に向けた呼びかけ』(*Daʿwa al-muqāwama al-islāmīya al-ʿālamīya*) は、オンライン上で最も読まれたイスラーム主義文献ともいわれる。
⒆ ISとヌスラ戦線、またバグダーディーとジャウラーニーの関係については髙岡の論考に詳しい（髙岡 2017）。
⒇ シリアにおける「アラブの春」初期のウラマーの動きについては Qureshi (2012) を参照。

参考文献

青山弘之 (2017)『シリア情勢——終わらない人道危機』岩波書店。
アトワーン、アブドルバーリ (2015) 中田考監訳、春日雄宇訳『イスラーム国』集英社。
菊池達也 (2013)「アラウィー派——異端視され続けてきたシーア派分派」黒木英充編『シリア・レバノンを知るための64章』明石書店。
黒木英充 (2013)「フランス委任統治から独立へ——植民地主義の負の遺産とその克服のたたかい」黒木英充編『シリア・レバノンを知るための64章』明石書店。
——— (2016)「シリア——内戦と多民族・多宗派問題」後藤晃・長沢栄治編『現代中東を読み解く——アラブ革命後の政治秩序とイスラーム』明石書店。
小杉泰 (2006)『現代イスラーム世界論』名古屋大学出版会。
末近浩太 (2005)『現代シリアの国家変容とイスラーム』ナカニシヤ出版。
——— (2013)「シリアのムスリム同胞団——ハマー虐殺のアナロジー」黒木英充編『シリア・レバノンを知るための64章』明石書店。
髙尾賢一郎 (2011)「ムスリム社会における社会貢献——現代シリアのアブー・ヌールの事例」『宗教と社会貢献』第１巻２号。
——— (2015)「『イスラーム国』による宗教的社会の形成」『応用社会学研究』58巻。
髙岡豊 (2012)『現代シリアの部族と政治・社会——ユーフラテス河沿岸地域・ジャ

ジーラ地域の部族の政治・社会的役割分析』三元社.
─── (2017)「シリア──紛争とイスラーム過激派の台頭」山内昌之編『中東とISの地政学──イスラーム, アメリカ, ロシアから読む21世紀』朝日新聞出版.
中東調査会イスラーム過激派モニター班 (2015)『「イスラーム国」の生態がわかる45のキーワード』明石書店.
ムバイヤド, サーミー (2016) 高尾賢一郎・福永浩一訳『イスラーム国の黒旗のもとに──新たなるジハード主義の展開と深層』青土社.
森山央朗 (2014)「シリアのプレ・モダンな社会構造とポスト・モダンな状況──名望家の持続と変質」日本国際問題研究所編『グローバル戦略課題としての中東──2030年の見通しと対応』日本国際問題研究所.
Balanche, Fabrice (2006) *La région alaouite et le pouvoir syrien*.(『アラウィー派地域とシリア政府』) Paris: Editions Karthala.
Batau, Hanna (1999) *Syria's Peasantry, the Descendants of Its Lesser Rural Notables, and Their Politics*. Princeton/New Jersey: Princeton University Press.
Bonnefoy, Laurent (2009) *Salafism in Yemen: Transnationalism and Religious Identity*. London: Hurst.
Būṭī, Muḥammad Saʻīd Ramaḍān (1998) *al-Salafīya: marḥalah zamānīya mubāraka lā mazhhab islāmī*.(『サラフィー主義──イスラームに学派が存在しなかった祝福された時代』) Dimashq: Dār al-Fikr.
Christmann, Andreas (1998) "Islamic Scholar and Religious Leader: A Portrait of Shaykh Muḥammad Saʻīd Ramaḍān al-Būṭī," *Islam and Christian-Muslim Relations* 9(2)：149-169.
De Jong, Frederick (1985) "The Naqshbandiyya in Egypt and Syria: Aspects of its History, and Observations Concerning It's Present-Day Condition," in Marc Gaborieau, Alexandre Popovic and Thierry Zarcone eds., *Naqshbandis: cheminements et situation actuelle d'un ordre mystique musulman*.(『ナクシュバンディー教団──ムスリムの神秘主義教団の発展と現状』) Paris/Istanbul: Éditions ISIS, 589-601.
Gauvain, Richard (2013) *Salafi Ritual Purity: In the Presence of God*. London/New York：Routledge.
Ḥabash, Muḥammad (1996) *al-Shaykh Aḥmad Kuftārū wa-manhaj-hu fī al-tajdīd wa-l-iṣlāḥ*.(『シャイフ・アフマド・クフターロー──刷新と改善の方法』) Dimashq: Dār al-Rashīd.
Hinnebusch, Raymond (2001) *Syria: Revolution from Above*. London/New York: Routledge.
─── (2014) "The Foreign Policy of Syria," in Raymond Hinnebusch and Anou-

shiravan Ehteshami eds., *The Foreign Policies of Middle East States*. Boulder/London: Lynne Rienner, 207-232.

Khatib, Line (2011) *Islamic Revivalism in Syria: The Rise and Fall of Ba'thist Secularism*. New York: Routledge.

Khoury, Philip S. (1987) *Syria and French Mandate: the Politics of Arab Nationalism, 1920-1945*. Princeton: Princeton University Press.

Leverett, Flynt (2005) *Inheriting Syria: Basshar's Trial by Fire*. Washington: The Brookings Institution.

Luizard, Jean Pière (1996) "Le moyen-orient arabe" (『中東アラブ』), in Alexandre Popovic and Gilles Veinstein dir., *Les Voies d'Allah*. (『アッラーの道』) Paris: Fayard, 342-371.

Meijer, Roel ed. (2009) *Global Salafism: Islam's New Religious Movement*. London: Hurst.

Moubayed, Sami M. (1999) *The Politics of Damascus 1920-1946: Urban Notables and the French Mandate*. Damascus: Tlass House.

Pierret, Thomas (2011) *Baas et islam en syrie: la dynastie Assad face aux oulémas*. Paris: Presses Universitaires de France. (『シリアにおけるバアス党とイスラーム──アサド政権のウラマーへの対応』)

────── (2013) *Religion and State in Syria : The Sunni Ulama from Coup to Revolution*. New York: Cambridge University Press.

Qureshi, Jawad (2012) "The Discourses of the Damascene Sunni Ulama during the 2011 revolution," in Line Khatib, Raphaël Lefèvre and Jawad Qureshi eds., *State and Islam in Baathist Syria: Confrontation or Co-optation?* Boulder: Lynne Rienner, 59-91.

Seale, Patrick (1988) *Asad: The Struggle for the Middle East*. Berkeley/Los Angels/London: University of California Press.

Stenberg, Leif (1999) "Naqshbandiyya in Damascus: Strategies to Establish and Strengthen the Order in a Changing Society," in Elisabeth Özdalga ed., *Naqshbandis in Western and Central Asia*. Istanbul: Swedish Research Institute, 106-111.

Takao, Kenichiro (2011) "Shaykhs Facing 'Orthodoxy' and 'Moderation': the Case of Ahmad Kuftaru in Modern Syria," *Orient: Reports of the Society for Near Eastern Studies in Japan* 46：97-117.

Van Dam, Nikolaos (1979) *The Struggle for Power in Syria: Politics and Society under Asad and the Ba'th Party*. New York: I.B. Tauris.

Weismann, Itzhak (1993) "Sa'id Hawwa: The Making of a Radical Muslim Thinker in Modern Syria," *Middle Eastern Studies* 29：601-623.

──── (1997) "Sa'id Hawwa and Islamic Revivalism in Ba'thist Syria," *Studia Islamica* 85：131-154.
Zisser, Eyal（2005）"Syria, the Ba'th Regime and the Islamic Movement: Stepping on a New Path?" *The Muslim World* 95：43-65.

第11章
立ち上がったイスラーム主義
――戦後イラクにみる多様な展開――

山尾　大

1　進むイラクの分断と政治不信

　2003年のイラク戦争以降，イラク政治の中枢には常にイスラーム主義勢力がいた。サッダーム・フセイン率いるバアス党体制下で苛烈な弾圧を受けて亡命を余儀なくされたイスラーム主義勢力が，イラク戦争後に凱旋帰国し，選挙を経て政権党となったからである。

　ところが，このイスラーム主義政党率いる政権は，近年あまりうまく機能しているとはいえない。政権への不信感がかなり深刻だからである。「イスラーム国」（IS）台頭後には，イラクの政治アクターの分裂が進み，政権党の求心力も弱まっている。2011年と2016年に筆者がイラク国内で行った世論調査を比較してみると，「明日選挙が行われるならば，どの政党に投票しますか」という質問に対して，「投票しない」が2011年は27％，2016年は38％と，いずれも最大の割合である。このように，既存のイスラーム主義政権や政治エリートへの不支持や政治不信は深刻だ（図11-1）。

　この政治不信の要因は，イデオロギーとしてのイスラーム主義にあるのだろうか。同じ調査で投げかけたイデオロギーに対する共鳴度合いを問う質問からは，イスラーム主義に対する支持が2016年にかけてむしろ高まっていることがわかる。イスラーム主義そのものが問題であるわけではなさそうだ（図11-2）。

　だとすれば，イスラーム主義政党率いる新政府に対する不支持や不信感がここまで拡大したのは，なぜなのか。そしてそのことは，イラクのイスラーム主義政党の失敗を意味するのだろうか。

第Ⅱ部　世界に広がるイスラーム主義運動

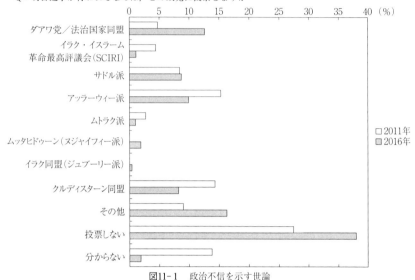

図11-1　政治不信を示す世論

出典：世論調査（https://cmeps-j.net/wp-content/uploads/2017/04/report_iraq2016.pdf）をもとに筆者作成。

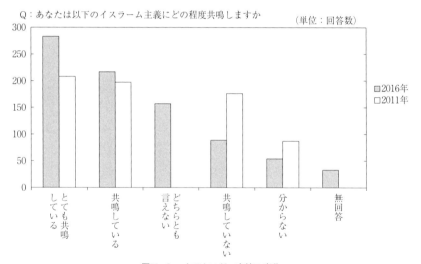

図11-2　イデオロギー支持の変化

出典：世論調査（https://cmeps-j.net/wp-content/uploads/2017/04/report_iraq2016.pdf）をもとに筆者作成。

第 **11** 章　立ち上がったイスラーム主義

　本章では，この問いに答えるために，イラクのイスラーム主義運動が辿った多様な歴史的経緯に着目する。具体的には，まず次節でイスラーム主義勢力が革命運動から政権党へと躍進した軌跡を簡単に振り返り，戦後統治のなかで生じた蹉跌を浮き彫りにする。第3節では，躓いたイスラーム主義政党の政権に対抗する形で，街頭行動による異議申し立てを行うイスラーム主義勢力が台頭してきたことを明らかにする。続く第4節では，IS の台頭によって武装闘争に訴えるイスラーム主義勢力が，人々の支持を獲得して再び大きな勢力に成長したことを明らかにしたい。

2　革命運動から政権党への軌跡——統治するイスラーム主義とその蹉跌

改革運動から革命運動へ

　イラクに組織的なイスラーム主義運動が形成されたのは，1920年に始まった英国委任統治下で近代国家形成が進展した後であった。当時のイラクでは，軍や官僚機構などの国家機構が整備され，世俗的な教育制度をはじめとする英国モデルの近代化が進んだ（Sluglett 2007）。そのなかで，急速な都市化が進行し，バグダードやモスル，バスラなどの大都市に人口が集中していった。[1]地方から流入した大量の移民は，都市でスラムを形成した。そこで勢力を拡大したのがイラク共産党であった（Batatu 1986）。共産党はシーア派の聖地であるナジャフでも勢力を伸ばした。こうして急速な近代化に付随して生じた世俗化は，シーア派宗教界やウラマーの社会的役割を劇的に縮小させた。

　これに危機感を抱いたのが，宗教界の改革派ウラマーであった。彼らは，共産党やアラブ民族主義などの世俗主義勢力の伸長にとりわけ懸念を示した。そして，世俗主義勢力伸長の要因の一端は，宗教界と政治や社会との乖離にあると考えた。つまり，伝統的なウラマーが宗教研究の殻に閉じこもり，政治不介入路線をとるようになったことが，宗教界の社会的役割の低下に繋がったというわけだ。

　したがって，問題を解決するには宗教界の教育改革が必要だった。こうした改革の結果，輩出された改革派の代表が，ムハンマド・バーキル・サドルで

図11-3　ナジャフのイマーム・アリー聖廟
出典：筆者撮影（2017年1月）。

図11-4　カルバラーのイマーム・フサイン聖廟
出典：筆者撮影（2017年1月）。

あった。彼は，教育改革を実践した後，宗教界の改革と政治参加の促進，政党という近代的組織の結成の重要性を説くようになった（山尾 2007）。近代的な政党組織を基に政治参加を進めることこそが，イスラームの政治社会的役割の拡大に繋がる，という構想だった。この思想を基に，ムスリム同胞団をはじめとする様々な組織と連携する形で1つのイスラーム主義運動が結成された。イラク最大の老舗政党のイスラーム・ダアワ党であった。ちょうど親英の王制を打倒した共和革命の前年，1957年のことである。

　こうした経緯からもわかるように，イラクのイスラーム主義運動はほぼシーア派に限定される。シーア派宗教界の改革派ウラマーが推進してきた運動だという点が重要な要因であるが，ダアワ党創設メンバーにスンナ派の同胞団員が含まれていたことが示しているように，当時宗派の違いは主要な問題ではなかった。

　むしろ当初のダアワ党にとって重要だったのは，宗教界内の政治不介入姿勢に固執する伝統的なウラマーとの対立と，イスラームの政治社会的役割の拡大であった。これを実現するために，①思想と変革の準備，②政治の組織化，③革命の実行，④革命政権の統治という段階を経て，イスラーム国家を樹立する構想を掲げた。そして，宗教界の改革派ウラマーと連携して雑誌の刊行や教育・福祉活動を展開し，多数の委員会や支部を形成してダアワ党の組織を精緻化した。同時代に活動した他のイスラーム主義運動と比較したダアワ党の強み

第**11**章 立ち上がったイスラーム主義

は、まさにこの精緻な組織であった。宗教界との連携や組織化が奏功し、同党はナジャフやカルバラーで急速に党勢を拡大した（図11-3、図11-4）。

ところが、1968年に成立したバアス党政権は、影響力を拡大させるダアワ党の取り締まりを強めるようになった。石油経済の急速な成長によってレントのばらまきを図ったバアス党政権

図11-5　バーキル・サドル（右上）、サーディク・サドル（左上）、ムクタダー・サドル（下）
出典：筆者撮影（2017年1月）。

は、官僚機構を肥大化させて国民を統治体制に取り込む一方で、反体制運動の弾圧を進めた。ダアワ党の精緻な組織を破壊し、1972年には党員の大量拘束を始めた。1974年にはダアワ党最高幹部たちが次々と処刑された。大きな影響力を持っていた宗教界の最高権威ムフスィン・ハキームが死去したことも、こうした弾圧が可能になった主因の1つだ。弾圧が強化されるなかで、党内で対立が生じ、分裂が露呈した。党の強みであった宗教界とのリンクも、政権によって分断された。

こうした苛烈な弾圧に対して、ダアワ党員とその支持者は1977年のアルバイーン巡礼を契機に蜂起した。バアス党政権はこれを即座に弾圧し、大量の犠牲者が出たが、これはダアワ党への支持の拡大に帰結した。そしてちょうどそのとき、隣国イランでホメイニー率いる革命が起きた。バーキル・サドルはイラン革命への支持を呼びかけた。ホメイニーとサドルはナジャフで肩を並べて学んだ盟友だった。革命の波及を恐れたバアス党政権は、サドルを拘束することで運動の拡大を収束させようとした（図11-5）。

革命運動の機運が高まるなかで、サドルは革命によって政権を打倒してイスラーム国家を樹立すること、そこで「制度化された法学権威」が直接国家を指導することを正当化する思想を編み出した。ホメイニーの「法学者の統治」論と同時期に提示されたサドルの「法学権威の政治指導」論は、イスラームの統

治と近代国家の統治原理を一貫させ，具体的な制度設計を行うことを重視する点が特徴であった（山尾 2007）。ひらたく言えば，官僚が統治する近代国家とイスラーム国家をバイパスする思想である。

　この思想に基づいて，シーア派宗教界と連携して革命運動を進めるダアワ党に対し，バアス党政権は弾圧をさらに強化し，改革派ウラマーや党員の拘束，デモの弾圧を進めた。そして1980年4月，当局はついにバーキル・サドルを処刑するに至った。指導者を失い，壊滅的な打撃を受けたダアワ党は，革命政権が樹立された隣国イランに亡命を余儀なくされた。

亡命・戦争・ディアスポラ

　カリスマ的指導者を喪失したイラクのイスラーム主義運動は，急速に求心力を失い，ダアワ党に統一されていた運動が亡命の過程で分裂をくり返した。ダアワ党も，短期間で度重なる組織改編を行った。こうしたなかで，亡命先のイランでは，イスラーム革命政権の庇護の下で影響力を拡大しようとする「親イラン派」の力が大きくなっていった。「ホメイニー主義」を掲げるようになった「親イラン派」と，イラクのカリスマ的指導者であったサドルを支持する「独自路線派」の対立が露呈したのである。

　だが，イランに亡命している以上，ホメイニーとの関係強化を重視する親イラン派が勢力を拡大したのは理の当然であった。1980年にイラン・イラク戦争が勃発すると，イラクのイスラーム主義者たちはイラン側に立って祖国との戦争に関与し始め，彼らをまとめるアンブレラ組織として，1982年11月にイラク・イスラーム革命最高評議会（SCIRI）[2]が結成された。ここで中心になったのは，親イラン派の代表であるバーキル・ハキーム（最高権威ムフスィン・ハキームの息子）であった。SCIRI はイラク・イスラーム主義運動の再統合と祖国でのイスラーム革命政権の樹立を目的に掲げたが，実際には親イラン派ウラマーが主導するイラク反体制派のアンブレラ組織であった。SCIRI の軍事部門として形成されたバドル軍団は，イランの革命防衛隊の訓練を受けて，イラン・イラク戦争を戦った。

　戦争が長期化するなかで，亡命イスラーム主義運動の大部分は，イランとの

第11章　立ち上がったイスラーム主義

関係を強化し、同時に様々な点でイランから影響を受けるようになった。それはイデオロギーにもみられる。これまでダアワ党が主張することのなかった「米国＝帝国主義＝悪魔の党」という批判や、「虐げられた者たちの解放運動」としての自己表象は、イラン革命からの影響を受けたものだと考えられよう。

　そして、イランからの影響が大きくなるにつれ、それに抵抗するかのようにイラクのイスラーム主義運動であるというアイデンティティを強調する勢力が出現した。当初はイラク人であることを強調する曖昧な主張だったが、次第に「イラク性」(iḥsān 'Irāqī) という言葉でイラクの人々や国家の統合といったナショナルな問題を重視するようになった。そしてこれは、イスラーム革命の実現を重視する勢力と、イラク独自のイスラーム主義を優先する勢力との間の分断に発展した。前者の代表はSCIRI、後者はダアワ党主流派であった。ダアワ党は、ハキーム議長を中心にハキーム家がSCIRI内で大きな影響力を掌握するようになると、党内の「親イラン派」古参幹部を排除し、1988年にSCIRIを離脱して独自の活動を進めるようになったのである。

　独自の資金源を持ち、結成当初から組織の精緻化を進めてきたダアワ党は、こうしてイランの影響下にあるSCIRIから離反し、活動の中心をダマスカスとロンドンに移した。前者の支部長をヌーリー・マーリキー（後の首相）、後者をイブラーヒーム・ジャアファリー（後の首相／外相）としたダアワ党は、活動の中心拠点をイランから移すことで国際社会、特に西洋との接点を作ることに力を入れた。こうしてイラクのイスラーム主義運動は、ディアスポラ状態のなかで、再び分裂の時代を迎えたのである。

　ちょうどそのときに発生した湾岸危機を境に、イラク反体制派がにわかに国際社会の注目を集めるようになった。米国を中心とする国際社会が、バアス党政権後の受け皿を模索し始めた結果だった。これを契機に、一旦分裂したイスラーム主義勢力に加え、クルド人勢力や王党派、共産党などのきわめて多様なイラク反体制派が一堂に会し、米国の支援の下で反体制運動を国際的に展開するようになった。彼らはバアス党政権打倒の一点のみを共通目的にする呉越同舟で、その歩調が揃うことはまれであった。イスラーム主義勢力に限って言えば、シリアと英国に活動の拠点を移したダアワ党が「イラク性」をさらに強調

第Ⅱ部 世界に広がるイスラーム主義運動

図11-6 スィースターニー
出典：コムで出版されたウラマーの伝記
(Golshan-e Abrār : Kholaṣe-i az Zende-
gi Asve-hāye 'Elm va 'Aml)。

し，SCIRIはイスラーム革命の実現を引き続き重視した。こうして，「遠隔地ナショナリズム」を強めるダアワ党とSCIRIの差は明らかに拡大した。

統治するイスラーム主義

2003年の米国の侵攻で政権交代が起こった後に，一斉に凱旋帰国し，その後の国づくりの中枢を担うようになったのは，湾岸危機後に米国との関係を深めたばらばらのイラク反体制派であった。こうして，元亡命反体制派指導者が7割以上を占める統治評議会が形成され，米国の占領統治が始まった。

ところが，長期にわたり亡命活動を余儀なくされた反体制派は，国内に確たる支持基盤を持っていなかった。こうしたなかで，シーア派のイスラーム主義勢力が依存したのが，シーア派宗教界であった。おりしも，宗教界の最高権威のアリー・スィースターニーが，「イラク人による政府を形成するための選挙が必要だ」とするファトワー（法学裁定）を出し，米国の占領統治に不満を持っていた人々からの支持が，宗派を超えて集まっていた。選挙実施を要求するデモが全国に広がり，米国の占領を排してイラク人の政府を作るというナショナリズムと，旧体制下で抑圧されてきた宗教心が結び付いた結果，爆発的な動員力を獲得していったのである（図11-6）。

元亡命イスラーム主義勢力は，この宗教界の動員力に目を付けた。イスラーム主義勢力は，選挙導入で大きな影響力を獲得することになったスィースターニーとシーア派宗教界の影響力を利用し，脆弱な支持基盤を補おうとした。選挙ではスィースターニーの写真を掲げて支持を呼びかけた。

他方，国内勢力は，旧体制下で政治組織活動が禁止されてきたためにどのように票を動員すればよいか分からなかった。また，宗教界に依存できないスン

第 11 章　立ち上がったイスラーム主義

ナ派（スンナ派には宗教界がない）のイスラーム主義政党は，選挙のボイコットを呼びかける他の術を見出すことができなかった。こうして，結果はシーア派イスラーム主義の政党連合である「イラク統一同盟」の圧勝に終わった。かくして，社会改革運動から始まり，革命運動と亡命活動の半世紀を経て，ダアワ党と SCIRI を中核とするイスラーム主義政権が，イラクに成立したのである。

　イスラーム主義政党は，新憲法にイスラーム条項を挿入するところまでは協力姿勢をみせた（山尾 2013）。ところが，次第に激しい対立が露呈するようになった。争点は枚挙に暇がないが，なかでも中央集権体制下で国民統合を強力に進める政策をとるダアワ党と，地方県に大きな権限を付与した連邦制を推進したい SCIRI との対立が，選挙後の大きな争点となった。これは亡命反体制期のイデオロギー対立を反映している。「イラク性」に基づく「遠隔地ナショナリズム」を強めてきたダアワ党は，政権を掌握する過程で国民統合を強化しようとし，反対にイスラーム革命を目指した SCIRI は，南部諸県でイランとの繋がりを維持した形での自らの権限を確保しようとしたのだ。このように，元亡命勢力のなかでは，反体制活動期の戦略やイデオロギーを反映した対立が続くことになった。

　他方，深刻さを増すようになったのが，元亡命勢力と国内勢力の対立であった。イスラーム主義勢力のなかで元亡命勢力の代表はダアワ党と SCIRI であり，国内勢力の代表はサドル派ということになる。サドル派を率いるのは，若き指導者ムクタダー・サドルだが，彼はダアワ党創始者のムハンマド・バーキル・サドルの従弟にあたる。ムクタダーの父サーディク・サドルは，1990 年代のイラク国内でそれまで禁止されていた金曜礼拝を再開し，大きな人気と影響力を獲得した。サーディクの始めた金曜礼拝を契機に動員された街頭運動は，急速に人気を高めていった。だが，それを警戒したバアス党政権による弾圧が始まり，1999 年には 3 人の息子とともに，ついにサーディクが暗殺されるに至った。そのサーディクの生き残りの息子がムクタダーなのである。イラクではバーキルが第一のサドル，サーディクが第二のサドル，ムクタダーが第三のサドルと呼ばれている。そして，国内で活動を続けてきたサーディクの大きな

第Ⅱ部　世界に広がるイスラーム主義運動

図11-7　サーディクが金曜礼拝を行っていたクーファ・モスク
出典：筆者撮影（2017年1月）。

支持基盤を引き継いだムクタダーは，戦後，サドル派を形成し，ラディカルな反米イデオロギーに基づいてさらに大きな動員力を獲得していったのである（図11-7）。

　サドル派は，反米ナショナリズムを基軸に，スンナ派を含む他の国内勢力との連携を強化していった。こうした姿勢は，元亡命勢力のダアワ党やSCIRIとの対立を惹起していった。政権中枢を担う元亡命勢力にとって，地元コミュニティに基盤を持ち，大規模な動員力を有するサドル派は，選挙の同盟相手として不可欠な存在であった。だが，その動員力ゆえに，サドル派の政策や主張には常に気を配らねばならず，いわば目の上のたんこぶのような存在でもあった。両者の対立が最も鮮明になったのは，対米政策であった。不安定な戦後政治と悪化する治安状況のなかで，国政を安定的に運営するためには米軍に依存せざるを得ない元亡命勢力に対して，サドル派は一貫して反米ナショナリズムを主張し，米軍の即時撤退を要求し続けた。米軍が占領統治下で住民との軋轢を起こすたびに反米感情は高まり，それがサドル派の影響力のさらなる拡大に帰結した。こうして，元亡命勢力と国内勢力の亀裂は深まっていったのである。

　統治の蹉跌

　こうしたなかで，元亡命勢力を中心とする新政府は，政権の安定を図るために国内勢力の取り込みに力を入れることになった。暫定移行政府の大統領に北部の有力部族長であるガーズィー・ヤーウィルが任命されたことは，この取り込み政策の典型だろう。その後，制憲議会選挙後の暫定政権（ジャアファリー政

第11章 立ち上がったイスラーム主義

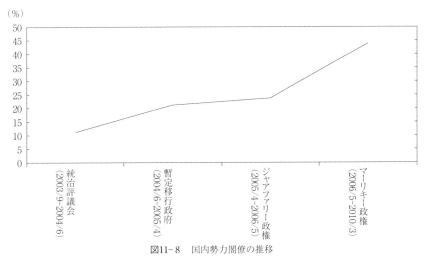

図11-8　国内勢力閣僚の推移
出典：各種報道をもとに筆者作成。

権），そして第一回国会選挙を経て成立した第一次マーリキー政権において，亡命経験を持たない国内勢力の閣僚への登用が増加していることは，図11-8が示するとおりである。さらに，2006年2月に発生したシーア派聖地サーマッラーへの爆弾テロに端を発する内戦によって治安が急激に悪化すると，米軍は地元部族に武器と資金を提供して自警団を形成する政策を始めた。これによって作られた覚醒評議会は，短期間で治安を回復させたが，この試みも地元勢力を政治プロセスに取り込んで安定化を図る政策の典型例といえる。こうした成功例を基に，マーリキー政権下ではますます地元勢力の取り込みに力を入れるようになった。マーリキー首相は，首相府の予算を用いて南部の諸部族を武装化し，イスナード評議会と呼ばれる自警団を形成した。首相府直属に置かれたイスナード評議会は，南部の治安の安定化に寄与しただけではなく，第二回地方選挙（2009年）および第二回国会選挙（2010年）でもマーリキー首相率いるダアワ党の政党連合の集票マシーンとしてきわめて効果的に機能した。

　このように，地元に基盤を持つ国内勢力の政治プロセスへの取り込みは，政権を運営する元亡命イスラーム主義政党にとって，一時的にはきわめて有効な政策であった。ところが，すべての勢力が政権に取り込まれたわけではなかっ

たことはいうまでもない。政党連合を強化するなどして党勢を拡大していった国内勢力は、次第に政権の取り込み政策に応じなくなり、自らの利権を拡大するための戦略を練るようになった。こうした勢力の代表が、ターリク・ハーシミー副大統領である。彼はもともとムスリム同胞団の流れをくむイスラーム党（スンナ派）の幹部で、マーリキー政権下で次第に大きな発言力を獲得した人物である。様々な政策で衝突するようになったハーシミー副大統領に対して、マーリキー首相は司法を用いて排除を試みた。このような政敵の排除は、米軍が完全撤退した2011年12月以降に頻発し、それに伴ってマーリキー政権の権威主義化が批判の対象になった（ドッジ 2014）。

　確かにマーリキー首相は、首相府予算を拡大し、身内であるダアワ党幹部を政権中枢部に多数登用し、首相府直属の特殊部隊「黄金部隊」を設置した。それらを用いて強権的な統治手段を講じるようになったことも否定できない。だが、各アクターが自らの利害をめぐって剥き出しの対立を繰り返すなか、それらの調整のために行い得たのは強権的な政策のみであったという側面も否定できない。いずれにしても、こうした政策は、様々な勢力からの批判を呼び、2011年「アラブの春」を契機に発生した反体制デモが全国に広がり、統治が次第に弛緩していった。そして2014年6月にISがモスルを陥落させると、直前に行われた第三回国会選挙でマーリキー首相が勝利したにもかかわらず、彼の政権は終焉をむかえた。その後に成立したアバーディー政権下（マーリキーと同じくダアワ党）でも、国内の治安悪化と政治分裂は続いている。

　こうして、半世紀にわたる反体制運動を経て選挙で成立したイスラーム主義政権は、わずか10年のうちに大きな挫折を経験することになった。その要因は、各アクターが利権の最大化を目指すなかで衝突する利害関係の調整が次第に困難になり、政権運営が次第に強権的になっていったこと、それに対する批判と不満が爆発したことに求められるだろう。

第11章 立ち上がったイスラーム主義

3 異議申し立てを行うイスラーム主義

「アラブの春」と街頭行動の出現

　だとすれば，イラクのイスラーム主義運動は上述のように失敗したのだろうか。結論を先取りすれば，イスラーム主義運動は，統治アクターから街頭行動や武装闘争へと姿を変え，イラク政治の行方を決める決定的な要素であり続けたのである。

　イスラーム主義政党による統治の蹉跌を乗り越えようとしたのは，同じくイスラーム主義を掲げる国内勢力のサドル派であった。「アラブの春」を契機に改革を要求するデモが広がると，サドル派はこれらのデモを「乗っ取る」形で自らの広範な支持基盤を動員し，街頭行動を開始した。もっとも，サドル派が街頭行動を利用したのは「アラブの春」後が初めてではない。むしろ，戦後一貫して街頭行動を重視してきた。だが，「アラブの春」以降は，街頭行動こそがサドル派の政治的影響力を拡大させる主たる手段となった。少なくとも，街頭行動のインパクトは飛躍的に拡大した。その経緯を瞥見してみよう。

　「アラブの春」後にイラクに波及したデモは，電力や安全な飲用水の提供といった行政サービスの向上と汚職対策を要求した。これに対して，当時のマーリキー政権は「100日改革」を打ち出し，改革への対応を約束したが，それは遅々として進まなかった。他方，街頭行動の波は地方にも波及したが，次第に要求が散漫になり，行政改革と汚職対策からマーリキー政権の選挙活動への批判や外交問題などへと争点が拡散していった。その結果，社会運動としての統一性と政治的インパクトが縮小した。

　こうしたなかで，デモを乗っ取り，街頭運動の主導権を掌握したのがサドル派だった。サドル派がデモの主導権をとるようになると，マーリキー政権に反対するデモの動員力が飛躍的に拡大した。サドル派は行政改革や汚職対策に加え，拘束中の同派の民兵組織マフディー軍のメンバー釈放や米軍の即時撤退など，独自のアジェンダを取り入れてデモを拡大させていったのである。サドル派が組織したデモは数万人規模に膨れ上がり，マーリキー政権の基盤を根底か

第Ⅱ部　世界に広がるイスラーム主義運動

ら揺るがすことになった。サドル派の動員力を担保していたのは，デモの組織力である。街頭行動を整列したマフディー軍が先導することで，きわめて組織化された街頭行動を展開することが可能になったからだ。

　これに危機感を強めた政府は，急遽政府首脳陣の給与を削減し，その分の予算を社会サービスに充てる法案を国会に提出した。こうした街頭行動を通して，サドル派は，政府に対して世論を伝える役割を担っていること，同派こそが街頭行動の行方を左右することを主張し，動員力を政府と他の政治勢力に対して誇示したのである。これは，米軍の完全撤退後に，これまでの反米ナショナリズムを基軸にした政治活動から，大衆を味方につけた社会勢力へと戦略を根本的に変化させようとするサドル派の政治戦略でもあった。

　大衆，特に貧者の味方として街頭行動を扇動するサドル派の戦略は，IS台頭後にもみられた。IS掃討作戦が長期化するにつれて国民に対する行政サービスが低下し，市井の人々は次第に不満をため込むようになった。これに拍車をかけたのが2014年後半からの油価の大幅下落であった。国家歳入の９割以上を原油の輸出に依存するイラクでは，油価下落は経済低迷に直結し，IS掃討作戦で拡大する軍費と連動して深刻な経済危機が起こった。そこに電力省内の大規模汚職の噂が広がり，激怒した国民が大規模デモを起こした。これに対して，アバーディー政権は，第一次改革を実施したが，政治エリートの既得権益に深く切り込む内容を含んでいたため，大きな抵抗にあって失敗した。そのため，アバーディー政権は第二次改革案を2016年２月に発表し，テクノクラートを中心にした新政府を形成する内閣改造を進めようとした。

　これを強く支持したのがサドル派である。第二次改革の要諦である宗派や党派を超えたクリーンで合理的なテクノクラート内閣の形成を強く支持したサドル派は，その早期実現を求めて大規模なデモを展開した。このデモには，イラク共産党や市民潮流も多数参加した。市民潮流はイデオロギーや宗教性を超えてサドル派と協力した(4)。彼らは２月末になると，金曜礼拝後に首都中心部のタハリール広場で大規模なデモを行うようになった。デモ隊は汚職を批判し，内閣改造などの改革を貫徹するべきだと訴えた。

　だが，この改革の実現は困難であった。閣僚人事は，戦後イラクでは政治勢

第11章　立ち上がったイスラーム主義

力の利権や既得権益となっているからである。進まない改革に業を煮やしたサドル派は，毎週金曜礼拝後のタハリール広場でのデモをさらに拡大した。3月18日には，サドル派のデモは政府機能が集中するグリーンゾーン（以下，GZ）での座り込みに発展した。彼らはテント村を形成して改革を訴えた。3月27日にはムクタダー本人がテント村のデモに参加するに至った（図11-9）。

図11-9　テント村で座り込みにデモ参加するムクタダー・サドル
出典：サドル派のホームページ（http://www.mediaalsadroffice.com/）（2016年3月28日）。

　デモがさらに勢力を増すなかでも，内閣改造の人事はまとまらなかった。アバーディー首相は，第一次（3月31日），第二次（4月12日），第三次（4月26日）と3回にわたって閣僚候補者名簿を国会に提出したが，いずれも承認されず，第三次名簿の一部だけが承認される結果になった。結局古参エリートは刷新されず，テクノクラート内閣は形成されなかった。改革は失敗に終わった。

　怒りは沸点に達した。サドル派と市民潮流は街頭行動をさらに活発化させ，GZへ侵入した。GZは国政の中心であり，既存の政治エリートや社会的エスタブリッシュメントの象徴であった。デモ隊は，4月30日の国会が流会になると，コンクリートの壁を倒してGZに流入し，国会議事堂を占拠した。デモ隊の周りはサドル派民兵の平和部隊（マフディー軍から改称）が取り囲んだ。さらに，遅々として進まない改革に業を煮やした人々は，サドルの「市民蜂起」の呼びかけに応じる形で，5月20日の金曜礼拝後にジュムフーリーヤ橋で大規模デモを行い，その後デモ隊の一部がコンクリート壁を倒して再びGZに侵入し，今度は首相府を占拠した。

サドル派の重要性

　このような街頭行動を重視するサドル派の戦略の変化は，2016年3月に同派政治局が発表した「革命主義からデモへ」というスローガンに典型的に表れて

いる。こうした政策を展開する上で、サドル派の置かれた政治的立場は極めて有効であった。

　第一に、サドル派が国内勢力の代表とでもいえる立場にあったからである。長期間の亡命活動を経て戦後に凱旋帰国した元亡命イスラーム主義政党とは異なり、イラク社会に根を張った基盤を有していた。それを担保したのは、上述の1990年代に大きな動員力を獲得したサーディク・サドルの支持基盤である。サドル派指導者のムクタダー（第三のサドル）は、実父の基盤を引き継いだ。それは南部のシーア派コミュニティの一部に加え、首都人口の3分の1を占めるサドルシティーやシュアラ地区などである。選挙や街頭行動の動員力で、サドル派の右に出る組織は今のイラクにはない。

　第二に、大衆の味方としてのサドル派の位置づけである。上記の支持基盤からも分かるように、サドル派の支持者は中産階層や貧民などの大衆である。こうした大衆を代表するサドル派の姿勢は、戦後イラク政治の中核を占める元亡命政治エリートと対照的である。元亡命エリートは海外に家族や資産を保有し、汚職によって私腹を肥やしている——と少なくとも多くの大衆が考えている。したがって、既存の政治エリートや社会エスタブリッシュメントに対抗するサドル派には、大衆からの支持が集まりやすい。サドル派の街頭行動が爆発的な動員力を獲得できるゆえんである。

　第三に、サドル派が戦後一貫してナショナリズムを重視する言動をとってきたからである。米軍占領初期には、スンナ派が多数を占めるアンバール県のファッルージャに米軍が進行した際、スンナ派と共同して米軍への反対活動を展開した。その後も、サドル派は反米活動においてスンナ派勢力との協力を惜しまなかった。このように、サドル派は反米ナショナリズムを掲げてあらゆる勢力との連帯を強化してきたのである。こうした一貫したナショナリズムは、IS台頭後に宗派対立が深刻化し、政治社会の分断が促進されるなかで、市井の人々にとってイラク国民統合の希望の1つになっている。これもサドル派の動員力を担保する一因なのである。

　第四に、サドル派の潔白さも重要だ。トランスペアレンシー・インターナショナルの腐敗認識指数をみると、イラクは、2006～2008年にワースト3位、

2009～2010年はワースト4位となっている。このなかで，サドル派は上述の通りいくつもの改革運動を一貫して支持し，自らのメンバーや議員の汚職に対しても厳格に対処してきた。2016年2月にサドル派幹部のバハーウ・アアラジーの汚職疑惑が浮上した際，同派の指導層は彼に出廷を命じた。おそらくサドル派はイラク政治アクターのなかで最もクリーンだと考えられる。この潔白さは，サドル派に対する大きな支持と信頼を担保しているのである。なお，戦後イラクで排除の対象になっている旧バアス党政権との繋がりが一切ないことも，サドル派の潔白さを際立たせる一因となっている。

このように，イスラーム主義に基づくナショナリズムを掲げ，街頭行動を通して大衆の代表として政治参加を推進しようとするイスラーム主義運動（サドル派）が，次第に重要性を増していった。統治するイスラーム主義が躓きをみせるイラクで，異議申し立てを行う――ある意味でイスラーム主義運動の原点ともいえる――オルターナティブなイスラーム主義が政治社会の行方を決める決定的なアクターになったのである。

4　闘うイスラーム主義

再動員されるシーア派民兵

もう1つ，重要な形で現れたイスラーム主義運動があった。それが武装した闘うイスラーム主義である。闘うイスラーム主義が台頭するようになった要因は，いうまでもなくISの台頭に求められる。

シーア派を不信仰者と断罪し，その殺害を主張するISに対して，シーア派コミュニティを保護するためにシーア派民兵や義勇兵が動員された。契機となったのは，シーア派宗教界の最高権威アリー・スィースターニーが，モスル陥落当日にISの脅威を前に祖国防衛を呼びかけたファトワーであった。これに応じて，数年間活動を凍結していた複数のシーア派民兵が再動員された。最も早く動員を再開したのが，シーア派民兵の代表格であるサドル派のマフディー軍であった。サドル派は，マフディー軍を「平和部隊」と改称し，聖地サーマッラー防衛のために派遣した。続いて，SCIRIの軍事部門であったバド

第Ⅱ部　世界に広がるイスラーム主義運動

ル軍団，さらに新たな志願兵を含む5万人の「アーシューラー部隊」が動員された。こうした既存の民兵組織に加え，多くの部隊が新たに結成された。主要なものだけでも，サドル派のマフディー軍から分離し，マーリキー首相に近い立場をとっていた「真実の民戦線」，SCIRIやイランとの繋がりが強いとされる「イラク・ヒズブッラー旅団」と「ホラーサーンの平和部隊」，さらにマーリキー首相直属の特殊部隊であった「黄金部隊」（政権交代後も精鋭部隊として維持）などである（図11-10）。

　こうした民兵組織や義勇軍は，モスル陥落から1カ月後には，「人民動員隊」というアンブレラ組織に緩やかに統合されるようになった。公的な司令官であるファーレフ・ファイヤード国家安全保障評議会議長によれば，人民動員隊には66組織，約14万人が参加している。アンブレラ組織であるため，基本的には各民兵単位でのまとまりが強く，明確なヒエラルキーや指揮系統は存在しない。確かに，人民動員隊の公的な最高責任者はファイヤード議長となっているが，事実上軍事作戦を指揮しているのは，アブー・マフディー・ムハンディスやバドル軍団のハーディー・アーミリー司令官などの「武闘派」であり，各民兵が個別に作戦を展開しているのが実情である。ムハンディスは，マーリキー前首相率いる政党連合の元議員で，イランとの関係が強い。

　この人民動員隊が，次第にIS掃討作戦の主導権を掌握していくようになった。2014年9月のアーミルリー解放，12月末のダルーイーヤ解放，さらに2015年2月のディヤーラー解放作戦では，イラク国軍ではなく人民動員隊が主力部隊となった。翌3月のティクリート解放作戦でも，中心となったのは人民動員隊であった。作戦を構成していたのが，正規軍3,000人と現地部族1,000人に対し，人民動員隊が2万人であったという事実が，このことを証明している。特に，作戦初期の段階でティクリート市内へ続く幹線道路を確保し，戦局を有利に進めたのは人民動員隊であった。ティクリート市を包囲した後に軍事作戦が膠着したときにも，サドル派の平和部隊やイラク・ヒズブッラー旅団を中心とする人民動員隊が約2,000人規模で増派され，最前線に投入された。イラク国防相と国軍最高司令官も，軍ではなく人民動員隊が最前線で重要な役割を果たしたことを公に認めている。他方，2015年4月に始まったアンバール解放作戦

が進捗せず，5月にはラマーディーが陥落する事態に陥ったのは，人民動員隊がこの作戦に参加しなかったからだと考えられている。その後，2015年12月のラマーディー解放，2016年6月のファッルージャ解放作戦では，市内の作戦には参加しなかったものの，重要な役割を果たし，10月以降のモスル解放作戦でも人民動員隊の役割は不可欠なものであった。

　このように，人民動員隊が次第に正規軍を凌駕するようになるにつれ，2つの問題が生じた。第一に，イラク政府が人民動員隊をコントロールできなくなるという問題である。IS掃討作戦で人民動員隊が不可欠になるにつれ，人民動員隊は影響力をさらに拡大し，政府の規制を受けない活動を展開するようになったのである。2016年11月には「人民動員隊関連法」が国会を通過したが，シーア派に加えてスンナ派部隊も設置するという決定や，人民動員隊をイラク正規軍と同様の指揮系統に置くという同法の規定にもかかわらず，その後のモスル解放作戦で指揮をとったのはムハンディスやアーミリーらの武闘派司令官であった。

　第二に，IS支配地の解放後，人民動員隊が地元のスンナ派住民に嫌がらせや報復を行ったことである。2014年8月，ディヤーラー県バアクーバでスンナ派モスクへの襲撃事件が発生し，約50人の犠牲者が出た。この事件に関与した疑いを持たれたのは，IS掃討作戦のために展開していたアーミリー率いるバドル軍団だった。これに対する報復として，今度は首都のシーア派宗教施設が襲撃された。その後，ディヤーラー県の解放作戦が本格的に進められた2015年2月頃にも，ISの支配に協力したとみられるスンナ派住民約70人が虐殺される事件が発生した。言うまでもなく，アーミリー司令官はこうした事件への関与を否定している。ティクリートでも同じような事件が起きた。解放作戦後，人民動員隊が略奪や放火に関与したというのである。ティクリート市内では67件の民家と85件の店舗が被害に遭った。軍はこれを防ぐことができなかった。こうした事件には，国内のスンナ派コミュニティに加え，国際社会からも宗派対立との批判が噴出している。ただし，これに対しては，サドル派や人民動員隊の生みの親である宗教界からも大きな批判が上がっており，発生件数は確実に減少している。

第Ⅱ部　世界に広がるイスラーム主義運動

越境するイスラーム主義のネットワーク

　こうした問題を抱えてはいるものの，人民動員隊は現在のイラクには不可欠な存在であることは否定できない。というのも，上述の通り IS 掃討作戦で決定的な役割を果たしているからである。そしてより重要なのは，人民動員隊の強さを担保しているのが，国際的なイスラーム主義ネットワークだという点である。詳しくみてみよう。

　人民動員隊が正規軍を凌駕する力を獲得することができたのは，イラン革命防衛隊から直接大きな支援を受けてきたからである。イランは，モスル陥落直後から介入を始めた。IS の脅威に晒されたイラク国内のシーア派聖地を保護するためであった（松永 2014）。イラン政府は，2014年7月上旬，革命防衛隊ゴドス軍（国外に派遣する特殊部隊）のガーセム・ソレイマーニー中将を首都バグダード北方のシーア派聖地サーマッラーに派遣し，聖地防衛作戦を指揮した。ソレイマーニー司令官は，人民動員隊への軍事支援を認める発言を繰り返しており，イランの介入は当初から半ば公的であった。同司令官が人民動員隊の兵士やクルド人のペシュメルガ軍司令官と前線で協議する写真が出回ることも珍しくない。実際，革命防衛隊の攻撃ヘリや武器がイラク国内の軍事作戦で大量に使用されている。人民動員隊スポークスマンのアフマド・アサディーが，「我々の武器はすべてイランから支援されている」と明言したほどである（2015年3月18日付『ハヤート』紙）。また，単なる軍事作戦だけではなく，イラン人医師が派遣され，負傷兵の救護活動も進められている。今では，イラン政府は革命防衛隊が人民動員隊を指揮していることを公的に認めるまでになった。

　こうしたイランからの支援は，越境的である点で従来のイスラーム主義運動のパターンを踏襲している。このイスラーム主義の越境的な繋がりは，イラク政治に加えて「アラブの春」以降の地域政治やイスラーム主義のあり方に決定的な影響を与えている。

　第二に，人民動員隊がきわめて大きな人気を得ている点も重要である。人民動員隊は，中南部地域では絶大な人気を誇っている。それを示しているのが，前線の人民動員隊兵士に食糧を提供したり，輸血を行ったりするイベントが各地で大々的に開催されていること，[7] 人民動員隊を称える映画の作成が始まった

ことなどである。バスラでは大
学構内で人民動員隊への参加を
呼び掛けるポスターが多数掲示
されており、ナジャフやカルバ
ラーといったシーア派の聖地で
も、いたるところに人民動員隊
への支援を募る募金箱が設置さ
れている。また聖廟内部では人
民動員隊の殉教者の遺体が運び
込まれて葬式が行われていた
（図11-10，11-11）。

このように、人民動員隊が体
現する闘うイスラーム主義は、
確実にイラク全土に広がってお
り、少なくとも IS などの過激
派が存在する限り、それへの防
波堤として一定の期待をもって
受け入れられている。ただし、
こうした闘うイスラーム主義の
弊害も深刻で、人民動員隊は

図11-10 人民動員隊の宣伝がバスラ大学本部にも掲示されている
出典：筆者撮影（2015年12月）。

図11-11 カルバラーの聖廟内に設置された人民動員隊への募金箱
出典：筆者撮影（2017年1月）。

シーア派民兵に過ぎず、したがってイラク国民全体を代表していないとの批判
も根強い。深刻なのは、人民動員隊が宗派対立を惹起するという言説が、イラ
ンに反発するサウディアラビアやトルコなどによって発信されることで、宗派
主義が中東全域に拡散していることであろう。

5　イラク・イスラーム主義の多様性が担保する新たな活路

冒頭の問いに戻ろう。
イスラーム主義政党率いる戦後の新政府に対する不支持、不信感がここまで

拡大したのは，なぜなのか。そしてそのことは，イラクのイスラーム主義政党の失敗を意味するのだろうか。

本章が導き出した答えは以下のとおりである。

外部介入による体制転換を経て，国内に支持基盤が欠如するなかでシーア派宗教界を利用して選挙で政権を掌握したイスラーム主義政党は，国家建設プロセスのなかで様々なアクターの利害調整を進める必要性に直面した。ところが，各アクターの利害が錯綜し，複雑に絡み合うようになると，政権への取り込み政策がうまく機能しなくなった。その結果，イスラーム主義政党は，政権を安定させるために強権的な政策に依存し始めた。こうした政策への反発が各地で発生し，そこにISなどの過激派が浸透することで地方の統治が弛緩していった。かくして，政治調整能力や行政運営能力が低下したイスラーム主義政党率いる政府に対する不満が蓄積していったのである。冒頭の世論調査結果は，こうした経緯を反映したものだったといえよう。

とはいえ，本章でみてきたように，イスラーム主義そのものやイスラーム主義を掲げる運動が求心力を失ったわけではない。サドル派のように社会からの異議申し立てを行う勢力として再台頭したり，人民動員隊のように準軍事組織として躍進するイスラーム主義勢力が出現したりしている。前者が社会運動として機能するのは，旧体制下で国内にとどまった勢力が地道に社会活動を継続した結果，草の根の支援を維持・拡大していることに起因している。後者が準軍事組織という物理的暴力装置として機能するのは，亡命活動のなかで民兵組織として戦闘経験を蓄積し，それをもとに国際的イスラーム主義ネットワークを維持・発展させてきたという経緯があるためだ。

このように，イラクのイスラーム主義勢力が多様な活動基盤や能力を持っていることの主因は，その複雑に分化された歴史に淵源している。本章第2節で概観したイスラーム主義運動の歴史が物語っているように，改革運動から革命運動を経て，亡命活動のなかで分裂を繰り返した元亡命勢力と，祖国にとどまった国内勢力は，それぞれかなり異なる軌跡を辿ってきた。こうした多様性こそが，政権を担う政治勢力としてのみならず，社会運動や準軍事組織といった様々な形でイスラーム主義運動が展開する素地を，長い時間かけて準備して

第**11**章 立ち上がったイスラーム主義

きたのだといえよう。

注
(1) イラクの近代化とそれに伴う都市への人口流入については，酒井（1991）を参照。
(2) 2007年5月にイラク・イスラーム最高評議会（ISCI）に改名されたが，本章では混乱を避けるためにSCIRIに統一する。
(3) 第一次アバーディー改革（2015年7月）では，4つの政策を実施した。第一に，公務員給与を削減し，人民動員隊の給与と行政サービスの拡充に充てた。第二に，省庁統廃合を中心とした行政機構のスリム化を進めた。副首相・副大統領・国会副議長のポストを廃止し，国務省を中心に統廃合を進めた。第三に，政治制度の改革と司法制度の整備である。第四に，汚職撲滅政策だ。アバーディー首相は，以上の改革を通して，IS掃討作戦の長期化と行政サービスの低迷という危機を乗り切ろうとした山尾（2015）。
(4) 市民潮流の指導者カーズィム・サフラーニーへの筆者によるインタヴュー（2017年1月24日，イラク・カルバラー）。
(5) 詳細は，山尾（2016）を参照。ただし，最高裁判所がジュブーリー国会議長解任決議と五閣僚信任決議を無効とする判決を出した。
(6) トランスペアレンシー・インターナショナルのホームページ（http://www.transparency.org/）を参照。
(7) 一部の世論調査では，65％の国民が人民動員隊のアンバール県とニーナワー県の解放作戦への参加を支持している（2015年4月23日付『マサラ』紙）。

参考文献
酒井啓子（1991）「イラクの都市・地方間格差問題」清水学編『現代中東の構造変動』アジア経済研究所，57-92頁。
―――（2003）『フセイン・イラク政権の支配構造』岩波書店。
―――（2005）「イラクにおけるナショナリズムと国民形成」酒井啓子・臼杵陽編『イスラーム地域の国家とナショナリズム』東京大学出版会。
ドッジ，トビー（2014）山岡由美訳『イラク戦争は民主主義をもたらしたのか』みすず書房。
トリップ，チャールズ（2004）大野元裕監訳『イラクの歴史』明石書店。
松永泰行（2014）「シーア派イスラーム革命体制としてのイランの利害と介入の範囲」吉岡明子・山尾大編『「イスラーム国」の脅威とイラク』岩波書店，247-265頁。
山尾大（2007）「共和国期イラクにおける政治変動とサドルのイスラーム国家構想」『日本中東学会年報』第23巻2号，61-88頁。

第Ⅱ部　世界に広がるイスラーム主義運動

─── (2011)『現代イラクのイスラーム主義運動──革命運動から政権党への軌跡』有斐閣。

─── (2013)『紛争と国家建設──戦後イラクの再建をめぐるポリティクス』明石書店。

─── (2015)「『イスラーム国』との戦いと迷走するアバーディー改革──分断されるイラク政治の行方」『中東協力センターニュース』(12月号), 25-37頁。

─── (2016)「『古参』幹部の政治か, 合理的政府の形成か──アバーディー改革が惹起した政治構造をめぐるポリティクス」『海外事情』第64巻9号, 63-77頁。

Aziz, T.M. (1993) "The Role of Muhammad Baqir al-Sadr in Shii Political Activism in Iraq from 1958-1980," *International Journal of Middle East Studies* 25 (2): 207-222.

─── (2001) "Baqir al-Sadr's Quest for the Marja'iya," in Linda S. Walbridge ed., *The Most Learned of the Shi'a: The Institution of the Marja' Taqlid*. Oxford, New York: Oxford University Press, 140-148.

Baram, Amatzia (1990) "Radical Shi'ite Opposition Movement in Iraq," in Emmanuel Sivan and Menachem Friedman eds., *Religious Radicalism and Politics in the Middle East*., Albany, New York: State University of New York Press, 95-125.

─── (1994) "Two Rords to Revolutionary Shi'ite Fundamentalism in Iraq," in Martin E. Marty and Appleby R. Scott eds., *Accounting for Fundamentalisms: the Dynamic Character of Movements*. Chicago: University of Chicago Press, 531-588.

Batatu, Hanna (1986) "Shi'i Organizations in Iraq: al-Da'wah al-Islamiya and al-Mujahidin," in Juan Cole and Nikki Keddie eds., *Shi'ism and Social Protest*, New Haven: Yale University Press, 179-200.

Herring, E. and G. Rangwala (2006) *Iraq in Fragments: The Occupation and its Legacy*. Ithaca and New York: Cornell University Press.

Jabar, Faleh Abd (2003) *The Shi'ite Movement in Iraq*. London: Saqi Books.

─── ed. (2002) *Ayatollahs, Sufis and Ideologues: State, Religion and Social Movement in Iraq*. London: Saqi Books.

Litvak, Meir (1998) *Shi'i Scholars of Nineteenth Century Iraq*. Cambridge: Cambridge University Press.

Mallat, Chibli (1993) *The Renewal of Islamic Law: Muhammad Baqer as-Sadr, Najaf and the Shi'i International*. Cambridge: Cambridge University Press.

Nakash, Yitzhak (1994) *The Shi'is of Iraq*. New Jersey: Princeton University Press.

─── (2006) *Reaching for Power: The Shi'a in the Modern Arab World*. Princeton: Princeton University Press.

Shanahan, Rodger (2004) "Shi'a Political Development in Iraq: the Case of the Islamic

Da'wa Party," *Third World Quarterly*, 25(5): 943-954.
Sluglett, Peter (2007) *Britain in Iraq: Contriving King and Country*. London and New York: I.B.Tauris.
Yamao, Dai (2008) "Transformation of the Islamic Da'wa Party in Iraq: from the Revolutionary Period to the Diaspora Era," *Asian and African Area Studies*, 7(2): 238-267.
────── (2009) "An Islamist Social Movement under the Authoritarian Regime in Iraq during 1990s: A Study on the Shi'ite Leadership of Ṣādiq al-Ṣadr and its Socio-political Base," *AJAMES* 25 (1): 1-29.
────── (2012) "Iraqi Islamist Parties in International Politics: The Impact of Historical and International Politics on Political Conflict in Post-War Iraq," *International Journal of Contemporary Iraqi Studies* 6(1): 27-52.
────── (2013) "Foreign Impacts Revisited: Islamists' Struggles in Post-war Iraq," *World Political Science Review* 9(1): 155-172.
Wiley, Joice (1992) *The Islamic Movement of Iraqi Shia*. Boulder: Lynne Rienner Publishers.

第12章
イスラーム過激派の系譜
―― アフガニスタンから「イスラーム国」まで ――

髙岡　豊

1　イスラーム過激派とイスラーム主義の盛衰

議論の出発点

　イスラーム主義を信奉する者たちのなかで，その論理を用いて内外の敵対者に対する武装闘争や暴力行為を正当化する者たちの存在は，21世紀の世界の政治・社会・安全保障，そして学術的な研究における重要な関心事となっている。アル＝カーイダや「イスラーム国」がそうした者たちの代表的な存在とみなされる一方，彼らの思考・行動様式をどのように定義づけるべきなのか，そして彼らを何と呼称すべきかについて，広範な合意は成立していない。また，アル＝カーイダや「イスラーム国」などの具体的な組織に所属する者だけを範疇に含むような定義づけをした場合，イスラーム主義に則って武装闘争や暴力行為を正当化する者たちの系譜は，単なる戦闘員や犯罪者の人間関係や知己の叙述に終始し，彼らの思考・行動様式を生み出した知的な営みとその系譜を軽視することになりかねない。そこで，本章ではイスラーム主義を信奉する者たちのなかで，その論理を用いて内外の敵対者に対する武装闘争や暴力行為を正当化する個人や団体を暫定的に「イスラーム過激派」と呼び，以下の要件を満たすものと定義づけた上で議論を進める。

　①イスラーム世界全体がユダヤ・十字軍とその傀儡の侵略を受けていると考える。
　②上記の侵略を排除し，イスラーム法による統治を実現するとの政治目標を

③現存する国境に拘束されない広範囲での活動とそのための資源の調達を通じて②を実現しようとし，既存の国家・議会や非暴力の政治行動に否定的な態度をとる。

④非合法の活動を行う。イスラームによる統治の実現という政治目標を達成する手段として主にテロリズム[1]を採用する。

以上の定義に沿う個人や団体をイスラーム過激派と呼ぶと，イスラーム主義運動として著名な団体であるパレスチナのハマースやレバノンのヒズブッラーは，軍事部門・武装闘争部門を擁する一方で，各々の所在地において選挙や政府を通じて合法的な政治過程に参加しており，イスラーム過激派の範疇には含まれないことになる。また，イスラーム過激派の論理や思考・行動様式に影響を与えた人々には，イスラーム過激派として活動実績を持たない者も当然いる。たとえば，現在のイスラーム過激派を取り巻く状況とは全く異なる環境を生きていた歴史的人物や，イスラーム過激派に強い影響を与えたと思われる著述をしていても自身はテロリズムを実践しないウラマーや著述家がそれに該当する。本章では，そうしたウラマーや著述家も視野に入れた上で，どのような経緯を経て，あるいはどのような論理の展開を経て現在のイスラーム過激派の思考・行動様式が形成されていったのかを検討することとする。その上で，イスラーム過激派の活動，あるいは存在そのものが，「アラブの春」以後の中東諸国におけるイスラーム主義の盛衰とどのように関係しているのかを考察する。

2　どこまでさかのぼれば「イスラーム過激派のことがわかる」のか

しかしながら，イスラーム過激派の思考・行動様式を方向づけた論理や解釈の原点に行き着くまでに，膨大なムスリムの歴史と彼らの知的営為をどこまでさかのぼれば良いのだろうか？　また，そのようにして行き着いた原典やその作者の思想を理解すれば，イスラーム過激派の思考・行動様式はすべて説明可能になるだろうか？　序章や先行の各章での議論と重複する箇所もあるが，イ

第**12**章　イスラーム過激派の系譜

スラーム主義の誕生と発展も視野に入れて考察してみよう。

　現在のイスラーム過激派の思考・行動様式の原点となりうる業績を上げた人物としては，イブン・ジャウズィーを挙げることができる。ジャウズィーは，シーア派に対する批判や教友たちの信仰を回復することを主張した。より著名な人物に，イブン・タイミーヤがいる。同人は，シーア派，ギリシャ哲学，聖者崇拝などの影響を排した，サラフ（初期世代）実践の再構築を図る業績を残した。また，イスラーム法の形式的な遵守の有無を基準に統治体制などがイスラーム的か否かを判断することを提唱し，現在のイスラーム過激派の思考・行動様式に理論的基盤を提供した。すなわちイブン・タイミーヤは，同時代にシーア派のイスラームに改宗していたモンゴルのイル・ハーン朝との戦いをジハードと認め，イスラーム法に基づく統治を行わない統治者は，たとえムスリムを自称していてもジハードの対象となる旨の判断を示したのである。ムハンマド・ビン・アブドゥルワッハーブは，同時代のイスラームは本来のイスラームから逸脱した状態にあると主張し，タウヒード（Tawhid）を強調してクルアーンとスンナのみに基づくイスラームの再生のためのジハードを呼びかけた。彼の教説は後にワッハーブ派と呼ばれるようになり，現在のサウディアラビア王国の社会，ひいては政治，国際関係にも影響を及ぼしている（本書第7章参照）。

　イスラーム主義の勃興と発展のなかでは，ジャマールッディーン・アフガーニー，ムハンマド・アブドゥ，ラシード・リダーも重要である。彼らはヨーロッパの列強の侵略にさらされるイスラーム世界を防衛するため，団結と内部改革を説いた。内部改革については，時代の経過とともにイスラームの実践に付加された様々な逸脱を排し，サラフの実践を再生しようとした。それとともに，社会改革のためには人間の理性・主体性の発揮が不可欠であり，これはイスラームとは矛盾しないと説いた。彼らの思想潮流は，リダーが主宰した雑誌『マナール』にちなんでマナール派と呼ばれた。『マナール』の主要テーマの1つは，イスラーム的精神と近代文明との統合だった。興味深い点は，上述のイブン・タイミーヤやアブドゥルワッハーブ，マナール派などは，イスラーム世界の復興・改革のためにサラフの純粋なイスラームへ回帰すること，すなわちサラフィー主義を唱え伝統墨守ではないイスラーム法の積極的な再解釈の必要

性を訴えているのだが, 現在のイスラーム過激派の間では『マナール』が追求したイスラーム的精神と近代文明との統合という課題への関心が著しく低いことである。マナール派の流れを汲む業績や組織的・人的系譜はイスラーム過激派を論じる上で無視し得ないものと思われるが, マナール派の思想的支柱の1つともいえる「啓示と理性との調和」がイスラーム過激派の思考・行動様式のなかで重視されないだけでなく, 非難の対象にもなりうるのである。

　イスラーム過激派の発生・発展との系譜上の繋がりを検討する上で無視できないのが, ムスリム同胞団（本書第8章参照）である。同胞団の創始者であるハサン・バンナーが示した, イスラーム国家樹立への包括的かつ段階的な道筋は, 同胞団自身の発展にとどまらず, 多くのイスラーム主義運動に影響を与えた。同胞団の活動家のなかで, イスラーム過激派への影響が特に強いと考えられるのが, サイイド・クトゥブである。クトゥブの思想で特筆すべき点は, 彼が生きた時代の状況をジャーヒリーヤ（イスラームがもたらされる以前の無明時代）と規定し, イスラームに基づく統治がなされないジャーヒリーヤとイスラームとの二者択一である旨主張したことである。この議論は, クトゥブの死後ジャーヒリーヤ状態にある国家や社会に対する武装闘争を肯定する思考・行動様式へと発展し, これらはクトゥブ主義と総称される。ムスリム同胞団やそれに影響された者たちの少なくとも一部は, エジプトのみならずシリアにおいても政府に対し武装闘争を挑み, 敗北した。1970～1980年代のシリアにおけるムスリム同胞団の武装蜂起と敗北は, 活動家の人脈の面と, 敗北から得た教訓に基づく戦術の発展という面で現在のイスラーム過激派に引き継がれた。

共通の理念・様々な戦術

　ここで留意しておきたいのは, サラフの信仰と実践への回帰・信仰の純化を唱えるイスラーム主義者らの間でも, 現実の政治や社会との関与のあり方や, イスラームに基づく統治という政治目標を実現するための手段の面で様々な考え方がある点だ。また, イスラーム主義の誕生と発展の過程で, 外からの侵略に対する防衛と, 内なる停滞・逸脱の改革・綱紀粛正という問題意識があるが, 時代状況毎にそのいずれが各々の活動家や社会の関心事として優先されるかも

第**12**章 イスラーム過激派の系譜

異なる。特に現代においては，為政者や一般のムスリムに対する教宣（ダアワ）に徹するのか，選挙などの政治過程に参加するのか，政党を結成するのか，そして異教徒や背教者に対する武装闘争を行うのか，が主な争点となろう。参考までにケーガンらがアメリカの戦争研究所（ISW）から発表した報告書を基に，イスラーム主義者の様々な立場を整理してみよう。同報告書は，本書が用いるイスラーム主義という用語にきわめて近い意味で「サラフィー主義」という用語を用いている。それによると，「サラフィー主義者」は通常は政治活動や武装闘争という手段を採用せず，主に著述や言論の分野で活動する「静寂主義サラフィー主義者」，武装闘争を放棄し政治過程に参加することを通じて目標を達成しようとする「政治的サラフィー主義者」，そして武装闘争を主な行動様式とする「サラフィー・ジハード主義者」に分けられる。ムスリム同胞団は「政治的サラフィー主義者」，「イスラーム国」やアル＝カーイダは「サラフィー・ジハード主義者」の例として挙げられている。もっとも，この報告書の分析によると，いずれの傾向に属していても周囲の環境によってはサラフィー主義者が武装闘争に積極的に参加することがあり得，とりわけ「政治的サラフィー主義者」と「サラフィー・ジハード主義者」との思想・信条上の相違は小さいとみなされている（Kagan et al. 2015：17-18）。以上のような見解に従えば，イスラーム主義者のなかでも中道・穏健とみなされるものと，イスラーム過激派との間の差異は思想・信条上のものというよりは政治権力を奪取するための戦術上の差異に過ぎないことになる。そのように考える場合，イスラーム過激派は，しばしば既存の政治体制に参加するムスリム同胞団やその流れを汲む団体を激しく非難するが，そうした非難もムスリム同胞団の支持者を離反させ，自らの側に動員しようとする戦術的な行動ということになろう。

　ここまでに挙げた人々の業績は，イスラーム過激派の思考・行動様式の基礎として重要なものである。なかでも，ムスリム同胞団とワッハーブ主義の共通項，あるいは両者の混合した要素がイスラーム過激派の思考・行動様式に受け継がれていると言えよう。しかしながら，それらが直接現在のイスラーム過激派のあり方を決定づけていると考えるのは難しい。そもそも，イスラーム過激派が自らの思考・行動様式を正当化する論拠は，クルアーンやハディースのよ

うなムスリムにとって否定し得ない典拠に基づいている。池内恵が指摘するように，「イスラーム国」が引用する典拠にも特に新奇なものはない（池内2015：170）。すなわち，特定の歴史的人物・運動やその業績を挙げて「イスラーム過激派の思想的源流」を辿ることができるとは限らないのである。なぜなら，思想面で強い影響があると思われる場面でも，そうした影響が常に直接的な言及や引用によって実証できるとは限らず，重要な論理や解釈があたかも一般常識であるかのように原典を引くことなく繰り返されることもありうるからだ。特に，イスラーム過激派の最末端の戦闘員や支持者には，自らの思考・行動様式を方向付ける論理的な基盤について十分学習することに労力を割く余裕がないかもしれない。

　イスラーム過激派に影響を与えた歴史的人物・団体の業績は，彼らが生きた同時代・場所の状況に沿ってイスラームの論理を解釈した結果生み出されたものである。13世紀の東アラブ地域，18世紀のアラビア半島，1950年代のエジプト，そして現代はそれぞれ異なる政治・経済・社会的環境にある。また，現代のウラマーや著述家にしても，現実に即した議論抜きに多くの人々に対して説得力のある業績を上げることは不可能であるため，個々の状況に合わせた解釈と判断を基に重要な業績を生み出したと考えられる。つまり，現在のイスラーム過激派の論理や思考・行動様式は，個々の活動家や団体がそれらを取り巻く状況に応じてクルアーンやハディース，そして既存の業績を「再解釈」し，各々の運動の大義名分や論理的指針として「再生」「再活性化」した結果生じたものと位置づけるべきであろう。確かに，現代のイスラーム過激派やその支持者に対して影響力が強い個人や著作物は存在する。しかし，著述中の直接的な引用・被引用関係，書籍や機関誌などで費やされる文の量，あるいはネット上のアクセス数やダウンロード数といった可視的な尺度だけでは，系譜や影響力を実証的に判断するのに十分とは言い切れない。イスラーム過激派を取り巻く状況は常に変化しているため，彼らの思考・行動様式とそれを支える論理についても変化や流行があると考えるべきであろう。つまり，河川を遡れば山中に水源を発見できるかのように，イスラーム思想を歴史的にさかのぼればイスラーム過激派のすべてを説明しうるウラマーや業績を見出すことができるわけ

ではないし，特定の個人の活動や特定の業績を観察していればイスラーム過激派の思考・行動様式の全てに説明がつくわけでもない。次節以下では，この点に留意しつつ，イスラーム過激派の消長と彼らの思考・行動様式を方向付ける論理の形成について検討する。

3 イスラーム過激派伸長の原因

　いかなる社会運動・政治運動でも，その思想的基盤が優れてさえいれば成功が約束されているわけではない。イスラーム主義運動についても同様であり，特に参加することそのものが非常に危険な非合法活動を専らとするイスラーム過激派についても，思想や論理が魅力的なだけで支持が拡大するのではない。「アラブの春」以降イスラーム過激派が勢力を伸ばしたのならば，それに適した政治・社会環境や，個々の運動を経営する者たちの手腕など検討すべき要素は多い。この観点から見ると，「アラブの春」後の中東においては，イスラーム過激派の主張や活動が説得力を持つ環境が相当に醸成されていたといえる。

「アラブの春」は「イスラーム過激派の冬」

　実は，「アラブの春」の勃発当初から，エジプトやチュニジアでイスラーム主義運動の諸勢力も参加した選挙が実施された時期までは，イスラーム過激派諸派にとっては「冬」の時期であった。エジプト，チュニジアでは各々従来から議会選挙をはじめとする既存の政治過程への参加を通じて政権獲得を目指すイスラーム主義運動が活性化するとともに，それ以前は政治活動から距離を置いていたイスラーム主義者までもが選挙・議会に参加するようになったのである。エジプトでヌール党を結党した人々がその一例といえよう。マカンツは，アラブ諸国の権威主義体制を打倒し，イスラーム法に基づく統治を実現しようとする手段が，アル＝カーイダなどが主張する武装闘争ではなく非暴力の運動・選挙への参加になっていったと指摘している。このような状況下では，アル＝カーイダのようなイスラーム過激派が採用する手法に基づく変革や闘争の潜在的支持者となる人々の関心が，選挙をはじめとする政治過程への参入に向

かうこととなった（McCants 2011：31-32）。つまり，議会制度に適応するイスラーム主義運動諸派の活動が可能となり，それらが実際に政治的な成果を上げることができれば，政治権力奪取の手段として専らテロリズムに依拠するイスラーム過激派への支持は自ずと減じるのである。「アラブの春」とその後の政治情勢への期待が高かった2011年から2012年の初め頃，イスラーム過激派は支持者や社会の関心が離れていくという危機に立たされていたのである。

　このような状況は，イスラーム過激派の運動にはイスラームの教理や思想の運動としての側面のほか，「イスラームに基づく統治を行う」との政治目的を，テロリズムを通じて実現しようとする政治運動としての側面があることを意識すればより理解しやすくなる。クルーガーが述べているように，テロリズム（およびテロ組織）の盛衰と経済状況や教育水準との因果関係は必ずしも強くはなく，それよりも表現の自由や結社の自由のような市民的自由に対する抑圧との因果関係の方が強い。すなわち，「市民的自由がテロリズムの重要な決定要因である」ということだ（クルーガー　2008：114）。権威主義体制が倒れ，民主化が実現すれば，人々の市民的自由に対する抑圧の程度は下がることになる。その結果，従来は政治的な要求を実現したり不満を表明したりする手段の選択肢が非合法活動やテロリズムくらいしかなかった状態から，平和的な抗議行動，選挙への参加，様々な結社への参加など，より危険性の低い手段が選択できる状態となる。そうなれば，人々は参加する上での危険性が非常に高いイスラーム過激派の活動に参加したり，それを支持したりするよりは，安全で危険性の低いそのほかの選択肢に興味を示すようになるだろう。「アラブの春」勃発と同時期の2011年5月にはアメリカ軍がアル＝カーイダの指導者のビン・ラーディンを殺害したが，この事件はイスラーム過激派の主張や活動への社会的関心と支持が低下し，イスラーム過激派が終焉に向かう象徴として楽観的に解釈されることもあった。

　しかし，問題はそれほど簡単ではなかった。権威主義体制の打倒，民主化の実現，民主主義の定着は，実は各々別個の問題である。権威主義体制を打倒すれば自動的に民主化が達成されるわけではないし，一度民主化が達成されればそれが永続することが保証されるわけでもない。つまり，「アラブの春」に

第12章　イスラーム過激派の系譜

よってもたらされた政治環境は固定的なものではなく，イスラーム過激派が衰退過程を脱し，彼らの主張が再び説得力を持つ局面も訪れ得るということである。髙岡は，「アラブの春」や「穏健な」イスラーム主義に対する単純な楽観の危うさを指摘し，社会的関心や支持が低下しているイスラーム過激派がいかにして状況に対応するかを考察した（髙岡 2014）。実際，エジプトではムスリム同胞団の政権が超法規的に放逐され，権威主義体制の復活ともいえる様相を呈している（本書第 8 章参照）。また，「アラブの春」の成功例とされているチュニジアは，「イスラーム国」にとっては最大の人員の供給地となっており，チュニジアの「成功」は自国の政治過程から零れ落ちた者たちをイスラーム過激派戦闘員問題としてシリアやイラクに転嫁した結果であるともいえる（本書第 9 章参照）。

「春」を待つイスラーム過激派

　イスラーム過激派の一部が「アラブの春」後の情勢に影響を受け，平和的な街頭行動に理解を示す事例もあったが，彼らの多くは武装闘争による変革を訴え続けていた。「アラブの春」が結局は多くの場合政治の混乱や紛争へと繋がり，人民の生活水準や権利の向上をもたらさなかったことは，民主主義やそれに基づく政治過程を通じた政治行動に幻滅する人々を少なからず生み出したであろう。そして，そのような人々こそ，あくまで武装闘争を追求するイスラーム過激派にとって勧誘や支持拡大の対象となったのである。
　ところで，次節でも改めて考察するが，イスラーム過激派は民主主義が敵対者である欧米の先進国の論理だからそれを敵視する対象としているわけではない。彼らにとって，民主主義を含む近代的な統治の制度は，いずれもイスラーム法以外のものによって統治を行うという，「アッラーを信仰しない」という行為である。こうした見解は，イスラーム過激派がしばしば表明する「民主主義は異教」「民主主義は背教」という言い回しに象徴されている。このような考え方は，現在のアル＝カーイダや「イスラーム国」と直接繋がる組織や活動家だけが抱いているわけでもない。イブン・タイミーヤが同時代のモンゴル王朝の統治を「イスラーム法ではなくモンゴルの慣習法で統治した」と非難した

ことが，この考えの基底にある。これが，「アラブの春」後の状況においては，「モンゴルの慣習法で」の部分が「民主主義で」に置き換わったわけだが，解決策はイスラーム法による統治を実現することであるとの主張が，「アラブの春」後の政治・経済状況が期待からは程遠く政変後の政治に不満を募らせていた人々に対し訴求力を持ったのである。さらに，「アラブの春」後の混乱は平和的抗議行動や選挙や議会への参加などの選択肢が有効ではないとの雰囲気を醸成したため，テロリズムを通じた事態打開，政治権力の奪取を方法論とするイスラーム過激派の思考・行動様式が受容される土壌が広がった。

イスラーム過激派の萌芽と苗床

　このように見ると，イスラーム過激派が勢力を伸ばすのは，彼らの論理や思考・行動様式が社会に受容される状況がある場合だということがわかる。また，イスラーム過激派の活動家や団体が，そうした状況に適した情報発信や活動に成功することも必須である。イスラーム過激派が現在のような姿になるまでには，いくつもの契機がある。なかでも重要と思われるのは，1978年のキャンプ・デーヴィッド合意でエジプトがイスラエルと単独講和を実現したこと，1979年のイラン革命，ソ連のアフガニスタン侵攻，マッカのカアバ神殿占拠事件が世界中のムスリムにとって大きな衝撃だったことであろう。イスラエルとの講和まで，エジプトはアラブ民族主義の牽引者として累次の中東戦争でイスラエルとの紛争の最前線にあった。それが単独講和という形で脱落したことは，アラブ民族主義の失墜を象徴し，それと競合関係にあったイスラーム主義が伸張する契機となった。特にエジプトにおいてはイスラーム過激派諸派の活動を活発化させた。また，イラン革命によってイラン・イスラーム共和国が成立したことは，近代化の進展に従って公的領域から退場していくと思われていた宗教（この場合はイスラーム）が政治の中心に躍り出た事件として衝撃的だった。カアバ神殿占拠事件は，イスラーム主義の潮流の１つであるワッハーブ派を建国の理念とし，イスラームの守護者・盟主を自任していたはずのサウディアラビア王国の政治体制に対し，サウディ社会の内部からその非イスラーム性・不適格性を告発する大事件であった。そして，ソ連によるアフガン侵攻は，共産

主義者（＝無神論者）によるイスラームの地への侵略として，様々な地域のムスリムをアフガンでの対ソ連ジハードへと駆り立てた。アフガンでのジハードは，現在のイスラーム過激派の著名な活動家たちを1つの戦場に一堂に会させた点で，イスラーム過激派の人的系譜を考える上で特に重要である。また，イスラーム過激派が「何をジハードの対象とするか」という問題を考察する上でも，アフガンでのジハードは彼らの論理の展開の起点の1つと思われる。

その後，アフガンでの対ソ連ジハードに集った活動家たちは，1990年から1991年の湾岸危機・湾岸戦争，2001年の9.11事件とその後アメリカが主導した「テロリズムとの戦争」，そして「アラブの春」を経て，支持者・共鳴者・模倣者を取り込みつつ，イスラーム過激派諸派とその思考・行動様式を形成していった。次節では，アフガンでのジハードを起点に，イスラーム過激派が「なぜ，何と戦うのか」という論理をどのように形成していったのかを考察したい。

4　アフガニスタンから「イスラーム国」へ

ジハードといっても，ムスリムが武装闘争をしてさえいればジハードの要件を満たすわけではない。また，小杉泰が指摘しているように，ジハードとはアラビア語で奮闘努力を意味する語であり，自己の内面の悪の克服や社会の改善に努めることもジハードの範疇に含まれる。しかも，歴史的にはイスラーム諸王朝の戦争が軍事的なジハードの内実であり，第一次世界大戦後オスマン朝が滅亡すると，国家がジハードを担うこともなくなった（小杉 2014：28-29）。戦争としてのジハードに注目するならば，それは信仰とイスラーム共同体の防衛・拡大のためにイスラーム共同体全体に課せられた連帯的義務である。連帯的義務とは，イスラーム共同体の構成員の一部がある義務を果たせば，共同体全体が義務を果たしたとみなされるもののことである。死者の埋葬やマッカへの巡礼，そしてジハードへの参加がこうした義務に該当する。ところが，アフガンでの対ソ連ジハードを契機に，外敵の侵略からイスラームの地を防衛することは，そうする能力があるムスリム一人ひとりの個人義務であるとの論理が論じられるようになる。個人義務とは，礼拝や断食のようにムスリムが各々果

たすべき義務のことである。

ジハードの論理の展開

この個人的義務の論理を強調して世界中のムスリムを対ソ連ジハードに動員する上で大きな役割を果たしたのが、アブドゥッラー・アッザームである。イスラームの地が外敵の侵略を受けた場合、その防衛を担うのはその場所を統治している政体であり、個人義務としてジハードに加わるべきなのは侵略を受けた場所に住むムスリムであると考えることもできる。これに対し、アッザームは世界中から集まる「義勇兵」が国家権力の指揮を受けずに戦い、「義勇兵」の勧誘も、彼らに対する資金援助や兵站支援も世界中の非国家主体が担うジハードを提唱した。アッザームの論理は、「イスラームの地」に侵攻してきた外敵を撃退するための「防衛ジハード」としてジハードについての伝統的な論理を受け継ぐ一方で、実践の手法を、ジハードのために世界中から資源を動員し、それを非国家の主体が担うという形へと転換した。ただし、アッザームらが担ったアフガンでのジハードは、ソ連やイラン革命との対抗上、アメリカやサウディなどが後援し、彼らの資源動員を黙認・援助したという、イスラームの論理や実践とは無関係の要素によって促進された側面もあることを忘れてはならない。こうして動員された「義勇兵」の活動は、アフガニスタンでソ連軍を破るのに決定的な貢献をしたわけではない。しかし、アフガンでの戦局への貢献度はともかく、イスラームを大義名分として戦う者がアフガンに集い、アラブ・アフガン（＝アフガニスタンのアラブ人）と呼ばれる人々の間の人間関係を形成し、彼らの資源動員のネットワークを世界に広げた。つまり、アッザームの活動や彼が掲げた論理により、「イスラームの地」でのあらゆる紛争を世界中のムスリム全体の問題と認識し、その紛争に世界中からヒト・モノ・カネなどの資源を動員するという、現在のイスラーム過激派の思考・行動様式の重要な部分の種がまかれたのである。

背教者へのジハードの理論

一方、イスラーム過激派がムスリムの為政者や、身近なムスリムをジハード

第**12**章　イスラーム過激派の系譜

の一環として攻撃する論理はどのように形成されたのだろうか。もともと、イスラーム主義には外敵の侵略に対抗し、内部の停滞を打破するという、ムスリムの世界の内外の両方に対する問題意識がある。しかし、これが直ちにムスリムの為政者や一般のムスリムに対する武力攻撃を意味するわけではなく、むしろ教宣活動や教育・福祉などの面での活動による社会の改革に努めるイスラーム主義運動の活動が活発だった。小杉泰によると、ジハードの定義を転換し、現代的な「反体制武装闘争」の意味に用いたのは1980年代のエジプトのジハード団だった。彼らにとっては、イスラエルと和平を結んだサーダート大統領はイスラームに対する裏切り、背教を犯したのであり、背教によって統治権を喪失した者を武力で排除することは正当な行為だった。ジハード団の活動は、1981年10月6日のサーダート大統領暗殺に至る（小杉2014：30）。

図12-1　アブー・ムハンマド・マクディスィー
出典：http://www.ilmway.com/site/maqdis/styles/default/images/Authors/2.gif

　ムスリムの為政者がイスラームに基づく統治を行っていないと告発し、彼らの統治の正統性を問う論理を形成する上で重要な役割を果たしたのが、アブー・ムハンマド・マクディスィーである。彼は、タウヒードという観点から、イスラーム法ではなく人定法に基づいて統治を行うことを非難した。この考えによると、イスラーム法ではなく人定法で統治を行うムスリムの為政者こそが、アッラーではなく人定法を崇拝し人定法に忠誠を誓う、イスラームに対する最も有害な侵害者となる。さらに、マクディスィーはイスラーム的でない統治制度に基づくムスリムの統治者と彼らの国はすべてタクフィール（不信仰者宣告）に値するとみなし、「ワラーとバラー」（ムスリムには忠誠・友情を、非ムスリムとは絶縁を）というイスラームの教理に基づき、ムスリムに為政者たちとの絶縁

を呼びかけた。つまり，マクディスィーの論理では，非ムスリムの外敵との戦いよりも，イスラームを侵害するムスリムの為政者たちに対するジハードこそが防衛ジハードとして優先されることになる。もっとも，マクディスィー自身はジハードの形態として武装闘争よりも教宣を優先し，為政者の下で働く兵士・官憲や，彼らの統治下にある一般のムスリムに対してもタクフィールを乱用することには反対している。いずれにせよ，1980年代後半にマクディスィーがサウディに対して行った非難は，1990～1991年の湾岸危機・戦争の際，サウディの王制がイラクに対し自衛することができず，数十万人のアメリカ軍に頼ったという実態への的確な洞察・非難として，同時代のイスラーム過激派に多大な影響を与えたとされる（Wagemakers 2012：97-119）。

　非イスラーム的な統治制度に対するマクディスィーの見解で注目すべき点は，それらをアッラー以外のものを崇拝する宗教とみなす点である。彼自身，『民主主義は宗教』と題する論考を著している（al-Maqdisī n.d.）。これに類する言い回しは，アブー・ムスアブ・ザルカーウィー，「イエメンの地のアル゠カーイダ」「イラク・イスラーム国」，ウサーマ・ビン・ラーディン，「イスラーム的マグリブのアル゠カーイダ」，アイマン・ザワーヒリー，「イスラーム国」「インド亜大陸のアル゠カーイダ」など，活動地域や個々の活動家・団体の相互関係を問わずイスラーム過激派の間で広く使用されている。この論理は，一見すると民主主義，世俗主義などの近代的なイデオロギーを宗教扱いする錯誤的なものかもしれないが，議論そのものはいかなる統治を行うかという近代的な政治イデオロギーの競合の問題である。そして，こうした議論の発展により，イスラーム主義運動の問題意識である内なる改革・綱紀粛正という問題意識が，イスラーム過激派にとって「近い敵」であるムスリムの為政者からイスラームを守る防衛ジハードの論理的な立脚点となっていった。

　グローバル・ジハードの論理

　それでは，今日「グローバル・ジハード」として知られる論理と実践は，どのようなものだろうか？　イスラームの地やムスリムの郷土の防衛ではなく，イスラームの地の外側にある敵対者の本拠地を攻撃対象とするジハードは，

第**12**章　イスラーム過激派の系譜

「攻撃的ジハード」として防衛ジハードと意味づけや性質が異なるものと考えることもできる。「グローバル・ジハード」の論理や実践については多くの先行研究が著されており，著名な研究としてゲルゲスが挙げられる (Gerges 2005)。このようなジハードを唱導・実践した活動家として，まずビン・ラーディンを挙げるべきであろう。サウディの富豪出身のビン・ラーディンは，遅くとも1980年代にアフガンかパキスタンで対ソ連ジハードの援護活動を始めた。そしてアブドゥッラー・アッザームと連携して義勇兵の支援のための拠点を設置し，1986年にはアフガニスタンに軍事キャンプを設置するに至った（保坂 2011：72-73)。ビン・ラーディンは拠点を訪れたアラブ義勇兵の情報を台帳（アラビア語では「カーイダ」）に整理し，それを基に彼らのネットワークを組織した。このネットワークが，のちにアル＝カーイダと呼ばれるものである。

　ビン・ラーディンは1989年にソ連軍がアフガンから撤退すると，サウディに帰国した。アフガンに渡った義勇兵たちの多くも，同様に祖国に帰還した。しかし，帰国した彼らを待っていたのは，ソ連に勝利したジハードの英雄としての歓迎ではなく，治安上の懸念要素としての監視や抑制であった。つまり，アフガンから帰国した元義勇兵たちのなかに，祖国での社会生活に復帰できなかった者が少なからずいたのである。こうした状況で発生したのが湾岸危機・戦争であり，アメリカ軍によるサウディ駐留であった。ビン・ラーディンは，サウディアラビアの体制とアメリカに対する非難を強めてゆき，1996年8月にアメリカ軍に対する宣戦布告として知られる文書を発表した。次いで，1998年2月にアイマン・ザワーヒリーとともに「ユダヤと十字軍との聖戦のための世界イスラーム戦線」を結成し，結成声明を発表した。ビン・ラーディンは，現在ムスリムが被っている苦難はシオニストと十字軍の連合とその傀儡（サウディなど）の仕業と認識し，サウディ王家の正統性を非難するとともに，サウディに駐留するアメリカ軍の撃退を優先課題として挙げた（保坂 2011：147-181)。興味深い点は，ビン・ラーディンの非難の矛先がサウディに向けられている一方で，アメリカを排除しなくてはサウディを変革することが不可能であるため，アメリカに対する戦争が呼びかけられている点である (Wagemakers 2012：73)。この背景には，「ムスリムには忠誠を，異教徒とは絶縁を」

という議論が，国家の防衛や経営のためにムスリムの為政者が異教徒に頼るという現実にどのように対処するかという実践的課題になっていったことがある（アメリカ側のロジックについては本書第4章を参照）。

それに加えて，ビン・ラーディンらによる攻撃対象としての優先順位の設定は，エジプトやアルジェリアでイスラーム過激派による反体制武装闘争が敗北したという政治情勢とも関連している。これらの諸国での武装闘争に敗北した組織や活動家の一部は，ビン・ラーディンらを庇護したターリバーンの支配下のアフガンへと逃亡した。彼らの目には，「近い敵」であるムスリムの為政者を打倒することができなかった理由は，敵方の強力な軍事力だけでなく，それを支えたアメリカなどの域外諸国の支援であると映った。そして，祖国を追われ，「近い敵」であるはずの為政者を攻撃する手立てを持たないイスラーム過激派にとって，攻撃対象や攻撃場所として敵の本拠地や兵站拠点，つまり「遠い敵」の優先度を上げることは合理的な判断とも考えられる。ビン・ラーディンらにとっては，戦いの場が「グローバル」であろうが，身近な郷土防衛であろうが，イスラームの地を侵略する外敵（＝「遠い敵」）とその傀儡（＝「近い敵」）に対する防衛的な戦いであるとの論理が出発点となっている。また，戦場で目の前の敵と戦うだけでなく，敵の兵站を攻撃することがより効果的な闘争であるということについては，そこにわざわざイスラームの論理や法学的議論を介在させなくても十分ありうる行動様式であろう。

具体例としてのアラビア半島のアル＝カイーダ

2003年頃から2005年頃にかけてサウディで多くの作戦を実施した「アラビア半島のアル＝カイーダ」の行動は，イスラーム過激派にとっての「近い敵／遠い敵」という問題を考察する上での例となる。第7章の通り，2000～2005年頃にかけてサウディでは多くの爆破事件などが発生した。これらを実行したとされるのが「アラビア半島のアル＝カイーダ」であるが，攻撃対象の多くはサウディ国内に在住するアメリカ人などの外国人だった。ウェッジメーカーは，「アラビア半島のアル＝カイーダ」は彼らが刊行した雑誌などでマクディスィーから影響を受けている旨明示しており，「アラビア半島のアル＝カイ

第**12**章　イスラーム過激派の系譜

ダ」による外国権益への攻撃はサウディの体制が非イスラーム的であるとの判断・非難に基づき，外敵を国内に存在せしめているサウディの体制に対する批判が根底にあるとみなしている（Wagemakers 2012：128-131）。一方，ヘッグハンマーは，この頃のイスラーム過激派やその支持者の間では，イラクでアメリカ軍と戦うことがジハードの優先事項であり，資源を分散させることになるサウディでの作戦行動に対する批判的意見が多かったと指摘している。この指摘によると，同時期のサウディのイスラーム過激派の資源は，外敵の侵略に対抗する，との古典的な論理に基づいてイラクに惹きつけられ，アル＝カーイダの「グローバルな」ジハード観に基づく資源の調達が失敗に終わったことになる（Hegghammer 2010：217-226）。ヘッグハンマーの指摘に鑑みれば，当時の「アラビア半島のアル＝カーイダ」は十分な資源を調達できなかったため，サウディの体制に対する大規模な蜂起は起こし得ず，同国内の外国権益に対する単発の攻撃を選択せざるを得なかったともいえる。「アラビア半島のアル＝カーイダ」の例を見ると，イスラーム過激派が「近い敵／遠い敵」のいずれとの戦いを優先するかについては，物理的な距離もさることながら，彼らが自らの闘争の中で敵対者をどのように位置づけるかという，論理的・心理的な要因が重要である。また，それと並んで，調達可能な資源の量・質，あるいは資源調達のために有効な広報効果などの戦術的・機会主義的な要因も無視してはならないだろう。

　　そして，シーア派殺しへ

　2003年のイラク戦争以後のイスラーム過激派の思考・行動様式で注目すべき点として，シーア派に対する極端な敵意と攻撃性がある。この問題も，イスラーム過激派が敵対者をいかに認識し，いつ，何を攻撃するのかをどのような論理に基づいて決定しているのかを考える上できわめて重要である。第2節で触れた通り，イスラーム過激派の論理の系譜をたどればシーア派に対する批判は古くから存在する。しかし，2003年以降のイラクや2011年以降のシリアのように，「外敵」（＝十字軍）や「十字軍の傀儡」（＝ムスリムの為政者）との闘いよりもシーア派排撃を優先するかのような思考・行動様式が広がった背景として，

第Ⅱ部　世界に広がるイスラーム主義運動

図12-2　ユースフ・ウヤイリー著『バグダード陥落後のイラクとアラビア半島の将来』表紙
出典：http://www.ilmway.com/site/maqdis/MS_18881

イスラーム過激派の対シーア派認識に現代的な展開があると思われる。本章では，そうした展開の契機となった活動家としてユースフ・ウヤイリーを挙げておく（図12-2）。同人は，アメリカによるイラク占領後のイスラーム共同体の将来と，それに対する脅威への対抗を論じた著作のなかで，十字軍，ユダヤ，アフガーニーらが唱えた理性を重視する教説などと並び，ラーフィダ（＝シーア派）が脅威であると論じた（al-'Uyayrī 2003：18-22）。それによると，シーア派の危険性は十字軍やユダヤに匹敵するものであり，歴史的にシーア派は十字軍などの外敵に常に協力していたとされる。さらに，ウヤイリーはシーア派をイラクなどに浸透し政治権力を奪取しようと陰謀をめぐらせる存在として描写し，宗教的な信条面でもイスラームと相容れず，シーア派と和解するくらいならばキリスト教徒と和解した方が害悪は少ないと主張した。このようなシーア派観は，2004～2007年頃のイラクにおけるイスラーム過激派諸派，2011年以降のシリア紛争で欧米諸国やその他の中東諸国の支援を受けてシリア政府やイランと争ったイスラーム過激派諸派，そして「イスラーム国」によって一層先鋭化したように思われる。

　ただし，イスラーム過激派諸派によるシーア派敵視は，必ずしも彼らの教理教学・信仰上の確信だけで説明しうるものとは限らない。シリア紛争では，イスラーム過激派がシリアやイランをシーア派などの異端・異教として攻撃してさえいれば，本来はイスラーム過激派を攻撃・排除しようとするはずの欧米諸国や地域の大国が彼らを放任し，場合によっては援助することがありうる事例が見受けられた。特に，2012～2013年頃のアメリカ政府の関係者の間では，イ

スラーム過激派とシリア・イランが争うことは，アメリカにとって敵対的な勢力間の争いを意味し，アメリカの利益に資するとの考え方があった（髙岡2017）。ここでも，イスラーム過激派の思考・行動様式を決定する要因として，彼らの信条や世界観と並び，その時々の戦術的判断，機会主義的行動を考慮した説明が必要となる。

　シーア派敵視を戦場での活動で実践したイスラーム過激派の活動家としては，アブー・ムスアブ・ザルカーウィー（本名：アフマド・ハラーイラ）が著名である。同人は，1990年代にヨルダンでマクディスィーとともに刑務所に収監された経験があり，その間にイスラーム過激派の思想を学んだとみなされた。この事実は，イスラーム過激派の思想の系譜や活動家の人脈を辿る上で注目すべき事実ではある。しかし，現実の行動としては，ウラマー，著述家として教宣を通じたムスリムの為政者に対するジハードで活動したマクディスィーに対し，直接行動や攻撃性を特徴とし，武装集団の指導者としてイラクでシーア派を中心に一般のムスリムを多数殺害することを厭わないザルカーウィーとの間には大きな齟齬があり，ザルカーウィーをマクディスィーの「弟子」のようにみなすことができるとは限らない。また，イスラーム過激派の認識として，「内なる敵」はイスラーム的ではない法制度による統治を行い，異教の諸国と友好関係を結ぶムスリムの為政者たちであり，そうした為政者の支配下にある民衆や，シーア派の信徒そのものではない。そのため，マクディスィーや，アル＝カーイダのザワーヒリーなどからザルカーウィーらに対し諫言や批判の声が上がった。ところが，イスラーム過激派の支持者の間からは，ザルカーウィーらに対するマクディスィーの批判に対し，実際にジハードを戦う者たちへの敵対行為として非難が起きた。これは，教宣を伴わないジハードでは真の変革は達成できないとのマクディスィーに対する，戦闘を最優先する者たちからの非難とも言える。その結果，マクディスィーは少なくともヨルダンにおいてイスラーム過激派の間で名声を失うこととなった（Wagemakers 2012：227-236）。ここに，「イスラーム国」やその支持者たちが，既存のイスラーム過激派よりも一段と暴力的な，独特ともいえる思考・行動様式へと発展していった経緯の一端が示されている。

第Ⅱ部　世界に広がるイスラーム主義運動

戦術としての「イスラーム国」

　「イスラーム国」や同派を模倣する者たちの思考・行動様式の一端を示しているのが，アブー・ムスアブ・スーリー（本名：ムスタファー・スィットマルヤム）の著述である。同人が「イスラーム国」や「ヌスラ戦線」など2011年以降にシリアで活動したイスラーム過激派諸派に与えた影響についてはムバイヤドが詳述している。そこでは，シリアにおけるイスラーム主義運動の発展の歴史とともに，「ヌスラ戦線」のシリアの運動としての側面が重視されている。また，アル＝カーイダ，「ヌスラ戦線」，「イスラーム国」へのスーリーの影響を強調している（ムバイヤド 2016）。その一方で，ムバイヤドの考察は，「イスラーム国」などのイスラーム過激派に対する多くのウラマーや活動家の影響に触れていない。イスラーム過激派の思考・行動様式が形成される過程でスーリーの存在をどのように位置づけるかという問題には，より広い視点で同人の役割や影響を論じる必要があろう。

　イスラーム過激派にスーリーが与えた影響として注目されている点は，ヒエラルキー型の構造を持つ組織ではなく，個人や少人数のネットワークがジハードに決起することにより世界各地で攻撃を行うことと，インターネットを通じた個人単位での勧誘を行うこととを提唱した点である。この主張は，2000～2010年頃はアル＝カーイダの，2014年以降は「イスラーム国」の「グローバルな」活動を説明する際のよりどころとなった。そこでは，スーリーは「グローバル・ジハード」の「戦略家」とみなされる。ただし，彼がアル＝カーイダの思想・組織・運動に実際にどの程度の影響を与えたかについては明らかではない部分も多い。特に，本節で論じてきた，イスラーム過激派が「なぜ，何と戦うのか」についての論理を形成する過程という問題で，スーリーが論理の形成に貢献したかについては疑問もある。ハージは，スーリーの役割はアル＝カーイダの武装ジハード観を具体化したと評しつつも，ネットワーク型の運動による世界的な決起という彼の考え自体はビン・ラーディンらによる「ユダヤと十字軍との聖戦のための世界イスラーム戦線」，および2001年の9・11事件の延長と位置づけている（al-Ḥājj 2011：329）。

　イスラーム主義の出発点として，外敵に対する防衛と内部の改革という内外

両方向の問題意識があったことは既に触れた。この問題意識に即してイスラーム過激派が「なぜ，誰と戦うのか」という問いを考えた場合，外敵との闘いでは，組織化も統制もされない個人の決起を重視する志向が強まる一方で，機会主義的に本来の敵との対決を避け，シーア派などの粛清を優先する行動もみられるようになった。また，内部の改革という問題では，教宣・教育・社会運動などを通じて改革を実現しようとするよりも，一般のムスリムの「背教者」や身近な他宗教・他宗派の信徒に対する暴力的な粛清へと重心が移っているように思われる。次節では，この点も踏まえ，イスラーム過激派の思考・行動の様式が，「アラブの春」後の彼らの盛衰とどのように関係するのかという，本章の問いに答えたい。

5　イスラーム過激派の到達点

「アラブの春」の後，確かにイスラーム過激派は支持者・模倣者を増やし，広大な占拠地や莫大な財源を手にした。その代表が「イスラーム国」である。しかし，イスラーム過激派の運動の成否について評価を下す上では，個々の団体の軍事力や財力，占拠地域の規模だけではなく，イスラーム過激派の政治目標が現在達成できているのか，あるいは将来達成される見込みがあるのかという点をより重視すべきであろう。そう考えると，イスラーム過激派の運動は成功したといえるものではない。そして，その原因はイスラーム過激派の思考・行動様式そのものに内在されていると思われる。

イスラーム過激派の思考・行動様式は，様々な時代に様々な活動家・団体を取り巻く時代状況に応じて発展してきた。アフガンでのソ連に対するジハードでは，イスラームの地を防衛するためとして，世界各地から資源が動員された。そうした資源が非国家主体によって動員された点が重要な点であったが，アメリカをはじめとする諸国がソ連への対抗などの政治的理由からアフガンでのジハードを担った非国家主体を奨励・黙認した。しかし，アフガンでソ連に「勝利」して出身地に帰還した者たちが，帰還後に地元の政府から治安上の脅威扱いされるなど，ジハード経験者の社会不適合・社会的統合の失敗という問題が

生じた。ここに、ジハード経験者・イスラーム過激派活動家がネットワークを形成し、様々な武装闘争に参加する環境が醸成された。こうした社会情勢のなかで発生した湾岸危機・戦争は、「異教徒であるアメリカ」の力を借りないと自衛もできないムスリムの為政者たちの状況を浮き彫りにした。この状況は、それ以前から唱えられていた、現在のムスリムの為政者たちは非イスラーム的な統治を行う、ムスリムにとって有害な存在であるとの論理に説得力を与え、各地でイスラーム過激派による反体制闘争が行われるようになった。

　イスラーム過激派の反体制闘争は、ほとんどが体制側に敗北し、活動家らはアフガンなど、官憲の追及が及ばない場所に拠点を移さざるを得なくなった。こうした活動家らの間で、アフガンでのジハード経験者の名簿を基にネットワークを築いてアメリカに対するジハードに乗り出したのがアル＝カーイダであった。アル＝カーイダなどが世界各地でアメリカに対する攻撃を実行した理由には、イスラーム過激派がそれまで戦って敗北したムスリムの為政者の背後に、為政者たちを支援するアメリカなどの姿を見出したことがある。また、活動家の多くが祖国で活動することが不可能となっていたことから、彼らの活動が祖国・地元から離れた「国際的な」ものとなることはある意味必然的でもあった。9・11事件はアル＝カーイダの対アメリカ攻撃の極致ともいえるものであったが、その後の「対テロリズム戦争」でムスリムの為政者の多くがアメリカを支援したという事実は、イスラーム過激派の活動を活発化させた。確かに、アル＝カーイダは組織としての機能をほぼ喪失したが、共鳴者の決起を促したり、彼らの闘争を正当化し権威づけたりする上での影響力は増大し、各地に「アル＝カーイダ系」なるイスラーム過激派諸派を生み出した。

自家撞着と自己矛盾

　「アラブの春」は、アラブ諸国の人民にテロリズム以外の政治行動の選択肢を提供し、イスラーム過激派への支持を減退させる可能性を秘めた政治変動だった。しかし、実際には民主主義の確立や定着に失敗した一方でアラブ諸国の多くで治安が不安定化し、かえって政治行動としてテロリズムに訴える誘因が増してしまった。アラブ諸国の人民にとっては、「アラブの春」前後の現状

第**12**章　イスラーム過激派の系譜

のいずれも彼らの問題を解決し，状況を改善するものとは言えなかったため，そうした現状をテロリズムによって打破しようとするイスラーム過激派に共感した者が少なからずいたかもしれない。しかし，イスラーム過激派の言う「イスラーム統治」は，問題解決に資するものだっただろうか？

図12-3　墓標を打ち壊す「イスラーム国」の者たち
出典：中東調査会イスラーム過激派モニター班（2015：56）

　イスラーム過激派，特に「イスラーム国」による実際の組織・占拠した地域の運営には，多くの矛盾がみられる。衛星放送やインターネットを通じた広報は彼らの成功のために不可欠なのだが，「イスラーム国」は占拠した地域の住民がそれを利用することを禁止・抑制した。また，「イスラーム国」の広報のなかではイスラーム統治の下での理想的な生活を宣伝することも重要な項目であるが，「ひげを伸ばすことの義務づけ」「集団礼拝への参加義務づけ」「ザカート」（義務的喜捨）の徴収の規制を設け，住民の生活への規制や精神面へ干渉を強める一方で，不信仰者の経済体制からの絶縁や住民の生活水準の向上といった課題で現実的な方策はほとんど見られない（図12-3）。この点に鑑みれば，「イスラームが統治する」理想の境地と現実とを繋ぐ具体的な手法と実践を欠くところがイスラーム過激派の実践の特徴の1つとすら言える。そうなると，個人の生活や内面に干渉したり，生活水準の低下などに対する住民の不満や不服従を抑えたりするため，占拠した領域や影響圏での「ヒスバ」と呼ばれる宗教警察の導入，「イスラーム統治」の証としてのハッド刑の極端な形での実施に代表される，住民に対するテロ行為に走ることも必然的な結果と言えよう。本来は外敵と戦うためにあったはずのイスラーム過激派の暴力は，住民の制圧や綱紀粛正の手段として，ムスリムの内部でも容赦なく行使されている。

　イスラーム過激派が自らの思考・行動様式を正当化する論拠は，本質的にはクルアーンと預言者ムハンマドのスンナに求められる。現在のイスラーム過激

第Ⅱ部　世界に広がるイスラーム主義運動

図12-4　公開で打ち首の刑を執行する「イスラーム国」
出典：中東調査会イスラーム過激派モニター班（2015：67）

派の活動家たちは，先人たちが各々の時代状況に即して提起した議論や解釈を，現代の状況や問題に応じて再発見，再解釈，再活性化した。そして，それだけにとどまらず，個々の活動家や団体が最大限の成果を上げるため，国際関係や政治情勢に合わせた機会主義的・戦術的に活動方針を選択し，それに適した論理を編み出してきた。以上に鑑みると，イスラーム過激派の思考・行動様式は，先人たちの思想的な営為，個々の活動家・団体にとっての政治的機会，彼らが経験した政治・社会状況の混合によって形成されてきたものであろう。とりわけ，2013年頃から2016年頃にかけて，「イスラーム国」をはじめとするイスラーム過激派諸派が大々的に戦果をあげた状況は，「アラブの春」後の政情不安によって政治行動としてのテロリズムを受容する土壌が広がった結果であろう。そして，「アラブの春」後の混乱は，アラブ諸国の社会のみならず，それに様々な形で関与した報道機関・各国政府・援助団体などの失敗の総体でもある。この失敗こそが政治行動としてテロリズムを採用する誘因を高め，イスラーム過激派の伸張を招いた。しかし，イスラーム過激派の伸張は，彼らが掲げる政治目標や思想が支持されたことを意味しない。むしろ，「アラブの春」後にイスラーム過激派が伸張した原因は，イスラーム過激派の思想が持つ魅力のためではなく，彼らの政治的行動様式であるテロリズムが受容されやすい土壌が醸成されていたからだと考えるべきであろう。なぜなら，イスラーム過激派自身も理想と現実を繋ぐ手段を持たず，支持者や支配下にいる者たちにもテロリズムの矛先を向け，現在，そして将来においてイスラーム共同体を復興するめどが立たないからである。イスラーム過激派の姿は，「外敵にいかに対峙するか，内部の改革をどのように実現するか」というイスラーム主義運動にとっての実践的課題に対する回答の1つである。その意

味で，イスラーム過激派の系譜，思考・行動様式は，イスラーム主義の歴史に重大な足跡を残したと言えよう。

注
(1) テロリズムについては，『【縮図版】政治学事典』(弘文堂，774頁) によると，「テロリズムとは殺人を通して，政敵を抑制・無力化・抹殺しようとする行動である。抑圧的な政府に対して集団的行動がなかなか思うように取れない時に，政府指導者個人を暗殺することで，レジーム全体を振動させ，崩壊させるきっかけを作ろうとすることをテロリズムという」と述べられている。本章では，これらの定義を踏まえテロリズムとは「暴力の行使やその威嚇を通じて目標を達成しようとする政治行動の一形態」と考える。
(2) 「神の唯一性（を信じること）」を意味する。その反対にあたるシルク（Shirk）は「多神崇拝，神が複数であると信じること」。

参考文献
池内恵（2015）『イスラーム国の衝撃』文藝春秋。
クルーガー，アラン・B.（2008）藪下史郎訳『テロの経済学　人はなぜテロリストになるのか』東洋経済新報社。
ケペル，ジル（2006）丸岡高弘訳『ジハード――イスラム主義の発展と衰退』産業図書。
小杉泰（2014）『9・11以後のイスラーム政治』岩波書店。
髙岡豊（2014）「イスラーム過激派とマシュリク社会――『アラブの春』とテロリズムの将来」『アジア経済』第55巻1号，53-66頁。
―――（2017）「シリア紛争とイスラーム過激派の台頭」山内昌之編『中東とＩＳの地政学』朝日新聞出版，79-97頁。
中東調査会イスラーム過激派モニター班（2015）『「イスラーム国」の生態がわかる45のキーワード』明石書店。
保坂修司（2011）『オサマ・ビンラディンの生涯と聖戦［新版］』朝日新聞出版。
ムバイヤド，サーミー（2016）高尾賢一郎・福永浩一訳『イスラーム国の黒旗のもとに』青土社。
Gerges, Fawaz A. (2005) *The Far Enemy: Why Jihad Went Global*. Cambridge: Cambridge University Press.
Hegghammer, Thomas (2010) *Jihad in Saudi Arabia: Violence and Pan-Islamism since 1979*. Cambridge: Cambridge University Press.
Kagan, Frederick W., Kimberly Kagan, Jennifer Cafarella, Harleen Gambhir and

Katherine Zimmerman (2015) *U. S. Grand Strategy: Destroying ISIS and al Qaeda, Report One Al Qaeda and ISIS: Existential Threats to The U.S. and Europe.* Institute for the Study of War.

Kepel, Gilles and Jean-Pierre Milelli eds. (2008) *Al Qaeda in Its Own Words.* Cambridge, MA: Belknap Press of Harvard University Press.

Lacey, Jim (2008) *A Terrorist's Call to Global Jihad: Deciphering Abu Musab Al-Suri's Islamic Jihad Manifesto.* Annapolis, MD: Naval Institute Press.

Lia, Brynjar (2008) *Architect of Global Jihad: The Life of Al Qaeda Strategist Abu Mus'ab al-Shuri.* New York: Columbia University Press.

McCants, William (2011) "Al Qaeda's Challenge The Jihadistas's War With Islamists Democrats," *Foreign Affairs* 90 (5)

Wagemakers, Joas (2012) *A Quietist Jihadi The Ideology and Influence of Abu Muhammad al-Maqdisi.* Cambridge: Cambridge University Press.

al-Maqdisī, Abū Muḥammad (n.d.) *al-Dīmuqrāṭīya Dīn* (民主主義は宗教) www.tawhed.ws/t

al-'Uyayrī, Yūsuf (2003) *Mustaqbal al-'Irāq wa Jazīrat al-'Arab ba'da Suqūṭ Baghdād* (バグダード陥落後のイラクとアラビア半島の将来) Markaz al-Dirāsāt wa Buḥūth al-Islāmīya.

al-Ḥājj, 'Abd al-Raḥmān (2011) "Min al-Ṭalī'a al-Muqāwama ilā Qā'idat al-Jihād al-'Ālamī"(抵抗前衛部隊から世界的アル＝カーイダへ) *al-Ikhwān al-Muslimūn fī Sūrīyā Mumāna'at al-Ṭā'ifa wa 'Unf al-Ḥaraka.* Dubai: al-Misbār, 283-334.

al-Shāshānī, Murād Baṭl (2011) "Abū Muṣ'ab al-Sūrī wa al-Jīl al-Thālith min al-Salafīn al-Jihādīn"(アブー・ムスアブ・スーリーとサラフィー・ジハード主義の第三世代) *al-Ikhwān al-Muslimūn fī Sūrīyā Mumāna'at al-Ṭā'ifa wa 'Unf al-Ḥaraka.* Dubai: al-Misbār, 123-158.

あとがき

　近年，中東やイスラームに関連する様々な事件や紛争が世間の耳目を集めるなかで，本書のタイトルにも用いた「イスラーム主義」という用語，そしてそれに関連する様々な概念・固有名詞を報道や書籍などで目にする機会が格段に増加した。「ジハード」「サラフィー主義」「ジハード主義」などがそうした用語の代表格であろうし，「ムスリム同胞団」「アル＝カーイダ」「イスラーム国」などの組織名もこれらに含まれる。

　しかしながら，本書に収められた各論考からも明らかなように，イスラーム主義やそれに関連する現象は近年突如として出現したわけでなく，現在の中東諸国が形成され始めた19世紀後半から20世紀初めに起源を持ち，各々の国や地域の実情，さらには国際政治の奔流に合わせて徐々に発展してきたものである。そして，それらの潮流は現在の中東・イスラーム世界の急速な政情変化のなかで，今も変貌を続けている。

　20世紀後半以降，イスラーム主義運動は主として，長期間続く権威主義的な政治体制に市民社会を背景として対抗し得る数少ない主体として，あるいは権威主義体制の側からの操作や取り込みの対象として，様々な調査研究の対象となってきた。それが，21世紀に入って以降の政治・経済・社会の変動のなかで，従来とは異なる意味で重要な研究対象となった。特に，「アラブの春」に代表されるアラブ諸国での急激な政治変動の結果，長らく抑圧されてきたイスラーム主義運動の多くにとって，政治権力の奪取や勢力拡大に好都合な政治的機会構造が現出した。しかし，そうした変動を経験した国・地域・団体が辿った道筋は各々きわめて異なるものであった。そこで，個々のイスラーム主義運動やイスラーム主義関連の諸現象が急激な政治変動のなかでどのように振舞い，そしてなぜ成功／失敗したのかを明らかにすることが，本書の刊行の学術的な目的となった。

近年では，本書の執筆者の1人である末近浩太氏の最近の業績である『イスラーム主義——もう一つの近代を構想する』（岩波書店，2018年）をはじめとして，わが国のイスラーム主義運動研究は質・量共に徐々に充実しつつある。とはいえ，それでもイスラーム主義運動研究は今日でも依然として道半ばであり，未だ手付かずに近い研究領域や解明されていない重要な研究上の問いもたくさんある。専門家の数も欧米諸国に比べて圧倒的に少ない（さらに言えば，今日では我々の知る限り，イスラーム主義運動研究を志す大学院生の数もきわめて少数である）。

　本書はこのような問題意識から，専門家の方々はもとより，専門家以外の方々にも幅広く手に取っていただけるような内容を心がけ，より専門的な分析や研究を志す人々が知的なキャリアの初期から中期にかけて手にする書籍となることを意図して刊行されたものである。また，これからの研究における新しい可能性を模索するために，本書所収の一部の論考は従来わが国ではあまり見られなかったような方法論や分析視角を採用している。まだまだアイディア段階のような論考も含まれるが（無論，編者らの論考はその筆頭ではあるが），それはそれで読者の問題意識や議論を喚起することもできると思い，思い切ってこうして世に問うことにした次第である。本書が果たしてそうした意図にかなう成果となっているか否かは，読者諸賢の判断に委ねたい。

　また，ここで改めて強調しておきたいことは，イスラーム主義運動についての研究・分析は様々な学問分野で多くの先人たちが積み重ねてきた研鑽と業績の上に成り立つものだという点である。紙幅の制限をはじめとする様々な事情により，本書において深く論究したり引用したりできなかった業績もたくさんあったが，編著者一同，ここで名前を挙げることが叶わなかったものも含む先行研究の積み重ねの恩恵をうける者として，イスラーム主義運動の研究に携わるすべての方々に心からお礼申し上げたい。

　なお，本書は2016年から2017年にかけて脱稿した原稿を中心として構成されており，したがって一部現状にそぐわない表現や個所が見受けられるが，刊行の遅れはひとえに編者の不手際と怠慢によるものであり，この点を心よりお詫び申し上げる次第である。

あとがき

　最後に，本書の出版にあたり，実に多くの方々のお世話になった。ここでそれらすべての方々のお名前を挙げることはとてもできないが，とりわけ，昨今の厳しい出版事情のなかで本書の刊行を快く引き受けてくださったミネルヴァ書房，そして厳しい日程のなかで怠惰な我々を出版まで導いて下さった堀川健太郎氏に，編者一同，心より感謝を申し上げたい。

　2019年2月

髙岡　豊・溝渕正季

人名索引

ア 行

アーミリー、ハーディー　278, 279
アウダ、サルマーン　160
アサド、ハーフィズ　236, 238, 246, 247
アサド、バッシャール　1, 17, 247, 249, 252
アサド、リファト　237
アタテュルク、ムスタファ・ケマル　129, 138, 146
アッザーム、アブドゥッラー　238, 256, 298
アッバース、マフムード　113
アバーディー、ハイダル　272, 274, 283
アフガーニー、ジャマールッディーン　289
アブドゥ、ムハンマド　289
アフラク、ミーシェル　232, 236
アラファート、ヤースィル　113
イゼトベゴヴィッチ、アリヤ　114
イブン・アブドゥルワッハーブ、ムハンマド　154, 155
イブン・アリー、フサイン　50, 51, 57, 58, 154, 230
イブン・イブラーヒーム、ムハンマド　156
イブン・フサイン、ファイサル　230
ウマル、ムッラー・ムハンマド　250
ウヤイリー、ユースフ　304
ウンデーン、ウステン　111
エルドアン、レジェップ・タイイップ　135, 136, 138, 145
エルバカン、ネジメッティン　127, 128, 135
オザル、トゥルグト　136

カ 行

カール12世　105
カスム、アブドゥッラウーフ　239
カプラン、メフメット　117

カラダーウィー、ユースフ　168
ガンヌーシー、ラーシド　208, 215
グスタヴ3世　106
クトゥブ、サイイド　53, 159, 184, 290
クトゥブ、ムハンマド　159
クフターロー、アフマド　239, 240
クルディー、イーサー　240

サ 行

サーダート、アルワン　184
サイード、エドワード　13
ザイーム、フスニー　232
サドル、サーディク　269, 276
サドル、ムクタダー　269, 275, 276
サドル、ムハンマド・バーキル　263, 265, 269
ザルカーウィー、アブー・ムスアブ　300
ザワーヒリー、アイマン　251, 300
シーシャクリー、アディーブ　232
ジャアファリー、イブラーヒーム　267
ジャウズィー、イブン　289
ジャウラーニー、アブー・ムハンマド　251
ジャディード、サラーフ　236
シュヴァルツ、ダーヴィド　109
スィースィー、アブドゥルファッターフ　168, 182, 192, 195, 197
スィースターニー、アリー　268, 277
スィバーイー、ムスタファー　233, 248
スーリー、アブー・ムスアブ　306
セッテシュテーン、カール・ヴィルヘルム　106
セブスィー、ベージー・カーイド　217
ソレイマーニー、ガーセム　280

タ・ナ行

タイミーヤ、イブン　289

317

タンターウィー，ムハンマド　190, 192
ティリムサーニー，ウマル　184, 186
ナセル，ガマール・アブドゥル　183

ハ 行

バーナドット，フォルケ　124
ハーフィズ，アミーン　255
ハーミド，ムハンマド　235
ハーリド，アブー　250
バーンシュトゥルム，モハンメド・クニュート　106
ハウカル，イブン　103
ハウワー，サイード　235
ハキーム，バーキル　266
ハキーム，ムフスィン　265
バグダーディー，アブー・バクル　252
ハサン2世　55
バディーウ，ムハンマド　190, 197
ハディード，マルワーン　236
ハティーブ，アブドゥルカリーム　55
ハバンナカ，ハサン　244, 247
パルメ，オーロフ　113, 124
ハワーリー，サファル　160
ハンチントン，サミュエル　12
バンナー，ハサン　56, 159, 182, 185, 200, 233, 290
ビン・アブドゥルアズィーズ，アブドゥッラー　164, 165, 172
ビン・アブドゥルアズィーズ・アール・サウード，ファイサル　156
ビン・アブドゥルワッハーブ，ムハンマド　289
ビン・フサイン，アブドゥッラー　51, 56
ビン・ラーディン，ウサーマ　161, 294
ファドラーン，イブン　103
ブーティー，ラマダーン　243
フセイン，サッダーム　21, 261
フダイビー，ハサン　183
ブラーフミー，ムハンマド　216
ブルギーバ，ハビーブ　207
ベルイード，ショークリ　214
ベン・アリー，ザイヌルアービディーン　1, 206, 208
ベンキーラーン，アブドゥルイラーフ　54
ホメイニー，ルーホッラー　265

マ 行

マーリキー，ヌーリー　267, 271, 272
マクディスィー，アブー・ムハンマド　299
マシュアル，ハーリド　248
マルズーキー，ムンセフ　214, 218
ムスアブ，アブー　250
ムティーウ，アブドゥルカリーム　53
ムバーラク，ホスニー　1, 184-186, 188, 189
ムハンディス，アブー・マフディー　278, 279
ムルスィー，ムハンマド　12, 40, 167, 181, 191-193, 196

ヤ・ラ行

ヤースィーン，アブドゥッサラーム　54
ヤースィーン，アフマード　113
預言者ムハンマド　245
リダー，ラシード　233, 245, 289

事項索引

ア 行

アズハル学院　244
アタテュルク主義　130-132, 135, 137, 138
新しいヨーロッパ同胞団　115
アブー・ヌール・モスク　240
アフガニスタン　238
アブドゥルアズィーズ国王大学　159
アミール・アル＝ムウミニーン　50, 53
アメリカ　73
　——対中東政策　73
　——例外主義　75
アラウィー派　230, 236, 252
アラブの春　1, 9, 11, 93, 249, 272, 273, 293
アラブ民族主義　230, 234, 243
アラブ連合共和国　232
アル＝カーイダ　10, 83, 162, 164, 169, 252, 287
アルジェリア戦争　111
アンサール　254
　——慈善協会　241
　——・シャリーア　215, 220
イエメン　20
怒りの日　166
イスラーフ　31, 167
イスラーム　63
イスラーム過激派　287
イスラーム脅威論　80
イスラーム共同体（ウンマ）　20
イスラーム協力機構（OIC）　174
イスラーム行動戦線党　31, 61, 62, 64, 65
イスラーム国（IS）　16, 169, 170, 205, 214, 216, 221, 252, 261, 277, 287
イスラーム志向運動　208
イスラーム社会主義戦線　234

イスラーム集団　54, 184
イスラーム主義　2, 9, 287
イスラーム主義運動　1
イスラーム政党　11
イスラーム青年協会　53
『イスラーム宣言』　114
イスラーム戦線　250
イスラーム・ダアワ党　264
イスラーム的正統性　48
イスラーム的マグリブ諸国のアル＝カーイダ
　　（AQIM）　221
イスラーム法（シャリーア）　154
イスラエル　61, 65, 112, 242
イスラモフォビア　80
1月25日革命　181, 188-190, 199, 206
イフワーン　154
イマーム大学　158, 173
イラク　261
　——・イスラーム革命最高評議会
　　（SCIRI）　266, 267, 269
　——・イスラーム最高評議会（ISCI）　283
　——性　267
　——戦争　21, 248, 261
　——統一同盟　269
イラン　280
　——・イスラーム革命（1979年）　10
　——・イスラーム共和国　166
　——革命　82, 296
因子分析　36
ウィファーク　23
ウクバ・ブン・ナーフィウ旅団　221
ウラマー　229
　——連盟　242
ウンマ・イスラーム党　166
ウンムルクラー大学　158

エジプト　11
遠隔地ナショナリズム　268
オーストリア=ハンガリー帝国　114
オスマン帝国　9, 105, 114, 229
オリエンタリズム　13, 84, 107
穏健化仮説　32
穏健化理論　128

カ行

カアバ神殿　296
外国人労働者　109
街頭運動　273
街頭行動　275, 277
覚醒評議会　21, 271
革命防衛隊ゴドス軍　280
カタール　168, 177
カリフ　169, 252
カルバラー　264
環境党・緑　117
関与と拡大　77
キファーヤ運動　185
キャンプ・デーヴィッド合意　296
教宣（ダアワ）　116
共和人民党　129
共和制のための会議　211
キリスト教民主党　110
キリスト教民主連合　110
金曜礼拝　274
クーデタ　131, 140
クトゥブ主義　184
クルアーン　155
軍　128, 131, 135
軍最高協議会　40
軍最高評議会　190-192
計量分析　29
権威主義　74
憲法裁判所　128, 135, 140-142
公正開発党　48, 52, 59, 60, 63, 65
公正と慈善の集団（MUR）　54, 60, 64, 65
公正発展党（AKP）　32, 128, 135-139, 141-

145, 147
コオプテーション　44
国内勢力　270
国民の視座　118
国立人種生物学研究所　108
国連安全保障理事会決議242　112
コミットメント問題　32, 35

サ行

サーマッラー　271
サイクス・ピコ協定　229
最高ウラマー委員会　156
最高ムフティー　156, 175, 176
ザイトゥーナ・モスク　209
サウード家　154, 171
サドル派　269, 270, 273-277
サフワ　160
サラフ　289
サラフィー・ジハード主義　220
サラフィー主義　110, 172, 217, 245
サラフィーのダアワ　191
サラフィスト　33, 34
参加と中庸の交換　42
サンドレル委員会　108
シーア派宗教界　263, 264
シオニズム　97
4月6日運動　189
思想矯正プログラム　165
思想潮流化　115
失業率　221
シディ・ブーズィード　206
ジハード　289
ジハード団　184, 299
シャームの民のヌスラ戦線（シャーム・ファトフ戦線）　17
シャイフ家　156, 175
社会運動　273
社会主義インターナショナル　112
社会主義ブロック　120
社会的亀裂　120

事項索引

社会民主党　104, 111, 112
ジャスミン革命　93, 211, 222
シャリーア　60, 212, 222
シャリーフ　47, 49, 51, 53
宗教から個人の政治的自由　38
宗教からの政治的自由　39
宗教間対話　165, 175
自由公正党　12, 13, 37, 167, 190, 193
自由主義　14
自由将校団　183
自由シリア軍　250
12世紀ルネサンス　104
宗派主義　19, 20
宗派対立　279
シューラー議会　213
シリア　17, 58
シリア・アラブ王国　231
信仰と連帯　121
人種生物学　108
人民動員隊　21, 278-281
水平線の外　81
スウェーデン国教会　106
スウェーデンの社会民主主義　111, 112
スウェーデンのための同盟（アリアンセン）　120
スウェーデン・ムスリム協議会　121
スーフィー教団（タリーカ）　49, 242
スーフィズム　240
スカーフ　139, 140, 143, 144, 146
スポイラー　42
スンナ　155
政教分離原則　38, 39
政教分離政策　207
制憲議会選挙　211
政治体制　213
青年運動　189-191
青年ムスリム　114
西洋の衝撃　47
世界価値観調査　32
赤緑連合　120

セグリゲーション　109
世俗主義　127-131, 133, 134, 136-138, 140-142, 144, 145, 147
積極的外交政策　104, 111, 112
全国労働組合連盟　122
戦闘前線　236
祖国党　136
ソ連のアフガニスタン侵攻　296

タ　行

ターリバーン　90, 162, 302
ダール・アル＝イスラーム　116
ダール・アル＝ダワ　116
ダール・アル＝ハルブ　116
ダアワ党　265-267, 269
第一次インティファーダ　112
第一のサドル　269
第三次中東戦争　112
第三のサドル　269
対テロ・イスラーム軍事同盟　174
対テロ戦争　89
第二のサドル　269
第四次中東戦争　109
タクフィール　18, 20
脱植民地化　104, 111
多党間競争モデル　30
タハリール広場　189, 195, 274
ダマスカス大学　233, 238, 244
ダマスカスの春　248
タマッルド（反抗）　195
近い敵　98
中位投票者理論　34, 35
チュニジア　11, 205
　──国民対話カルテット　205, 219
テクノクラート　215
　──内閣　216, 222
デンマーク国際イスラーム銀行　115
統一と改革の運動　55
凍結仮説　120
遠い敵　98

321

トランスヨルダン　51
トロイカ　216
トロイカ政権　212, 214, 222

ナ行

ナジャフ　263, 264
ナショナリズム　47, 276
ナフダ党　12, 13, 33, 35, 37, 38, 41, 43, 44, 206, 208, 218
難民　110
二重基準（ダブル・スタンダード）　87
二重の封じ込め　85
ニダア・トゥーニス　41, 217, 222
二柱政策　81
ヌール党（光の党）　33, 182, 191, 199
ヌスラ戦線　251
ネオコン（新保守主義者）　88
ノーベル平和賞　219

ハ行

ハーシム家　50, 52
バアス党　232, 261
パックス・アメリカーナ　85
バドル軍団　266, 278
バハレーン　23
ハマー　235-237, 247, 250
ハマース　113, 248, 288
ハラーム・モスク　161
バラカ　50
パレスチナ分割決議　112
パレスチナ問題　58
反米意識　87
ヒジャーズ王国　230
ヒジュラ　254
ヒズブッラー　23, 113, 248, 288
ビドア　245
美徳党（FP）　128, 135
ヒムス　233
非リベラルな覇権秩序　87
ファトワー　156

フィースイー派　20, 23
封じ込め　80
不朽の自由作戦　163
福祉国家　108
ブッシュ・ドクトリン　88
ブッシューブル理論　110
フランス　230
フリーダム・アジェンダ　88
ブルジョワ・ブロック　120
分断統治　86
文明の衝突　84
米国同時多発テロ（9.11事件）　10, 163, 171, 172, 248
ベイルート　242
平和部隊　275, 277
「法学権威の政治指導」論　265
「法学者の統治」論　265
保守　135
ボスニア・ヘルツェゴヴィナ　114

マ行

マッカ　161, 254
『マナール』　289
マナール派　181
マフディー軍　273, 275, 277
南スラヴ　114
民主主義　76
民主主義的価値観　30
民主フォーラム　211
ムジャーヒディーン　83, 254
ムスリム同胞団　11, 12, 33, 35, 37-40, 42, 48, 56, 57, 61, 63-65, 104, 114, 158, 167, 174, 234, 237, 242, 246, 290
　　──ネットワーク　114, 116
　　ヨーロッパ──　115
ムハンマド大隊　236
ムハンマド・ブラーフミー暗殺事件　216
元亡命勢力　270

ヤ・ラ・ワ 行

ユーゴスラヴィア社会主義連邦共和国　114
優生学思想　107
ラービア　118
ラマダーン　239
リアリズム　78
理想の炉辺　118
立憲民主連合（RCD）　209
リベラリズム　74
リベラルな国際秩序　73
6月30日革命　181, 195, 197, 199
ワッハーブ主義　155, 159, 163, 169, 170, 172, 175

湾岸協力会議（GCC）　166, 173, 174
湾岸戦争　81, 160

欧　文

AKP　→公正発展党
Arab Barometer　35
EU　113
FP　→美徳党
GCC　→湾岸協力会議
IS　→イスラーム国
MUR　→公正と慈善の集団
PLO　113
SCIRI　→イラク・イスラーム革命最高評議会

執筆者紹介（執筆順，＊は編著者）

＊髙岡　豊（たかおか・ゆたか）　序章，第12章，あとがき
2000年　上智大学大学院外国語学研究科博士課程前期終了。
2011年　博士（地域研究，上智大学）。
現　在　公益財団法人中東調査会主席研究員。
著　作　『現代シリア部族の政治・社会——ユーフラテス河沿岸地域・ジャジーラ地域の部族の政治・社会的役割分析』三元社，2012年。
　　　　『ヒズブッラー　抵抗と革命の思想』（共訳）現代思潮新社，2015年。

＊溝渕正季（みぞぶち・まさき）　序章，第4章，あとがき
2011年　上智大学大学院グローバル・スタディーズ研究科地域研究専攻博士後期課程単位取得退学。博士（地域研究，上智大学）。
現　在　名古屋商科大学経済学部准教授。
著　作　『中東とISの地政学——イスラーム，アメリカ，ロシアから読む21世紀』（共著）朝日新聞出版，2017年。
　　　　『中東の新たな秩序』（編著）ミネルヴァ書房，2016年。
　　　　「『見えない敵』への爆撃——第二次レバノン戦争（2006年）とガザ戦争（2008/09年）におけるイスラエルのエア・パワー」『国際政治』第178号，2014年。

末近浩太（すえちか・こうた）　第1章
2004年　京都大学大学院アジア・アフリカ地域研究研究科5年一貫制博士課程修了。博士（地域研究，京都大学）。
現　在　立命館大学国際関係学部教授。
著　作　『イスラーム主義——もう一つの近代を構想する』岩波新書，2018年。
　　　　『イスラーム主義と中東政治——レバノン・ヒズブッラーの抵抗と革命』名古屋大学出版会，2013年。
　　　　『比較政治学の考え方』（共著）有斐閣，2016年。

浜中新吾（はまなか・しんご）　第2章
2000年　神戸大学大学院国際協力研究科国際協力政策専攻博士課程修了。博士（政治学，神戸大学）。
現　在　龍谷大学法学部法律学科教授。
著　作　『パレスチナの政治文化』大学教育出版，2002年。
　　　　『中東・イスラーム研究概説——政治学・経済学・社会学・地域研究のテーマと理論』（共編著）明石書店，2017年。
　　　　『石油の呪い——国家の発展経路はいかに決定されるか』（マイケル・L・ロス，共訳）吉田書店，2017年。

白谷　望（しらたに・のぞみ）　第 3 章，第 9 章
- 2016年　上智大学大学院グローバル・スタディーズ研究科地域研究専攻博士後期課程単位取得退学。博士（地域研究，上智大学）。
- 現　在　愛知県立大学外国語学部講師。
- 著　作　『君主制と民主主義――モロッコの政治とイスラームの現代』風響社，2015年。
「モロッコにおける権威主義体制持続のための新たな戦略――2011年国民議会選挙と名目的な政権交代」『日本中東学会年報』第30巻第 1 号，2014年。
「モロッコ王制の安定性におけるバイア（忠誠の誓い）儀礼の役割」『アラブ君主制国家の存立基盤』研究双書630，アジア経済研究所，2017年。

清水　謙（しみず・けん）　第 5 章
- 2017年　東京大学大学院総合文化研究科国際社会科学専攻単位取得満期退学。
- 現　在　立教大学法学部兼任講師。
- 著　作　『人の国際移動とEU　地域統合は「国境」をどのように変えるのか？』（共著）法律文化社，2016年。
「スウェーデンにおける『移民の安全保障化』――非伝統的安全保障における脅威認識形成」『国際政治』第172号，2013年。
「スウェーデンの2006年議会選挙再考――スウェーデン民主党の躍進と2010選挙分析への指標」『ヨーロッパ研究』第10号，2011年。

岩坂将充（いわさか・まさみち）　第 6 章
- 2007年　上智大学大学院外国語学研究科地域研究専攻博士後期課程満期退学。博士（地域研究，上智大学）。
- 現　在　同志社大学高等研究教育機構准教授。
- 著　作　「議院内閣制における政治の『大統領制化』――トルコ・エルドアン体制と大統領権限の強化」『日本比較政治学会年報』第18号，2016年。
「トルコにおける『民主化』の手法――文民化過程にみる『制度』と『思想』の相互作用」『国際政治』第178号，2014年。

高尾賢一郎（たかお・けんいちろう）　第 7 章，第 10 章
- 2013年　同志社大学大学院神学研究科博士後期課程単位取得退学。博士（神学，同志社大学）。
- 現　在　日本学術振興会／東京外国語大学アジア・アフリカ言語文化研究所特別研究員（PD）。
- 著　作　『よくわかる宗教学』（共著）ミネルヴァ書房，2015年。
『シリア・レバノンを知るための64章』（共著）明石書店，2013年。
『アジアの宗教とソーシャル・キャピタル』（共著）明石書店，2012年。

横田貴之（よこた・たかゆき）　第 8 章
- 2005年　京都大学大学院アジア・アフリカ地域研究研究科 5 年一貫制博士課程修了。博士（地域研究，京都大学）。
- 現　在　明治大学情報コミュニケーション学部准教授。
- 著　作　『原理主義の潮流――ムスリム同胞団』山川出版社，2009年。
『現代エジプトにおけるイスラームと大衆運動』ナカニシヤ出版，2006年。
『中東・イスラーム研究概説――政治学・経済学・社会学・地域研究のテーマと理論』（共編著）明石書店，2017年。

山尾　大 (やまお・だい)　**第 11 章**
- 2010年　京都大学大学院アジア・アフリカ地域研究研究科 5 年一貫制博士課程修了。博士（地域研究，京都大学）。
- 現　在　九州大学大学院比較社会文化研究院准教授。
- 著　作　『紛争と国家建設――戦後イラクの再建をめぐるポリティクス』明石書店，2013年。
『現代イラクのイスラーム主義運動――革命運動から政権党への軌跡』有斐閣，2011年。
『「イスラーム国」の脅威とイラク』（共編著）岩波書店，2014年。

「アラブの春」以後のイスラーム主義運動

2019年3月30日　初版第1刷発行　　　〈検印省略〉

価格はカバーに
表示しています

編著者	髙岡　豊
	溝渕正季
	岡　豊季
発行者	杉田啓三
印刷者	藤森英夫

発行所　株式会社　ミネルヴァ書房
607-8494　京都市山科区日ノ岡堤谷町1
電話代表　(075)581-5191
振替口座　01020-0-8076

ⓒ 髙岡・溝渕ほか，2019　　　　　亜細亜印刷

ISBN978-4-623-08239-1
Printed in Japan

松尾昌樹／岡野内正／吉川卓郎 編著　　　Ａ５判・362頁
中東の新たな秩序　　　　　　　　　　　　本　体 3800円

今井宏平 著　　　　　　　　　　　　　　Ａ５判・400頁
中東秩序をめぐる現代トルコ外交　　　　　本　体 8000円

藤井千晶 著　　　　　　　　　　　　　　Ａ５判・272頁
東アフリカにおける民衆のイスラームは　　本　体 5000円
何を語るか

河村有介 著　　　　　　　　　　　　　　Ａ５判・244頁
アラブ権威主義国家における再分配の政治　本　体 6500円

ジョナサン・ルイス／中満　泉／ロナルド・スターデ 編著　　Ａ５判・296頁
紛争解決の国際政治学　　　　　　　　　　本　体 4500円

櫻井義秀／平藤喜久子 編著　　　　　　　Ｂ５判・232頁
よくわかる宗教学　　　　　　　　　　　　本　体 2400円

―――― ミネルヴァ書房 ――――

http://www.minervashobo.co.jp/